AI 시대, 청지기의 길을 묻다

AI 시대, **청지기**의 길을 묻다

초판발행 | 2025년 10월 1일

지 은 이 | 이창배
발 행 인 | 방경석
편 집 장 | 방지예
본문 및 표지 디자인 | UCK Digital Book
교　　정 | 임미경
제　　작 | SD SOFT
발 행 처 | 미문커뮤니케이션
등　　록 | 제 301-2009-172호 (2009.9.11)
주　　소 | 경기도 동두천시 정장로 43
전　　화 | 010-3009-5738

Printed in Korea
ISBN 979-11-992807-4-8 03230

값 | **25,000원**

* 잘못된 책은 바꾸어 드립니다.
* 이 출판물은 저작권법에 의해 보호를 받습니다. 도서의 무단 복제 및 전재를 할 수 없습니다.

AI 시대, 청지기의 길을 묻다

목차 Contents

머리글 Author's Note
거대한 질문의 답: 「AI시대, 청지기의 길을 묻다」 | 이창배 12

추천의 글 Endorsements
AI는 새로운 달란트: 충성된 종의 길을 만들라 | 김종인 15
AI 시대, 빛나는 청지기의 길을 묻다 | 김종필 17
불확실성의 시대, 교회를 향한 선지자적 외침 | 마원석 19
주목하라, 성경적, 창조적 "AI 융합 청지기론" | 추태화 22
기술을 넘어 사명으로: AI 시대 교회의 새로운 이정표 | 강대흥 25
AI 시대, 교회와 성도의 존재 이유를 묻다 | 김태연 27
AI는 위협이 아니라, 새로운 달란트에 공감을 담아 | 강헌식 29
AI 시대, 복음 전파의 새로운 장을 여는 청지기적 도전 | 고정민 31
AI 시대, 교회의 청지기적 사명과 선교적 패러다임 전환 | 한철호 33

프롤로그 Prologue
새로운 시대의 문턱에서 던지는 질문 36

이 책의 최종 목표 선언 This Book's Ultimate Mission Statement
AI 시대, 청지기의 길을 향한 종합적 통찰 39

    1. 시대적 위기와 패러다임 전환의 필연성 39

2. 위기의 해법, '성경적 청지기 의식'의 재발견 … 40
3. AI 기술의 양면성과 기독교 윤리의 역할 … 42
4. 지속 가능한 모델과 '융합된 새 사람'이라는 대안 … 43
5. 청지기의 길, 두려움을 넘어 소명으로 … 45

챕터_01 CHAPTER_01
왜 지금, 다시 '청지기'인가? … 48

서문: 길 잃은 시대, 새로운 질문을 던지다 … 51
1. 위기의 현실과 소명의 재발견 - 왜 지금 다시 청지기'인가? … 54
   거인의 등장, 흔들리는 세계 … 54
   낡은 개념의 재발견, '청지기' 다시 읽기 … 60
2. AI 시대, 청지기의 길 - 원칙과 실천 … 66
   청지기적 AI 활용을 위한 윤리 원칙 … 66
   청지기로서의 실천적 적용 … 71
   결론: 두려움을 넘어 사명으로, 충성된 청지기의 길 … 78

챕터_02 CHAPTER_02
AI 시대, 교회는 여전히 교회인가? … 82

서문: AI 시대, 실제적인 전략을 찾고자한 고백의 기록 … 85
1. 위기의 징후들: 텅 빈 의자와 떠도는 영혼들 … 87
   무너지는 신뢰, 추락하는 영향력: 데이터로 보는 교회의 현주소 … 87
   교회의 허리, 3040세대의 침묵의 엑소더스 … 89
   새로운 영적 지형도: '가나안 성도'와 '플로팅 크리스천' … 92
   위기의 본질: 청지기직의 총체적 실패 … 94
2. 청지기, 그 원형을 찾아서: 창조, 문화, 그리고 사명 … 96

	'하나님의 형상'(Imago Dei)과 문화명령: 청지기직의 시작	96
	에덴의 두 동사: '아바드 (Abad)'와 '샤마르 (Shamar)'에 담긴 균형	98
	달란트 비유의 재해석: 위험을 감수하는 창조적 청지기	100
3.	**AI 시대, 교회의 청지기직을 재설계하다:** 구체적 행동 강령	104
	공동체 재건: 수직적 위계에서 유기적 네트워크로	104
	사회적 책임 회복: 세상의 필요에 응답하는 청지기	107
	기술의 선한 청지기: AI를 사역의 도구로 창조적으로 활용하기	109
	결론: 두려움을 넘어, 미지의 땅을 경작하는 청지기로	112

챕터_03 CHAPTER_03
AI 시대의 교회: 변화가 그 답이다 — 116

	서문: AI 주도 디지털 전환 시대의 교회 혁신 과제	119
1.	**AI 기술과 기독교 청지기 의식의 통합:** 새로운 패러다임의 제안	121
	패러다임 전환의 필요성과 핵심 주장	121
	패러다임 탐구를 위한 세 가지 핵심 질문	122
2.	**제4차 산업혁명과 신앙 난민(Faith Refugees):** 위기의 진단	125
	AI 통합 청지기 의식의 본질에 대한 현대적 정의	125
	신앙 난민(Faith Refugees): 그들은 어디에서 왔는가?	126
3.	**AI 시대, 청지기의 소명과 역할:** 구체적 실천 방안	129
	청지기 역할의 구분과 핵심 역량	129
	개인 청지기의 역할: 총체적 삶으로의 확장	130
	소그룹 공동체 청지기의 역할: 세상 속으로 나아가는 플랫폼	132
	교회 리더십과 목회자의 청지기 역할: 방향을 제시하는 목자	134
4.	**미래를 여는 리더십:** AI 시대 교회 리더, 전략 기획 전문가가 되라	137
	전략 기획의 필요성과 방법론	137
	청지기 리더십 관점의 통합: CEO를 넘어 청지기로	138

결론 및 다음 장 예고 140

챕터_04 CHAPTER_04
AI 융합 청지기: 지속가능 블루프린트 142

서문: AI 시대, 지속가능 블루프린트를 찾아서 145
1. **AI 기술의 발전 속도**와 미래 전망 심층 분석 147
   AI 기술 급진전: 인간과 유사한 인지 능력 "특이점" 도달 147
   AI 기술이 인간 사회에 미치는 영향에 대한 기독교적 성찰 제시 151
   소유가 아닌 관리의 책임이 청지기에게 있다 155
2. **AI 기술의 양면성**: 기독교 윤리적 성찰과 책임 159
   의료 분야: 생명을 살리는 도구와 윤리적 딜레마 159
   교육 분야: 맞춤형 학습의 기회와 전인적 성장의 위기 160
   환경 분야: 창조 세계 돌봄과 AI의 환경 발자국 161
   예술과 창의성 분야: 창의성의 확장과 인간 고유성의 문제 162
   AI, 전례 없는 기회인가, 심각한 위협인가? 163
   사회적 선(Social Good) 증진 위한 도구로 적극 활용해야 164
3. **지속 가능한 관리 개념 적용** 성공 사례 분석 166
   다양한 기업 사례를 통해 본 AI 기술 활용: 지속 가능한 성장 목표 달성 166
   교회/비영리 단체의 AI 활용 사례 169
   사회적 기업의 심층 사례 173
4. **AI 융합 청지기 블루프린트**: 교회를 위한 실천적 프레임워크 176
   윤리적 도전 과제 극복을 위한 핵심적 접근 영역 176
   교회를 위한 실천적 프레임워크 설계 177
   AI 융합 청지기 블루프린트를 위한 3단계별 중점 과제 180

챕터_05 CHAPTER_05

CCIU 시대의 Hero: 새 사람 인큐베이터 　　　　　186

서문: AI 시대를 위한 새 사람: 인큐베이터는 준비됐는가? 　189
1. **CCIU 시대의 Hero:** 새 사람 모델의 설계 기준 　191
   AI 기술과 성경적 청지기 의식 통합을 통한 신앙 교육 　194
   AI 기술과 성경적 청지기 의식 통합을 통한 사회적 책임 소유 　196
   AI 융합 청지기 모델: '새로운 사람'을 길러낼 프로세스 　199
   "CCIU 시대의 Hero" 청지기 공동체의 사명과 패러다임 전환 　202
2. **AI 기술과 성경적 청지기 의식 통합**의 필연적 요구 　205
   성경적 청지기 의식의 핵심적 중요성 　205
   통합을 통한 시너지 효과를 극대화 시키기 　206
   AI 활용을 통한 한국 교회의 전환 방안 및 단계별 전략 　209
   AI 기반 지역 사회 봉사 프로그램 개발: 이웃 사랑의 확장 　213
   AI 기술 도입 및 활용을 위한 단계별 전략 　216
3. **"새로운 사람" 모델:** AI 시대를 위한 최종 솔루션 　222
   "새로운 사람" 정의: 기술, 윤리, 영성의 통합 　222
   "새로운 사람" 모델의 신학적 기초: 견고한 틀 　224
   "새로운 사람"은 하나님의 사랑을 구현하는 존재 　227
4. **한국 교회, 다음 세대 양육**의 "요람"으로 돌아가자 　231
   한국 교회의 시급성: 위기와 기회 　231
   다음 세대를 위한 AI 기반 교육: 실질적인 길 　232
   "새로운 사람" 양성을 위한 실질적인 전략: 총체적 접근법 　234
   결론 및 권고 　237

챕터_06 CHAPTER_06

'새로운 사람' 양육: 교회의 새로운 사명 　　　　　242

서문: AI 시대 속으로, 한국 교회의 패러다임 체인지   245

1. **AI 시대, 성경적 청지기 의식**은 어디에서 오는가?   247

   성경적 청지기 의식의 핵심적 중요성: 책임 있는 관리의 신성한 명령   247

   AI 윤리에서 청지기 의식: 세속적 지침을 넘어서   248

   AI 기술의 변혁적 지형: 윤리적, 영적 지도의 시급한 필요성 부각   250

   AI 개발 및 사용의 윤리적 필수 요소   252

   AI 기술 발전과 사회 변화: 새로운 현실과 윤리적 과제   253

2. **AI 기술과 변화**: 기독교적 윤리 적용은 필수 과제이다.   255

   AI 기술 발전의 가속화와 혁신적 변화   255

   AI 기술의 광범위한 영향과 윤리적 과제 제기   257

   AI 기술 발전의 심화와 산업 혁신   259

   멀티모달 AI의 주요 구성 요소, 발전 및 산업별 응용 사례   262

3. **한국 교회의 현실 진단**: 위기와 본질 회복의 요청   266

   한국 교회 위기의 심각성 및 인구 감소 현황   267

   사회적 신뢰도 하락과 반기독교 정서의 확산   269

   성장 지향주의와 청지기 의식 부재가 부정적 이미지 확산의 주범   271

   한국 교회 부정적 이미지는 왜 자꾸만 생겨나?   273

4. **한국인 종교 생활 및 의식 조사 분석**: 통계로 본 교회의 미래   282

   연구 조사 배경 및 한국 교회의 현주소: "총체적 난국"   282

   기독교 이탈 인구 급증 현상   283

   개신교 인구 감소 가속화 및 미래 예측: 2032년 절반 이하 될 것   286

   한국 교회의 구조적 한계와 위기 심층 분석: "변화만이 살길"   291

   위기 극복 위한 패러다임 제안: AI 기술과 성경적 청지기 의식 통합   294

   결론: 사명 회복 통한 미래 교회 "AI 융합 청지기"에 달렸다   299

챕터_07 CHAPTER_07

AI 시대, 청지기 공동체를 향한 길   304

서문: "AI 시대, 청지기의 길을 묻다" 마지막 여정의 로드맵 … 307

1. **AI 융합 청지기 구현:** 패러다임 시프트의 발동 … 309
   - AI 기술의 잠재력과 기독교 윤리적 관점 … 309
   - 성경적 청지기 의식의 현대적 적용 … 310
   - AI와 청지기 의식 통합 통한 새로운 공동체 패러다임 제안 … 311
   - 위기 극복 및 새로운 시대 맞이하기 위한 제언 … 313

2. **AI 기술과 성경적 청지기 의식** 통합의 필연성 … 315
   - 성경적 청지기 의식의 핵심적 중요성 … 315
   - 통합 통한 시너지 효과: 교회 자원 관리 및 목회 효율성 향상 … 316
   - AI 기술과 성경적 청지기 의식 통합 통한 한국 교회의 미래 전망 … 320

3. **결론 및 제언:** AI 시대, 청지기의 소명으로 희망을 품다 … 322
   - 연구 결과 요약: AI 시대, 청지기 교회를 향한 통찰 … 322
   - 기독교 패러다임 형성 기여: 청지기의 삶으로 그리는 새 시대 … 323
   - 미래 연구 방향 및 제언: 끝없는 탐구를 위한 청지기의 발자취 … 324
   - 연구의 한계: 겸손한 성찰, 더 나은 내일을 향해 … 326

에필로그 Epilogue

융합된 새 사람, 희망을 향한 첫 걸음 … 328

문헌 출처 및 연구자료 … 333

한국 교회가 직면한 심각한 위기와
AI 시대의 거대한 도전은
우리를 절망으로
이끄는 어두운 터널이 아닙니다.
오히려 그것은 우리가 잊고 있던
'청지기'로서의 본질적 사명을
다시금 일깨우고,
새로운 시대에 맞는 모습으로 거듭나도록
촉구 하는
하나님의 부르심입니다.

머리글 Author's Note

거대한 질문의 답: 「AI시대, 청지기의 길을 묻다」

거대한 그림자가 우리의 시대 위를 드리우고 있습니다. 그 이름은 인공지능 (AI) 입니다. 아침에 눈을 뜨면 밤사이 세상을 바꾼 소식이 쏟아지고, 어제의 지식은 오늘의 낡은 지식이 됩니다. 우리는 현기증 나는 속도의 변화 속에서 방향 감각을 잃고 표류하고 있습니다.

오늘의 세상은 네 가지 단어로 요약됩니다.
변화 (Change), **연결** (Connection), **개인화** (Individual), **불확실성** (Uncertainty).

변화는 끝없이 밀려오고, 연결은 전 세계를 실시간으로 묶어내며, 개인화는 모든 경험을 재편하고, 불확실성은 인간의 삶과 신앙의 토대를 흔듭니다. 결국 **"사람이 사람답게 살아간다"**는 가장 단순하면서도 본질적인 무게가 점점 흔들리고 있습니다. 정체성은 해체되고, 가치관은 상대화되며, 신앙조차 데이터 흐름 속에서 위협받고 있습니다.

저는 이 시점에서 한 가지 질문 앞에 섰습니다.
"AI 시대, 교회는 여전히 교회답게 존재하고 있습니까?"

AI는 단순히 기술의 문제가 아닙니다. 그것은 신학, 목회, 예배, 교육, 공동체라는 교회의 모든 사역에 근본적인 질문을 던집니다. 그러나 사실, AI의 파도가 밀려오기 전부터 한국 교회는 이미 내부로부터 서서히 무너지고 있었습니다. **텅 빈 예배당, 길 잃은 영혼, 무너진 신뢰, 추락하는 영향력.** 이것은 하나님께서 맡기신 가장 소중한 자원들—사람, 신뢰, 영향력—을 제대로 관리하지 못한 '**청지기직의 실패**'의 결과였습니다.

오늘날 기술은 '**호모 데우스**'라는 이름으로 인간을 신의 자리에 올려놓으려는 유혹을 속삭입니다. 그러나 교회는 여전히 교회답게, 세상의 등불이자 진리의 기둥으로 서 있어야 합니다. 그렇다면 우리는 어떻게 해야 합니까? AI는 단순히 "무엇을 할 수 있는가"를 묻지 않습니다.

AI는 우리 존재의 근원을 향해 질문합니다. **"인간은 누구입니까? 교회는 무엇입니까? 우리는 무엇을 위해 존재합니까?"** 이 책은 두려움을 넘어 사명으로, 기술을 넘어 말씀으로 나아가려는 모든 청지기들을 위한 작은 길잡이가 되어 줄 것입니다.

필자는 1999년초부터 2020년말까지 독일에서 기독교대한하나님의성회 선교사로 사역한 후, 코로나19 팬데믹 시기에 귀국하여 **UCK 디지털 뉴스, UCK 스트림 팟캐스트**, 그리고 **AI와 신앙을 연결하는 콘텐츠 사역**을 이어오고 있습니다. 그리고 최근에는 UCK Lab (유크 AI 융합 미래교회연구소)을 설립하여, 다음 세대를 위한 새로운 교회 모델과 미래적 리더십을 준비하며, 평택순복음교회의 협동목사로 교회의 다음세대들을 양육하며, **홀리키즈타임즈**라는 어린이 기자들이 참여하는 디지털 미디어

신문을 만들고 있습니다. 아울러 보다 큰 뜻을 가지고 미국 캘리포니아에 소재한 OIKOS University 에서 MBA 비즈니스 애널리틱스 (비즈니스 분석) **학위 프로그램**을 개설하고, **AI와 신학 (청지기) 융합 학문 영역**을 개척하는 새로운 길을 열어가고 있습니다.

이번 기회에 독자들에게 첫선을 보이는 이 책 『AI 시대, 청지기의 길을 묻다』는 교회를 묻고, 기술을 해석하며, 말씀 위에 서 있는 청지기의 길을 다시 걷기 위한 작은 시작에 불과 할지 모릅니다. 그러나 많은 지인들이 직접 추천서를 보내주시고, 격려해 주시고, 이 책의 출판을 도맡아 주신 미문커뮤니케이션의 방경석 대표와 SD소포트의 조성두 대표님에게 감사드립니다. 또한 나의 사랑하는 아내 노현정 사모와 두 딸이 늘 부족한 종의 사역에 있어서의 모자람을 채워주기에 이 책을 발행할 수 있었음을 고백합니다. 선교와 사역의 현장에서, 오늘날까지 이모저모 이름도 빛도 없이 도와주신 모든 고마운 분들께도 깊은 감사를 드립니다. 함께 이 여정에 동행해 주신 독자들 모두에게도 감사드립니다.

이제 마지막으로 하나님께 깊은 감사드립니다. 몽당연필과 같은 종을 붙잡고 사용해 주셔서 세상에 내어놓게 된 **이 책이 지금 한국 교회가 넘어야 할 디지털 광야의 이정표가 되기를, 그리고 다음 세대가 이 길을 따라 담대히 걸어가기**를 간절히 기도합니다.

_저자 **이창배** 드림

추천의 글 Endorsements

AI는 새로운 달란트: 충성된 종의 길을 만들라

『AI 시대, 청지기의 길을 묻다』는 인공지능이라는 문명사적 전환 앞에서 신학이 어떤 언어로 응답할 수 있는지를 묻는 도전적 작업입니다. 신학은 언제나 시대와 대화하며 자신을 증명해 왔습니다. 그러나 오늘날 AI의 등장은 전례 없는 질문을 던지고 있습니다. **인간은 누구인가? 교회는 무엇인가? 신앙은 기술 앞에서 어떤 위치를 차지하는가?** 저자는 이러한 근원적 질문을 외면하지 않고, 정면으로 응답하려 합니다.

저자가 선택한 해답은 **"청지기"**라는 오래된 성경적 개념입니다. 저자는 본 오이코스 경영대학원의 경영학 박사 논문 제출에서 청지기는 단순히 주인의 재산을 관리하는 하인이 아니라, 주인의 뜻을 따라 창의적으로 자원을 증대시키는 능동적 대리인이자, 지속가능한 성장과 환경을 관리하는 경영인으로 보았습니다. 저자는 바로 이 개념을 21세기 AI 시대에 다시 불러내며, AI를 **"새로운 달란트"**로 해석을 시도했습니다. 하나님께서 주신 거대한 자원을 땅에 묻어두는 게으른 종이 아니라, 용기와 지혜로 활용해 더 큰 열매를 맺는 충성된 종이 되어야 한다는 것이 바로 그의 지론입니다.

이 책의 신학적 의의는 전통 신학의 자원을 충실히 사용한다는 데 있습니다. 창세기의 문화명령, 아브라함 카이퍼의 일반은총, 신약 성경의 비유들이 AI 시대와 연결됩니다. 저자는 기술 낙관론과 비관론 어느 쪽에도 치우치지 않고, **"신학적 균형"**을 유지합니다. AI는 신의 자리를 노리는 위협일 수 있지만, 동시에 하나님의 뜻을 실현할 도구가 될 수 있습니다. 교회의 역할은 이 양극단 사이에서 청지기적 분별로 길을 내는 것입니다.

또한 저자는 AI 시대가 불러온 윤리적 공백에 대해서도 깊이 성찰합니다. 개인정보 침해, 알고리즘 편향, 인간 존엄성의 위협 같은 문제를 교회의 신학이 책임지고 응답해야 한다는 것입니다. 교회는 단순히 기술을 사용하는 소비자가 아니라, 기술 문명의 윤리적 경계를 제시하는 **"공적 신학의 목소리"**가 되어야 한다고 주장합니다.

신학자 입장에서 볼 때, 이 책은 한국 교회의 신학이 단순히 과거의 유산을 반복하는 것을 넘어, 디지털 전환이라는 새로운 맥락 속에서 신학의 언어를 갱신하는 중요한 시도라 볼 수 있습니다. 『AI 시대, 청지기의 길을 묻다』는 한국 신학의 새로운 방향을 제시하는 문제작이라 평가할 만합니다.

_김종인 박사
철학박사, 신학박사, 미국 OIKOS University 총장

추천의 글 Endorsements

AI 시대, 빛나는 청지기의 길을 묻다

다니엘서 12장 3-4절은 이렇게 말씀합니다. "지혜 있는 자는 궁창의 빛과 같이 빛날 것이요 많은 사람을 옳은 데로 돌아오게 한 자는 별과 같이 영원토록 빛나리라 다니엘아 마지막 때까지 이 말을 간수하고 이 글을 봉함하라 많은 사람이 빨리 왕래하며 지식이 더하리라."

이 말씀은 단지 먼 훗날의 영광을 말하는 것이 아니라, 지금 이 시대, 곧 AI라는 새로운 문명이 몰아치는 변화의 시대 속에서 분별력 있는 그리스도인이 어떤 길을 걸어야 할지를 묻고 계십니다. 지식이 급속도로 증가하는 지금, 우리는 단순한 지식의 수집자가 아니라, 옳은 지식과 진리를 분별하여 그것을 따라 살아갈 수 있는 '청지기'의 길을 걸어야 할 사명을 지녔습니다.

유럽과 한국에서 오랫동안 미디어와 문화 사역을 감당하시고 특히 신문 매체와 인터넷 사역 가운데 점증하는 지식의 증가에는 AI가 자리하고 있음을 갈파한 이창배 목사님의 신간 서적 『In the AI Era, Asking the Way of the Steward』는 이 거대한 질문 앞에, 매우 정직하고도 경건한 청지기의 자세로 응답한 귀한 글입니다. 이 책은 단순히 기술을 설명하는 데 그치지 않고, 교회가 AI 시대에 취해야 할 영적 자세와 실천의 방향을 모범적으로 제시하고 있습니다. 특히 이 책은 다음 세 가지 중요한 주제를 깊이 다룹니다.

1. **분별의 중요성** – AI는 중립이 아닙니다. 기술은 그 자체로 선하거나 악하지 않지만, 그 용도와 의도에 따라 선한 열매를 맺을 수도, 파괴적 도구가 될 수도 있습니다. 저자는 교회가 단순히 기술을 배격하거나 무비판적으로 수용해서는 안 되며, 분별력 있는 청지기로서 사용해야 한다는 점을 강조합니다.
2. **선과 악의 구분** – "선한 것은 선하게, 악한 것은 걸러내는" 기술에 대한 영적 민감성을 이 책은 계속해서 독자에게 요구합니다. 특히 Kurzweil의 '특이점(Singularity)' 이론에 대한 분석은 매우 탁월하며, 단지 기술 발전에 열광하거나 공포에 빠지지 말고, 신학적 기준 위에서 '기술을 어떻게 다룰 것인가'에 대한 교회의 준비가 시급함을 일깨웁니다.
3. **청지기의 본질** – 이 책은 AI에 대한 단순한 반응을 넘어서, 교회가 무엇을 지켜야 하고, 어떤 소명을 감당해야 하며, 지식의 홍수 속에서도 진리를 담는 그릇으로서 살아야 한다는 청지기 신학을 깊이 있게 풀어냅니다.

저는 이창배 목사님께서 지적한 바와 같이 AI 시대에 **"지식의 증가와 그리스도인의 태도"**에 대해서 칼럼을 통해 이와 같은 문제를 다루었습니다. 저는 인공지능 시대에 더욱 필요한 것은 지식 그 자체보다도 '해석하는 능력', 곧 '지혜'라고 믿습니다. AI가 문명을 바꾸어 놓을 수 있지만, 인간의 영혼과 공동체, 교회를 이끄는 것은 여전히 하나님의 말씀과 그것을 실천할 지혜로운 자들입니다.

이 책의 저자는 단지 기술을 해석하는 데 그치지 않고, 교회 안팎의 리더와 성도 모두가 어떻게 AI 시대에 신실한 증인으로 서야 하는지를 따뜻하고 명료한 언어로 제시합니다. AI는 우리의 일상 속에 깊이 들어와 있습니다. 우리는 더 이상 'AI를 받아들일 것인가, 말 것인가'를 고민하는 시대에 있지 않습니다. 지금 우리에게 필요한 것은 **"청지기의 자세로 어떻게 이 도구를 선용할 것인가"**에 대한 분명한 길잡이입니다. 이 책은 그 길을 겸손히 그러나 강력하게 제시합니다.

AI 시대, 또 하나의 지식을 더하는 것이 아니라 옳은 길을 분별하여, 많은 사람을 생명의 빛으로 인도할 수 있는 청지기의 길을 찾고 있는 모든 이에게 이 책을 추천합니다. 진정한 지혜자는 이제 책을 덮지 않고, 다시 책을 펴는 이들입니다. 이 책이 바로 그 길의 지혜로운 출발점이 되기를 바랍니다.

별과 같이 빛나는 여러분께

_김종필 (Elijah Kim) 박사

철학박사, 선교학자, 보스톤 소재 파토스 재단 대표(President, Pathos Foundation, Inc.), 필리핀 Grain of Wheat College and Graduate school (Founder and President, formerly Elijah International World Mission Institute) 설립자 및 총장 역임. 『The Rise of the Global South: The Decline of Western Christendom and the Rise of Majority World Christianity』 저자

추천의 글 Endorsements
불확실성의 시대, 교회를 향한 선지자적 외침

　AI 시대 청지기의 길을 묻는다는 우리의 삶을 획기적으로 변화시킬 AI와 하나님의 백성의 삶을 규정하는 청지기의 정신이 만나 교회의 책무를 조명하는 시의적절한 책입니다. 청지기의 개념은 크리스천으로서 우리의 정체성과 이 땅에서 주어진 부르심을 잘 나타냅니다. 창세기를 보면 하나님의 창조 안에서 인류가 차지하는 무척 독특한 위치에서 부터 청지기의 중요함이 나타납니다. 인류는 창조주와 창조물 사이에 매우 세심하게 위치해 있고, 그들의 특별한 정체성은 하나님의 호흡, 형상, 또는 영이라고 불려지는 **"하나님의 요소"** (God-matter) 의 임재함으로 나타납니다. 이로 인해 인류는 창조주와 특별한 관계를 맺고, 또 온 피조물을 다스리는 소명을 받았습니다.

　타락한 이후에 하나님은 창조물이 완전한 회복을 일으키는 대사를 계획했고, 이렇게 특별한 **"청지기"**의 역할을 할 사람이나 집단을 시대마다 부르셨습니다. 이스라엘이 그렇고 모세나 왕, 그리고 선지자 같은 특별한 종들이 그랬습니다. 오늘날 바로 교회가 하나님과 그의 세상 (또는 모든 창조물) 사이에 부르심을 받아 청지기의 시대적인 소명을 이룬 것입니다.

그런데 이렇게 변치않는 하나님의 구속의 계획과 **"청지기"**의 소명이 시대와 지역을 따라 전혀 다른 상황(context)을 마주하게 됩니다. AI의 빠른 발전이 오늘날 우리 개인과 가정, 산업과 사회 전반에 지대한 영향을 미치기 시작한 것입니다. 그리고 그 끝이 어디인지는 아무도 모릅니다. 새로운 가능성과 함께 미래에 대한 불확실성이 오늘 우리의 세태를 정의합니다. 하나님의 **"청지기"**의 역할이 절실히 요구되는 때인 것입니다. 그리스도인들도 급속히 변화하고 발전해 가는 AI 환경에 휩쓸리고 있지만 동시에 세상이 갈 길을 가리키는 선지자적인 청지기의 부르심을 잠시라도 잊어서는 안됩니다.

바로 이 책이 오늘날 교회가 청지기로 단단히 준비하여 온 세상이 가야할 길을 비추는 청지기의 소명을 일깨워주고 있습니다. 이런 **"청지기"**의 신학적 정체성과 세상을 향한 그리스도의 부르심이 AI가 하나님께서 모두에게 주신 선물이 되도록 세상을 이끌 수 있게 됩니다. 반면에 교회와 크리스천들이 이 정체성과 소명을 든든하게 세우지 못하면 AI는 교회를 혼란의 소용돌이에 쓸어버리는 실존적인 도전이 될 것입니다. 바로 이 책이 부르짓는 선지자적인 메세지입니다. 그래서 우리 모두가 귀를 기우려야 하는 다급함을 이 책이 외치고 있습니다.

_마원석 박사

철학박사, 미국 오랄 로버츠 대학교 Executive Director, Center for Sprit-Empowered Research, Distinguished Professor of Global Christianity

추천의 글 Endorsements

주목하라, 성경적, 창조적 "AI 융합 청지기론"

　오늘날 우리는 역사상 그 어느 때보다 급격한 변화의 시대, CCIU시대를 맞이하고 있습니다. 인공지능(AI)의 등장은 단순한 기술적 진보를 넘어, 인간의 정체성·관계·가치관·신앙에까지 도전장을 내밀고 있습니다. 매일같이 쏟아지는 새로운 기술 소식 앞에서 종교개혁가 루터의 사상으로 이러한 슬로건을 상기해 봅니다. **"기술을 넘어 말씀으로, 시스템을 넘어 공동체로!"** 이 책, 『AI 시대, 청지기의 길을 묻다』는 바로 그 질문에 대한 깊이 있는 신학적 응답이자, 목회적 지혜가 담긴 탁월한 안내서입니다. 저자는 **AI라는 '새로운 달란트'를 단순히 두려움의 대상으로 삼지 않고, 하나님의 영광과 공동체와 이웃 사랑을 위한 청지기**(Stewardship)**의 기회로 해석**합니다. 저자는 청지기의 본래적 의미를 밝히며 다양한 영역에서 성경적, 창조적 청지기론을 제시합니다.

　저자는 '청지기'라는 성경적 개념을 좁은 의미의 재정 관리나 단순한 직분으로 한정하지 않습니다. 오히려 인간을 하나님의 형상으로 부르신 창조의 본래적 명령, 달란트 비유에 담긴 신뢰와 도전의 정신, 아브라함 카이퍼(A.Kuyper)의 **'일반 은총'**(Common Grace) 사상에까지 그 뿌리를 확장시켜, AI 시대에 걸맞은 청지기의 정체성을 새롭게 조명합니다(AI 융합 청지기). 이를 통해 기술을 두려워하거나 무분별하게 수용하는 양극단을 넘어, 신앙인의 본질적 사명과 책임을 회복하는 길을 제시하며, 구체적인 "새사람 프로젝트"를 제안합니다.

특별히 이 책은 교회와 신앙 공동체를 위한 실제적 로드맵을 풍성하게 담고 있습니다. 목회 현장에서의 AI 활용, 공적 영역에서의 정의 실현, 개인의 일상 속 신앙적 분별력 훈련까지 구체적으로 제시하며, 그 모든 적용을 '청지기적 원칙'이라는 신학적 토대 위에 세워갑니다. 이는 단지 기술 대응 전략이 아니라, **한국 교회와 다음 세대 (Next Generation) 를 위한 깊은 영적 성찰과 비전 제안**이라 할 수 있습니다.

저자는 오랜 기간 독일에 체류하면서 교회와 성도를 섬기고, 유럽의 한인 기독교 매체 〈유럽크리스챤신문〉을 운영하며 미디어공동체로 활발하게 사역하였고, 그의 목회적 전문성과 목양적 포용성은 많은 이로 하여금 감동과 찬사를 표하게 하였습니다. 그리고 귀국 후 유럽 현장에서 체득한 풍부한 체험과 자료를 한국 목회와 교육 현장에 아낌없이 풀어내었습니다. 그것은 개인적 기여를 넘어서서 한국 교회에 소중한 자산으로 인정받아야 합니다. 이 역저(力著)는 그런 자산 중 하나임에 틀림없습니다. 이 책은 현장과 학문을 아우르는 통전적 시선으로, 교회의 위기와 기회, 그리고 AI 시대의 사명을 성실하게 풀어내고 있으며, 목회자와 신학자는 물론, 신앙을 가진 모든 이들에게 AI 시대를 살아갈 방향과 용기를 제공할 것입니다.

우리는 이제 피할 수 없는 거대한 물결 앞에 서 있습니다. 그러나 두려움에 갇혀 달란트를 땅에 묻는 '게으른 종'이 될 것인지, 아니면 믿음과 지혜로 시대의 도구를 활용해 갑절의 열매를 맺는 **'충성된 종'**이 될 것인지는 우리의 선택에 달려 있습니다. 이 책은 바로 그 갈림길에서 우리를 인도할 귀한 나침반입니다.

확신하건대. 『AI 시대, 청지기의 길을 묻다』는 한국 교회와 성도들에게 새로운 사명의 불씨를 지펴줄 것이며, AI라는 낯선 디지털 광야를 지나 하나님의 나라를 향한 길을 밝혀 줄 등불이 될 것입니다. 이 책을 읽는 모든 이가, 시대의 도전을 두려움이 아닌 소명으로 받아들이고, 준비된 청지기의 길로 나아가기를 간절히 소망합니다.

끝으로 저자가 설립한 유크 AI 융합 미래교회연구소 (UCK Lab)가 AI로 전개되는 또 하나의 새 시대에 한국 교회와 성도들을 **"새 사람"**으로 옷 입은 AI 융합 청지기로 세워나가기를 기원합니다.

_추태화 박사
철학박사, 이레문화연구소 소장, 전 안양대 교수

추천의 글 Endorsements

기술을 넘어 사명으로: AI 시대 교회의 새로운 이정표

『AI 시대, 청지기의 길을 묻다』는 인공지능(AI)이 주도하는 시대적 흐름 속에서 교회가 나아가야 할 방향을 진지하게 성찰하고 제안하는 책입니다. 저자는 40여 년간 언론과 선교 현장을 누빈 경험을 바탕으로, 단순히 AI 기술을 교회에 접목시키는 차원을 넘어, 기술을 넘는 신앙, 시스템을 넘는 공동체라는 새로운 청지기적 관점으로 교회를 바라봅니다. AI 기술을 단순한 도구로 이해하면서도, 교회가 AI 시대에 윤리적 책임과 사회적 역할을 감당하는 공동체로서 어떤 정체성을 가져야 하는지 진지하게 질문합니다.

이 책은 '**AI 융합 청지기 모델**'이라는 독창적인 개념을 중심으로, 복음의 본질을 훼손하지 않으면서도 시대의 변화에 응답하는 교회의 자세를 제시합니다. 예배, 교육, 선교의 영역에서 교회가 기술의 힘을 빌리되 본질을 잃지 않고, 동시에 공동체 회복과 윤리적 책임이라는 중요한 과제를 외면하지 않아야 한다는 통찰을 제공합니다. 특히 저자는 한국 개신교가 직면한 교인 수 감소, 젊은 세대의 이탈, 교회의 신뢰도 하락 같은 뼈아픈 현실을 직시하면서, 이를 극복하기 위한 패러다임 전환의 필요성을 역설합니다.

이 책이 가진 또 하나의 강점은, 신학적 담론과 더불어 현장의 적용 가능성을 풍성하게 제시한다는 점입니다. 교회의 행정, 재정, 목회 전략에서 AI가 어떻게 활용될 수 있는지를 구체적으로 보여줌으로써, 독자들이 단순히 이론적 논의에 머물지 않고 실제 사역 현장에 아이디어를 연결할 수 있도록 돕습니다. AI를 통한 목회 증강이 아니라, 사명의 재해석이라는 관점에서 접근하는 점은 특히 인상적입니다.

무엇보다 이 책은 **기술을 맹목적으로 수용하지 않고, 신앙의 본질을 기준으로 재해석함으로써 한국 교회가 AI 시대를 주도할 수 있는 신학적·실천적 나침반을 제시**합니다. 오늘날 지역 교회의 목사님과 신학자, 그리고 목회를 준비하는 신학생들에게 이 책은 단순한 지침서를 넘어, 미래 목회와 선교를 위한 새로운 비전을 열어주는 도전장이 될 것입니다. 바라기는 독자들이 이 책을 통해 AI 시대를 깊이 이해하는 동시에, 교회와 선교를 위한 실제적이고도 창의적인 대안을 발견하게 되리라 확신합니다.

_강대흥 선교사

선교학박사, 한국세계선교협의회(KWMA) 사무총장, GMS 태국선교사

추천의 글 Endorsements

AI 시대, 교회와 성도의 존재 이유를 묻다

AI 시대, 우리는 누구이며 무엇을 위해 존재하는가?

이 책은 인공지능(AI)이 세상을 재편하는 거대한 변혁의 한가운데서, 교회와 그리스도인이 어떻게 시대를 해석하고 신앙의 본질을 지켜갈 것인가라는 물음에 대한 진지한 응답입니다. 기술의 발전은 우리에게 새로운 가능성과 편리함을 제공했지만, 동시에 인간의 정체성과 사명의 본질을 다시 묻는 도전을 던지고 있습니다. **"AI 시대, 우리는 누구이며, 무엇을 위해 존재하는가?"** 라는 질문은 단순한 수사가 아니라, 오늘날 신앙공동체가 반드시 마주해야 할 실존적 과제입니다.

저자는 그 해답을 성경이 말하는 청지기 정신에서 찾습니다. 청지기는 단순한 회계 담당자가 아니라, 주인의 뜻을 이해하고, 맡겨진 자원을 창의적이고 책임 있게 사용하여 세상을 더 아름답게 가꾸는 동역자입니다. 따라서 교회 역시 단순한 생존을 넘어, AI라는 새로운 도구를 하나님의 뜻에 맞게 활용하고, 창조 질서를 보전하며, 하나님 나라의 가치를 확장하는 능동적 파트너가 되어야 합니다. 이 책의 귀한 점은 신학적 사유와 함께 구체적 실천 방향을 제시한다는 데 있습니다. 예배, 교육, 선교, 공동체, 윤리 등 교회의 모든 영역에서 AI를 어떻게 이해하고 적용할 수 있을지 풍성한 사례와 통찰을 제공합니다. 단순히 **"AI를 어떻게 사용할 것인가"**의 문제가 아니라, **"AI 시대에 교회가 어떻게 교회답게 존재할 것인가"**라는 더 근본적인 물음을 독자에게 던집니다.

독자 여러분께서 이 책을 통해서 '**청지기 정신**' 너머의 '**희생의 도**(道)'를 재발견하기를 바랍니다. 세속주의 사회가 모두 생존만을 추구하는 가운데, 교회는 생존을 넘어 구원의 초끈을 붙드는 공동체로 부름받았습니다. 이 책은 그 길을 찾고자 하는 모든 성도와 교회 리더들에게, 디지털 광야를 건너는 새로운 이정표가 되어 줄 것입니다.

_ 김태연 박사
철학박사, 한국시니어과학기술인협회(KASSE) 정책위원, 전 명지대 국제대학원 교수

추천의 글 Endorsements

"AI는 위협이 아니라, 새로운 달란트"에 공감을 담아

오늘날 목회자들은 AI라는 거대한 물결 앞에서 깊은 고민과 복잡한 감정을 안고 있습니다. 예배당을 채우던 의자들이 점점 비어가고, 교회를 떠나는 청년 세대의 뒷모습을 바라보며, 우리는 과연 어떤 길을 걸어야 할지 묻지 않을 수 없습니다. **AI는 새로운 희망일까요, 아니면 신앙을 흔드는 또 하나의 유혹일까요?** 바로 이러한 긴장과 갈등의 한복판에서, 이 책 『AI 시대, 청지기의 길을 묻다』는 우리 목회자들에게 꼭 필요한 안내서로 다가옵니다.

저자는 기술을 무조건 경계하지도, 무조건 찬양하지도 않습니다. 대신 성경이 제시하는 청지기 정신을 바탕으로, AI를 어떻게 해석하고 목회의 현장 속에서 어떻게 지혜롭게 적용할 수 있을지를 구체적으로 풀어냅니다. 소그룹 공동체의 회복, 투명하고 정직한 재정 운영, 다음 세대를 품는 교육과 훈련 등, 교회가 당면한 실제적 과제를 AI와 함께 풀어나가는 길을 제안합니다. 이는 단순한 이론적 주장에 그치지 않고, 현장 목회자들이 실제로 고민하는 문제에 대해 실질적인 돌파구를 제시하는 귀한 통찰입니다.

특히 저는 이 책이 던지는 메시지, 곧 **"AI는 위협이 아니라 새로운 달란트다"**라는 선언에 큰 울림을 받았습니다. 주님께서 맡기신 달란트를 땅에 묻어버리는 것이 아니라, 지혜롭고 충성스럽게 활용하여 더 큰 열매를 맺는 것이 진정한 청지기의 길 아닙니까? 교회가 AI 시대라는 새로운 환경 속에서도 여전히 복음의 본질을 붙잡고 사명을 감당할 수 있도록, 저자는 신학적 근거와 목회적 지혜를 동시에 제시합니다.

『AI 시대, 청지기의 길을 묻다』는 우리 목회자들에게 단순한 지적 자극을 넘어, 위로와 도전, 그리고 실제적 지침을 함께 주는 책입니다. 목회의 길이 점점 더 힘들어지는 시대에, 이 책은 목회자들에게 방향을 제시하고, 교회가 디지털 광야를 지나 다시금 복음의 길을 힘 있게 걸어가도록 도와줄 것입니다. 저는 확신합니다. 이 책은 목회자들이 시대의 변화를 두려움이 아닌 사명으로 받아들이게 하고, 교회의 본질을 새롭게 회복하게 하는 귀한 동반자가 될 것입니다.

_ 강헌식 목사

목회학박사, 평택순복음교회 담임, 기하성(광화문총회) 국제총회장, 목회대학원장

추천의 글 Endorsements

AI 시대, 복음 전파의 새로운 장을 여는 청지기적 도전

2천 년 전이나 지금이나, 그리고 앞으로도 복음의 본질은 결코 변하지 않습니다. 그러나 복음을 전하는 방법은 시대와 문화, 그리고 환경의 변화에 따라 끊임없이 달라질 수 있습니다. 저는 미디어 사역에 몸담아 온 사람으로서, 이러한 변화를 누구보다 가까이 체감해 왔습니다. 방송, 인쇄, 인터넷, 모바일 플랫폼을 거쳐 이제는 인공지능(AI)의 시대에 이르렀습니다. 교회와 성도들이 이 변화 앞에서 두려움에 머물 것이 아니라, 하나님께서 우리에게 맡기신 달란트로 받아들이고 창의적으로 활용해야 한다는 사명감을 이 책은 분명하게 일깨워 줍니다.

『AI 시대, 청지기의 길을 묻다』는 단순히 기술적 가능성을 이야기하지 않습니다. 저자는 **시대를 해석하는 신학적 시각과, 현장에서 적용할 수 있는 실제적 지혜를 함께 제시합니다. 그 속에서 우리는 AI라는 도구가 교회의 정체성을 위협하는 변수가 아니라, 오히려 복음을 전할 수 있는 새로운 무대가 될 수 있음을 발견**합니다. 예배와 교육, 선교와 공동체 회복의 모든 영역에서, AI는 올바른 관점으로 접근할 때 사역을 돕는 도구가 될 수 있다는 통찰은 매우 귀중합니다.

갈수록 복음을 전하기 어려워지는 시대적 상황에서, 저자의 외침은 특별한 의미를 가집니다. AI를 통한 문화적 변화마저도 하나님의 창조적 섭리 속에 놓여 있다는 관점, 그리고 그것을 하나님 나라 확장을 위한 도전의 장으로 삼아야 한다는 메시지는 이 시대 성도들에게 새로운 용기를 줍니다. 단순한 기술 담론을 넘어, 어떻게 하면 미디어와 문화 속에서 하나님의 영광과 이웃 사랑을 구현할 수 있을지에 대한 방향성을 제시한다는 점에서 이 책은 평신도 사역자와 전문가들에게도 큰 울림을 줍니다.

이 책은 **두려움과 방어적 태도로 일관하기 쉬운 교회가 AI 시대를 적극적으로 해석하고, 복음을 위한 기회로 전환할 수 있도록 돕는 영적 나침반**입니다. 저는 이 책을 통해 한국 교회가 다시금 시대의 흐름을 넘어 복음의 본질로 돌아가고, 동시에 그 본질을 가장 창의적인 방식으로 전하는 새로운 여정을 시작할 수 있으리라 확신합니다.

_고정민 장로
복음의 전함 이사장, 새중앙교회 시무장로

추천의 글 Endorsements

AI 시대, 교회의 청지기적 사명과 선교적 패러다임 전환

오늘 우리가 서 있는 자리는 단순히 기술 혁신의 전환점이 아닙니다. 저는 이것을 인류 문명사적 변곡점이라고 생각합니다. 2천 년 전 복음이 헬라적 세계관 속에서 전해졌던 것처럼, 지금은 인공지능(AI)이라는 거대한 흐름 속에서 복음이 다시 해석되고 전해져야 하는 시대를 맞이했습니다. 이러한 상황에서 이 책 『AI 시대, 청지기의 길을 묻다』가 우리에게 주는 의미는 특별합니다. 저자는 **"이 시대의 키워드, CCIU 즉, 변화(Change), 연결(Connection), 개인화(Individual), 불확실성(Uncertainty)"**를 제시하며, 인간다운 삶의 무게가 점점 더 흔들리고 있다는 현실을 통찰합니다. 저는 이 진단에 깊이 공감합니다. 선교 현장에서도 CCIU는 분명하게 드러납니다. 선교 전략은 끊임없이 변화를 요구받고, 디지털 플랫폼은 전 세계를 하나로 연결하며, 개인화된 미디어 환경은 복음을 전하는 방식조차 바꾸고 있습니다. 동시에 불확실성은 그 어느 때보다 커졌습니다. 글로벌 팬데믹, 기후 위기, 정치적 불안정에 더해, AI는 인간 정체성 자체를 흔드는 거대한 질문을 던지고 있습니다.

『AI 시대, 청지기의 길을 묻다』는 바로 이러한 변화의 한복판에서, 교회와 성도가 붙잡아야 할 본질이 무엇인지 **"성경적 청지기 정신"**을 중심으로 재해석합니다. 청지기는 단순히 맡겨진 자원을 지키는 관리자가 아닙니다. 주인의 뜻을 이해하고, 자원을 창의적이고 책임감 있게 사용하여 세상을 하나님의 질서에 맞게 가꾸는 적극적 동역자입니다. 선교적 관점에서 볼 때, 이는 매우 중요한 메시지입니다. 왜냐하면 오늘날 교회의 선교 역시 단순히 프로그램을 운영하거나 자원을 분배하는 차원을 넘어, 하나님의 마음과 뜻을 시대 속에서 창의적으로 구현하는 일이기 때문입니다.

저는 이 책이 제시하는 **"AI 융합 청지기 모델"**을 읽으며, 20세기 후반 선교계에서 일어난 패러다임 전환을 떠올렸습니다. 『퍼스펙티브스』가 선교를 교회의 프로그램이 아니라, 하나님 나라의 관점에서, 그리고 세계 역사 속에서 재해석하도록 도와주었다면, 이 책은 AI라는 21세기적 상황 속에서 교회의 청지기적 소명을 새롭게 보게 합니다. 즉, 기술 중심이 아니라 하나님 중심, 사역 증강이 아니라 사명의 재해석이라는 전환입니다. 이것은 단순한 담론이 아니라, 선교적 실천과 전략에도 깊은 영향을 미칩니다.

오늘날 선교는 더 이상 특정 지역에 파송되는 선교사만의 전유물이 아닙니다. 디지털 플랫폼, 인공지능, 그리고 연결된 세상 속에서, 선교는 경계를 넘어 확장되고 있습니다. 그러나 동시에 선교의 본질은 변하지 않습니다. 그것은 여전히 하나님의 영광을 열방에 드러내고, 복음을 통해 모든 민족이 구원에 참여하도록 부르는 것입니다. 『**AI 시대, 청지기의 길을 묻다**』는 이 긴장 속에서 균형을 찾도록 도와줍니다. AI라는 새로운 달란트를 어떻게 활용할 것인지, 동시에 그 속에서 어떻게 복음의 본질을 지켜낼 것인지를 묻습니다.

저는 이 책을 읽으며, **AI가 단순한 기술이 아니라 새로운 선교적 기회가 될 수 있음을 다시 확인**했습니다. 디지털 미디어를 통한 복음 전파, 데이터 기반의 선교 전략, 개인화된 환경 속에서의 맞춤형 제자훈련, 연결된 세상에서의 글로벌 협력은 이제 필연적 과제가 되었습니다. 그러나 그 모든 것은 복음을 변질시키지 않고, 교회가 여전히 교회답게 존재하는 것을 전제로 해야 합니다. 『AI 시대, 청지기의 길을 묻다』는 이 균형을 잃지 않도록 도와줍니다.

바라기는 이 책을 통해 **한국 교회가 단순히 AI 시대를 따라가는 존재가 아니라, AI 시대 속에서 여전히 빛과 소금으로 서 있는 청지기적 공동체로 회복되기를 소망**합니다. 또한 목회자, 신학자, 선교사, 그리고 평신도 모두가 이 책을 통해 **"우리는 누구이며, 무엇을 위해 존재하는가?"** 라는 질문에 대한 답을 새롭게 발견하게 되기를 기도합니다. 『AI 시대, 청지기의 길을 묻다』는 단순히 한 저자의 고백을 넘어, 한국 교회와 세계 교회를 향한 하나님의 부르심에 응답하는 귀한 전략서입니다. 저는 이 책이 선교적 관점에서 새로운 길을 여는 나침반이 될 것이라 확신하며, 모든 독자들에게 이 책을 강력히 추천합니다.

_한철호 목사

미션파트너스 상임대표, 전 선교한국 상임총무·상임위원장, 선교한국 파트너스 상임위원장, 『퍼스펙티브스』 한국어판 공동 저자

프롤로그 Prologue

새로운 시대의 문턱에서 던지는 질문

어느 늦은 밤, 한 목회자가 설교 준비에 지쳐 컴퓨터 앞에 앉습니다. 그는 조심스럽게 ChatGPT에 입력합니다. **"달란트 비유를 오늘의 청년들에게 어떻게 설명할 수 있을까?"** 잠시 후, 화면에는 다양한 예화가 펼쳐집니다. 하지만 목회자의 마음은 무겁습니다. 단지 설교 자료가 아니라, 이 시대의 신앙과 삶을 어떻게 지켜낼 것인가라는 더 깊은 질문이 그를 붙잡고 있었기 때문입니다. IT 기업에서 일하는 한 청년은 자신이 개발에 참여한 AI 알고리즘이 사회적 편향을 강화할 수 있다는 사실 앞에서 고민합니다. 그는 신앙인으로서 어디까지 기술을 받아들이고 어디서부터 저항해야 하는지 스스로에게 묻습니다. 자녀를 둔 학부모는 코딩 학원을 알아보다가, 불현듯 **"AI 시대에 우리 아이의 믿음은 어떻게 세워질 수 있을까?"** 라는 질문에 사로잡힙니다.

이것은 더 이상 먼 미래의 이야기가 아닙니다. 인공지능(AI)은 이미 우리 삶 가장 깊숙한 곳까지 스며들어와, 이미 우리의 일상, 일터, 교회, 그리고 신앙의 중심까지 파고들고 있습니다. 이는 단순한 기술의 진보가 아니라, **우리의 신앙과 삶의 근간을 뒤흔드는 거대한 '시대적 전환'**입니다. AI는 질병을 정복하고, 가난을 해결하며, 인류의 지평을 무한히 확장할 것이라는 유토피아적 희망을 속삭이는 동시에, 인간을 일터에서 몰아내고, 진실과 거짓의 경계를 무너뜨리며, 소수의 기술 권력이 다수를 통제하는 디스토피아적 불안감을 증폭시키고 있습니다. 곧, **AI 시대는 인류의 삶을 풍요롭게 할 기회를 제공하지만, 동시에 인간의 존엄과 신앙적 가치에 도전을 던지는 거대한 파도**이기도 합니다.

이 거대한 희망과 불안의 교차로 위에서, 오늘날 한국 교회는 어디 쯤에 서 있습니까? 안타깝게도 많은 통계는 교회가 이 변화의 속도를 따라가지 못하고 있음을 보여줍니다. 사회적 신뢰는 추락하고, 다음 세대는 교회를 외면하며, 기존의 방식은 더 이상 해답이 되지 못하는 현실 앞에서 우리는 속수무책인 것처럼 보입니다. Christianity Today가 지적했듯, **"AI 시대는 이미 여기 와 있지만, 교회는 아직 준비되지 않았습니다."**

그렇다면 이 거대한 전환기 앞에서 교회와 신앙인은 어떻게 살아가야 합니까?

이 책은 단순히 **"AI를 어떻게 사용할 것인가"**라는 기술적 질문에 머무르지 않습니다. 오히려 더 근본적인 질문, 곧 **"AI 시대에도 인간은 여전히 하나님의 형상(Imago Dei)인가?" "우리가 붙들어야 할 변치 않는 가치는 무엇인가?" "하나님께서 우리에게 맡기신 청지기의 소명은 무엇인가?"**라는 질문을 다루고자 합니다. 이 책은 "AI를 어떻게 사용할 것인가?"라는 기술적 질문에 앞서, 더 근본적인 질문들을 던지고자 합니다.

1. "AI 시대에 '인간'이란 무엇이며, '하나님의 형상(Imago Dei)'으로 창조되었다는 것은 과연 어떤 의미를 갖습니까?"

2. "급변하는 기술의 파도 앞에서 우리가 결코 놓지 말아야 할 변치 않는 가치는 무엇입니까?"
3. "하나님께서 이 시대 우리에게 맡기신 '청지기'의 사명은 무엇이며, AI는 그 사명을 위한 거룩한 도구입니까, 아니면 우리를 시험에 들게 하는 장애물입니까?"

따라서 이 책은 단순한 AI 활용 가이드가 아닙니다. **위기의 시대를 진단하고, 성경이라는 영원한 나침반을 통해 우리의 좌표를 확인하며, '청지기'라는 우리의 정체성을 재발견하는 신학적 탐구의 여정**입니다. 독자 여러분을 이 여정으로 초대합니다. 두려움이나 맹목적 추종이 아닌, 지혜로운 분별과 책임 있는 참여를 통해 AI 시대의 한복판으로 걸어 들어갈 용기를 함께 찾아 나서길 바랍니다. 이제, 새로운 시대의 문턱에서 시작되는 이 탐험에 함께 초대받은 당신을 환영합니다.

이 책의 최종 목표 선언 This Book's Ultimate Mission Statement
AI 시대, 청지기의 길을 향한 종합적 통찰

1. 시대적 위기와 패러다임 전환의 필연성

　우리는 지금 한국 교회의 복합적 위기와 인공지능(AI)이라는 거대한 기술 혁명이 교차하는 역사적 변곡점 위에 서 있습니다. 목회데이터연구소의 2024년 빅데이터 분석에 따르면, 교회 관련 보도는 부정적 기사가 긍정적 기사보다 많으며, '교회 내 학대', '명품백 사건' 등 윤리적 문제가 주요 이슈로 부상했습니다. 이는 교회의 사회적 신뢰도 하락이라는 고질적 문제와 직결됩니다. 실제로 2025년 조사에서 개신교에 대한 신뢰도는 14%에 불과했으며, 불신 이유는 '지나친 전도', '부패', '차별과 혐오 발언' 등이었습니다. 이러한 신뢰의 위기는 교인 감소로 이어집니다. 특히 교회의 허리 역할을 해야 할 3040세대의 이탈 (코로나 이후 32%가 현장예배 이탈)과 그 자녀 세대의 교회학교 이탈은 교회의 미래를 위협하는 심각한 징후입니다. **교회에 출석하지 않는 '가나안 성도'와 여러 교회를 떠도는 '플로팅 크리스천'의 증가**는 기존의 교회 중심적 패러다임이 더 이상 유효하지 않음을 명백히 보여줍니다.

　이러한 내부적 침체 상황 속에서, AI 기술은 외부로부터 거대한 파도처럼 밀려오고 있습니다. AI는 이미 의료, 금융, 교육 등 사회 전반을 재편하고 있으며, 2025년부터 2030년까지 세계 GDP를 연평균 0.5% 성장시킬 잠재력을 지닌 것으로 평가됩니다. 그러나 동시에 일자리 대체, 데이터 편향성, 감시 사회 강화 등 심각한 윤리적 도전 과제를 안고 있습니다. 이러한 시대적 전환 앞에서, 한국 교회가 과거의 방식만을 고수하며 안일하게 대처한다면, 사회와의 괴리는 더욱 깊어지고 시대적 소명을 감당할 기회를 완전히 상실하게 될 것입니다. 따라서 **지금이야말로 교회의 본질을 되묻고, 새로운 시대에 맞는 신학적·실천적 패러다임 전환을 모색해야 할 필연적인 시점입니다.**

2. 위기의 해법, '성경적 청지기 의식'의 재발견

이 총체적 위기에 대한 해법은 외부가 아닌 성경의 본질적 가르침, **특히 '청지기 의식 (Stewardship)'의 재발견**에서 찾아야 합니다. 청지기직은 단순히 헌금을 관리하거나 교회 봉사를 하는 좁은 의미를 넘어섭니다. 그것은 하나님께서 인류에게 부여하신 근원적인 소명입니다. 창세기 1장 28절의 문화명령은 **하나님의 형상 (Imago Dei)을 따라 창조된 인간이 하나님의 대리인으로서 이 땅을 다스리고 문화를 형성하며 하나님의 창조 사역에 동참하라는 위대한 부르심**입니다.

또한 창세기 2장 15절에서 에덴동산을 '**경작하고 지키라** (to work it and take care of it)'고 하신 명령은 히브리어 **원어 '아바드 (עבד, abad)'와 '샤마르 (שמר, shamar)'**에 깊은 의미를 담고 있습니다. '아바드'는 '일하다'는 뜻과 함께 '섬기다', '예배하다'는 의미를, '샤마르'는 '지키다'는 뜻과 함께

'보호하고 보존하다'는 의미를 가집니다. 즉, **청지기직이란 하나님이 주신 모든 자원—자연환경뿐 아니라 우리의 시간, 재능, 지식, 그리고 오늘날의 AI 기술까지— 을 예배하는 마음으로 섬기고, 그 본래의 가치를 보존하며, 더 나은 방향으로 발전시켜야 할 거룩한 책임**입니다.

이러한 청지기의 구체적인 모습은 다니엘서 6장에서 탁월하게 나타납니다. 이방 제국의 총리였던 **다니엘은 자신을 시기하는 정적들의 흠 잡을 수 없는 '충성됨 (faithful)'과 '아무 그릇됨도 없고 아무 허물도 없는 (neither corrupt nor negligent)' 탁월함으로 자신의 직무를 감당**했습니다. 그는 자신의 지위와 능력을 사적인 이익이 아닌, 왕과 국가에 손해가 없게 하는 책임감으로 사용했습니다. 동시에 그는 예루살렘을 향한 창을 열고 기도하며 자신의 정체성을 잃지 않는 신실함을 보여주었습니다. 이는 **현대의 기독교인들이 세상 속에서 전문성과 신앙을 겸비한 청지기로서 어떻게 살아야 하는지를 보여주는 강력한 모델**이 됩니다.

더 나아가 마태복음 25장의 '달란트 비유'는 청지기적 삶의 적극적인 측면을 강조합니다. 주인에게 받은 달란트를 땅에 묻어둔 악하고 게으른 종은 두려움 때문에 아무 것도 하지 않았습니다. 반면, 다섯 달란트와 두 달란트를 받은 종들은 그것을 가지고 **'장사하여 (put his money to work)'** 이윤을 남겼습니다. 이는 **하나님께서 우리에게 주신 재능과 기회, 기술을 두려움 때문에 방치하는 것이 아니라, 적극적으로 활용하여 가치를 창출하고 하나님 나라와 공동선에 기여해야 함을 교훈합니다. AI라는 강력한 도구를 마주한 오늘날, 이 비유는 우리에게 소극적 방관이 아닌 적극적이고 창의적인 참여를 촉구**하고 있습니다.

3. AI 기술의 양면성과 기독교 윤리의 역할

AI 기술은 인류에게 전례 없는 기회를 제공합니다. 의료 분야에서는 질병의 조기 진단과 개인 맞춤형 치료를 가능하게 하고, 교육 분야에서는 학생 개개인에게 최적화된 학습 경험을 제공합니다. 또한 기후 변화 대응, 인도주의적 위기 관리, 인신매매 방지 등 인류의 난제를 해결하는 데 강력한 도구가 될 수 있습니다. 교회 사역의 측면에서도 AI는 행정 업무 자동화, 데이터 기반의 심방 대상자 발굴, 다국어 성경 번역 및 콘텐츠 제작 등을 통해 효율성을 극대화하고 복음 전파의 새로운 지평을 열 수 있습니다.

그러나 이 눈부신 가능성의 이면에는 어두운 그림자가 존재합니다. AI 알고리즘은 학습 데이터에 내재된 편향을 증폭시켜 사회적 차별을 고착화할 수 있으며, 자동화로 인한 대규모 실업은 경제적 불평등을 심화시킬 수 있습니다. 딥페이크와 같은 기술은 진실의 개념을 위협하고 사회적 신뢰를 파괴하며, 민주주의를 위협하는 도구로 악용될 수 있습니다.

특히 유발 하라리가 그의 저서 『호모 데우스』에서 경고했듯, **기술이 인간을 데이터 처리 알고리즘으로 환원하고, 기술 엘리트가 인류의 진화를 설계 하는 '기술-인본주의 (Techno-Humanism)' 혹은 '데이터교 (Dataism)'로 나아갈 위험은 기독교 신앙에 대한 정면 도전입니다.** 이는 인간을 하나님의 형상으로 보지 않고, 업그레이드 가능한 생물학적 기계로 여기는 관점이기 때문입니다.

이처럼 **AI는 가치중립적인 도구가 아니며, 그 설계와 활용에 인간의 세계관과 윤리가 깊숙이 개입됩니다. 따라서 기독교인에게는 AI 기술을 비판적으로 성찰하고, 선한 방향으로 이끌 윤리적 나침반이 절실히 필요**합니다. 그 나침반의 핵심은 '하나님 사랑'과 '이웃 사랑'이라는 대계명입니다. 모든 인간은 하나님의 형상(Imago Dei)으로 창조된 존엄한 존재라는 신념은 AI가 인간을 도구화하거나 대체하는 것을 거부하고, 인간의 존엄성을 높이는 방향으로 개발되어야 한다는 제1원칙을 제시합니다.

또한 정의, 공평, 투명성, 책임성의 가치는 AI 알고리즘의 편향성을 최소화하고, 기술 발전의 혜택이 사회적 약자를 포함한 모두에게 공평하게 돌아가도록 요구합니다. 교회는 이러한 기독교 윤리를 바탕으로 기술 개발자, 정책 입안자, 그리고 사회 전체를 향해 예언자적 목소리를 내야 할 책임이 있습니다.

4. 지속 가능한 모델과 '융합된 새 사람'이라는 대안

그렇다면 청지기 의식에 기반한 기독교 윤리는 구체적으로 어떻게 구현될 수 있습니까? 우리는 이미 다양한 영역에서 그 가능성을 엿볼 수 있습니다. 비록 참고 자료에서 특정 기업 사례가 직접 언급되지는 않았지만, 우리는 그 원리를 적용하여 지속 가능한 모델을 구상할 수 있습니다. 예를 들어, 사회적 기업들은 이윤 추구를 넘어 공동 선과 사회적 책임을 핵심 가치로 삼습니다. 이러한 기업들은 투명한 지배구조를 확립하고, 생산 과정에서 환경에 미치는 영향을 최소화하며, 수익의 일부를 사회에 환원 합니다.

이 원칙들은 AI 기술의 거버넌스에도 그대로 적용될 수 있습니다. AI 개발 기업은 알고리즘의 투명성을 높이고, 데이터 수집 및 활용 과정에서 사용자의 프라이버시를 철저히 보호하며, AI로 인해 발생하는 사회적 비용(예: 일자리 감소)에 대한 책임을 분담하는 모델을 구축해야 합니다.

특히 AI는 지속가능성 목표를 달성하는 데 핵심적인 역할을 할 수 있습니다. AI를 통해 에너지 소비를 최적화하고, 공급망을 효율화하여 탄소 배출을 줄이며, 정밀 농업으로 자원 낭비를 막는 등 창조 세계를 보전하는 청지기의 사명을 기술적으로 구현할 수 있습니다.

이는 기술 발전과 청지기적 책임이 대립하는 것이 아니라, 오히려 서로를 강화할 수 있음을 보여주는 중요한 사례입니다. 이러한 성찰을 바탕으로, 우리는 이 책의 궁극적인 대안으로 **'융합된 새 사람 (AI-Converged Steward)'** 이라는 새로운 인간상을 제시합니다. 이는 단순히 AI를 잘 다루는 기술 전문가를 의미하지 않습니다. '융합된 새 사람'은 다음과 같은 특징을 지닌 인물입니다.

1. **깊은 신앙적 정체성**: 이들은 자신이 하나님의 형상으로 지음 받은 존재이며, 모든 기술과 재능의 주인이 하나님이심을 고백하는 청지기입니다. 이 정체성은 기술 만능주의나 인간 교만에 빠지지 않게 하는 영적 닻의 역할을 합니다.
2. **높은 기술적 이해도(AI Literacy)**: 이들은 AI의 작동 원리와 잠재력, 그리고 한계를 명확히 이해합니다. 기술을 맹목적으로 수용하거나 막연히 두려워하는 대신, 비판적으로 분석하고 창의적으로 활용할 수 있는 역량을 갖추고 있습니다.
3. **통합적 사고와 실천**: 이들은 신앙과 기술을 분리하지 않습니다. 기술 개발의

현장에서는 기독교 윤리를 바탕으로 인간 중심의 설계를 주도하고, 교회 공동체 안에서는 AI를 활용 하여 더욱 효과적인 사역 모델을 개척하며, 사회적으로는 기술의 혜택이 소외된 이웃에게 흘러가도록 돕는 '선한 영향력의 통로' 역할을 감당합니다.

결국 '융합된 새 사람'은 AI라는 강력한 도구를 자신의 소명과 일치시켜, 하나님의 창조 세계를 가꾸고 이웃을 섬기는 일에 헌신하는 이 시대의 다니엘이자, 착하고 충성된 종입니다.

5. 청지기의 길, 두려움을 넘어 소명으로

결론적으로, 한국 교회가 직면한 심각한 위기와 AI 시대의 거대한 도전은 우리를 절망으로 이끄는 어두운 터널이 아닙니다. 오히려 그것은 우리가 잊고 있던 '청지기'로서의 본질적 사명을 다시금 일깨우고, 새로운 시대에 맞는 모습으로 거듭나도록 촉구 하는 하나님의 부르심입니다. 우리는 기술의 발전 앞에서 두려워하며 뒷걸음질 칠 것이 아니라, 오히려 그것을 하나님 나라 확장을 위한 새로운 '달란트'로 인식하고 적극적으로 품어야 합니다.

'융합된 새 사람'으로 살아가는 것은 소수의 기술 전문가나 신학자에게만 주어진 특별한 과제가 아닙니다. 각자의 삶의 자리에서 AI 시대를 신실하게 살아가고자 하는 모든 기독교인에게 주어진 보편적 소명입니다. 목회자는 AI를 활용해 성도들을 더 깊이 이해하고 돌보는 목양의 지평을 넓힐 수 있습니다. 개발자는 윤리적 AI를 설계하여 하나님의 창조 질서에 기여할 수 있습니다. 교사는 AI를 교육 도구로 사용하여 다음 세대가 지혜와 신앙을 겸비한 인재로 자라도록 도울 수 있습니다. 우리 모두는 각자의 자리에서 이 시대의 청지기가 될 수 있습니다.

이제 선택은 우리에게 달려 있습니다. 변화의 파도에 휩쓸려 표류할 것인가, 아니면 청지기라는 정체성의 돛을 올리고 소명이라는 목적지를 향해 담대히 항해할 것인가. 이 책의 모든 논의는 후자의 길을 선택하도록 독려하기 위함입니다. **두려움을 넘어 소명으로, 위기를 넘어 기회로 나아가는 이 거룩한 여정**에 모든 신실한 청지기들을 초대합니다.

"AI 시대의 거대한 도전은 우리를 절망으로 이끄는 어두운 터널이 아니라 새로운 시대에 맞는 모습으로 거듭나도록 촉구 하는 하나님의 부르심입니다"

(구글 AI 스튜디오 생성)

AI 시대, 청지기의 길을 묻다

CHAPTER 01

왜 지금, 다시 '청지기'인가?

서문: 길 잃은 시대, 새로운 질문을 던지다

1. 위기의 현실과 소명의 재발견: 왜 지금 다시 '청지기' 인가?

2. AI 시대, 청지기의 길: 원칙과 실천

CHAPTER **01**

왜 지금, 다시 '청지기'인가?

> "우리는 AI라는 이 새로운 시대를 어떻게 청지기로서 살아낼 것인가?"
> 이 거대한 기술적 '달란트'를 땅에 묻어두는 두려움과 나태함에 빠질
> 것인가, 아니면 용기와 지혜로 이를 활용하여 갑절의 열매를 맺는
> 충성된 종이 될 것인가. 이것이 바로 우리 시대의 그리스도인들에게
> 던져진 가장 중요한 신앙적 과제입니다.

서문: 길 잃은 시대, 새로운 질문을 던지다

　우리는 지금껏 경험하지 못한 속도와 규모의 변화가 일상을 뒤흔드는 시대의 한복판에 서 있습니다. 아침에 눈을 뜨면 밤사이 세상을 바꾼 새로운 기술 소식이 우리를 맞이하고, 어제의 지식은 오늘의 낡은 것이 되어버리는 현기증 나는 시간의 흐름 속에서 많은 이들이 방향 감각을 잃고 표류하고 있습니다. 이 거대한 변화의 중심에는 인공지능(AI)이라는 이름의 거인이 자리 잡고 있습니다. **인공지능은 단순히 편리한 도구를 넘어, 우리가 살아가는 방식, 배우는 방식, 관계 맺는 방식, 그리고 일하는 방식의 근본적인 틀을 재편하고 있습니다** (Goover AI Report, 2024).

마치 인쇄술의 발명이 지식의 지형을 바꾸고, 산업혁명이 사회 구조를 뒤흔들었던 것처럼, AI는 우리를 새로운 문명의 문턱으로 이끌고 있습니다. 이러한 역사적 변곡점에서 우리는 자연스럽게 불안과 기대를 동시에 느낍니다. AI가 인류에게 유토피아적 번영을 가져다줄 것이라는 낙관론부터, 인간의 자리를 대체하고 통제 불가능한 위협이 될 것이라는 비관론까지, 미래를 향한 예측은 극단적으로 엇갈립니다. 특별히 신앙인으로서 우리는 더욱 근본적인 질문과 마주하게 됩니다.

기술이 인간을 신의 자리에 올려놓으려는 '호모 데우스 (Homo Deus)'의 유혹을 속삭이는 이 시대에 (한국기독교학회, 2025), **그리스도인으로서 우리의 참된 소명은 무엇일까요? 쏟아지는 기술의 홍수 속에서 우리는 무엇을 붙잡고 어디로 나아가야 할까요?**

이 책은 이처럼 길 잃은 시대의 한가운데서, 낡았지만 가장 근원적인 해답을 찾아보고자 합니다. 그것은 바로 **'청지기 (steward)'**라는 개념을 다시 길어 올리는 것입니다. '청지기'라는 단어는 어쩌면 우리에게 십일조나 교회 재정을 관리하는 회계 담당자처럼, 다소 좁고 제한적인 이미지로 남아있을지 모릅니다. 그러나 성경이 말하는 청지기는 단순히 무언가를 지키고 관리하는 소극적인 존재가 아닙니다. 주인의 자원을 위임받아 그것을 창의적으로 활용하고, 가치를 증대시키며, 주인의 뜻에 맞게 세상을 가꾸어 나가는 역동적이고 능동적인 대리인이자 관리자입니다. 주인의 기쁨에 참여하는 파트너이며, 맡겨진 모든 것을 통해 주인의 영광을 드러내는 사명자입니다.

따라서 이 시대의 가장 중요한 질문은 **"AI가 선한가, 악한가?"** 혹은 **"AI를 사용해야 하**

는가, 말아야 하는가?"가 아닐 것입니다. 더 본질적인 질문은 이것입니다. **"우리는 AI라는 이 새로운 시대를 어떻게 청지기로서 살아낼 것인가?"**(크리스천 데일리, 2025). 인류의 미래를 AI가 결정하도록 내버려 둘 것인가, 아니면 기독교적 가치와 비전으로 AI의 미래를 빚어 나갈 것인가의 갈림길에서, 우리는 선택을 요구받고 있습니다 (크리스천 데일리, 2025).

이 거대한 기술적 '달란트'를 땅에 묻어두는 두려움과 나태함에 빠질 것인가, 아니면 용기와 지혜로 이를 활용하여 갑절의 열매를 맺는 충성된 종이 될 것인가. 이것이 바로 우리 시대의 그리스도인들에게 던져진 가장 중요한 신앙적 과제입니다.

이 책의 여정은 바로 이 질문에 대한 답을 찾아가는 과정입니다. 1장에서는 먼저 우리가 마주한 위기의 현실을 냉철하게 진단하고, **왜 지금 '청지기'라는 해묵은 개념이 그 어느 때보다 절실한지를 역설할 것입니다**. 그리고 성경의 가장 첫 장에서부터 시작되는 청지기의 원형을 탐색하고, 달란트 비유와 아브라함 카이퍼(Abraham Kuyper)의 신학을 통해 그 의미를 확장하며, 오늘날 우리에게 주어진 가장 큰 과제인 AI 시대를 어떻게 청지기적 관점으로 바라보고 살아갈 것인지 그 길을 모색해 보고자 합니다. 이제, 길 잃은 시대 속에서 우리의 정체성을 다시 확인하고 새로운 사명의 길을 함께 찾아 나서는 여정을 시작하겠습니다.

1. 위기의 현실과 소명의 재발견: 왜 지금 다시 '청지기'인가?

거인의 등장, 흔들리는 세계

21세기의 문을 연 지 사반세기가 지난 지금, 인류는 새로운 거인의 등장 앞에 서 있습니다. 인공지능(AI)이라는 이름의 이 거인은 조용하지만 압도적인 힘으로 사회의 모든 지층을 흔들고 있습니다. 과거 산업혁명이 증기기관과 기계의 힘으로 물리적 노동의 한계를 확장했다면, AI 혁명은 인간 고유의 영역이라 여겨졌던 지적, 창조적 활동의 경계를 허물고 있습니다. 이는 단순한 기술적 진보를 넘어, 사회 패러다임 자체를 전환시키는 거대한 물결입니다.

AI 혁명의 현주소: 데이터로 보는 변화의 단면

AI 기술은 더 이상 공상과학 소설 속 이야기가 아닙니다. 이미 우리 삶의 깊숙한 곳까지 스며들어 산업의 지형도를 바꾸고 사회 구조를 재편하고 있습니다. 그 영향력은 구체적인 데이터를 통해 더욱 명확하게 드러납니다.

주요 산업 분야에서 AI는 혁신과 효율성의 동의어가 되었습니다. 의료 분야에서는 신약 개발 주기를 획기적으로 단축하고 있습니다. 예를 들어, 생성형 AI는 새로운 화합물 구조를 설계하고 그 효과를 시뮬레이션함으로써, 과거 수년이 걸리던 초기 연구 단계를 수개월로 압축합니다 (Goover AI Report, 2025).

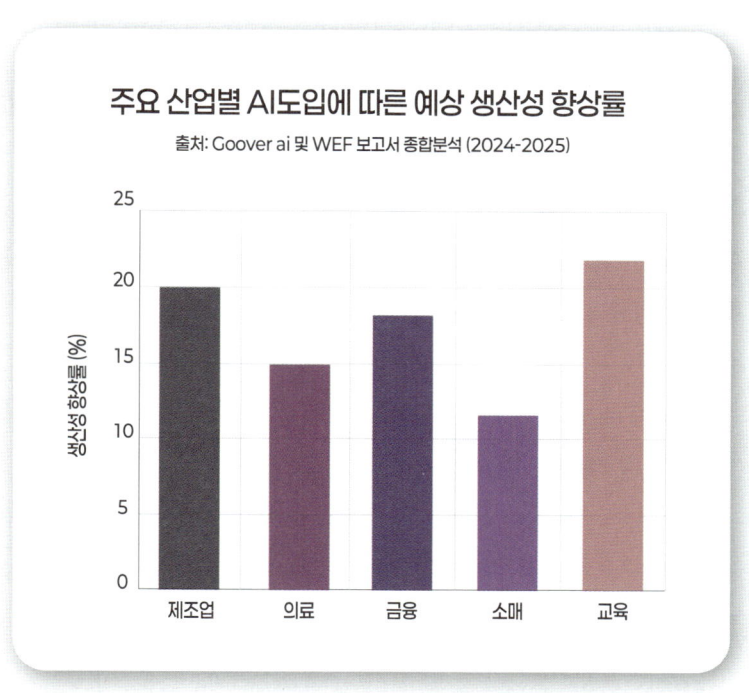

또한, AI 기반 진단 보조 시스템은 의료 영상 (X-ray, CT, MRI)을 분석하여 인간 의사보다 더 빠르고 정확하게 질병의 징후를 발견함으로써 조기 진단율을 높이고 있습니다. 한 연구에 따르면, AI를 임상 환경에 도입할 경우 치료 효율성 증대와 오류 감소를 통해 전체 의료 비용을 10% 이상 절감할 수 있는 잠재력이 있는 것으로 나타났습니다 (IMF, 2025 관련 보고서 분석).

교육 현장에서는 '모두를 위한 맞춤형 학습'이 현실화되고 있습니다. AI 튜터는 학생 개개인의 학습 속도와 이해도를 실시간으로 분석하여 맞춤형 문제와 콘텐츠를 제공합니다. 이를 통해 교사는 획일적인 강의에서 벗어나 학생 개별의 필요에 집중하는 코치의 역할을 수행할 수 있게 됩니다 (ACSI, 2024).

금융 분야에서는 AI 알고리즘이 24시간 시장 데이터를 분석하여 이상 거래를 탐지하고 사기 행위를 예방하며, 제조업에서는 스마트 팩토리가 AI를 통해 생산 공정을 최적화하고 불량률을 최소화합니다. 스탠퍼드 대학의 'AI Index Report 2024'에 따르면, AI를 도입한 기업들은 작업 완료 시간을 단축하고 생산물의 품질을 향상시키는 등 뚜렷한 생산성 증대 효과를 경험하고 있습니다 (Stanford HAI, 2024).

그러나 이 거인의 발걸음은 밝은 빛과 함께 짙은 그림자도 드리웁니다. 가장 큰 우려는 고용 시장의 지각 변동입니다.

국제통화기금(IMF)은 전 세계 고용의 약 40%가 AI의 영향을 받을 수 있으며, 특히 선진국에서는 그 비율이 60%에 달할 수 있다고 경고합니다 (IMF, 2025).

반복적이고 정형화된 업무는 자동화로 대체될 가능성이 높지만, 동시에 AI를 관리하고 창의적으로 활용하는 새로운 직업이 생겨날 것입니다. 문제는 이 전환 과정에서 발생하는 마찰적 실업과, 새로운 기술에 적응하지 못하는 노동자들이 겪게 될 어려움입니다. 이는 필연적으로 소득 불평등 심화 문제로 이어질 수 있습니다.

AI 기술을 소유하고 활용할 수 있는 소수와 그렇지 못한 다수 사이의 격차가 벌어지면서 사회적 갈등이 증폭될 위험이 존재합니다 (Brookings Institution, 2024).

정보 환경의 오염 역시 심각한 문제입니다. 생성형 AI는 정교한 가짜

뉴스와 딥페이크 영상을 손쉽게 만들어낼 수 있습니다.

이는 개인의 명예를 훼손하는 것을 넘어, 사회적 신뢰를 무너뜨리고 민주주의의 근간인 선거 과정을 위협하는 도구로 악용될 수 있습니다 (Goover AI Report, 2024).

진실과 거짓의 경계가 모호해지는 세상에서, 우리는 무엇을 믿고 어떻게 판단해야 할지에 대한 근본적인 도전에 직면하게 됩니다.

'호모 데우스'의 유혹과 그 비판

이러한 기술적 격변의 철학적 정점에는 역사학자 **유발 하라리** (Yuval Noah Harari)가 제시한 '**호모 데우스 (Homo Deus, 신이 된 인간)**'라는 도발적인 비전이 있습니다.

그의 저서 『호모 데우스』에서 하라리는 인류가 기아, 질병, 전쟁이라는 오랜 숙제를 해결하고 이제 **불멸 (immortality), 행복 (happiness), 신성 (divinity)** 을 추구하는 단계로 나아가고 있다고 주장합니다 (Harari, 2017).

생명공학과 인공지능 기술을 통해 인간은 유기체의 한계를 극복하고, 스스로의 생물학적 기반을 설계하며, 궁극적으로는 신과 같은 능력을 획득하게 될 것이라는 예측입니다. 이 비전에서 인간은 더 이상 신의 피조물이 아니라, 스스로를 창조하는 창조주가 됩니다.

하라리의 예측은 기술 발전의 가능성을 극대화하여 보여주지만, 이는 기독교적 인간 이해와 정면으로 충돌합니다. 기독교 신학의 핵심에는 **'이마고 데이 (Imago Dei)'**, 즉 인간이 **'하나님의 형상'**으로 창조되었다는 고백이 있습니다. 이는 인간의 존엄성이 스스로의 능력이나 성취에서 비롯되는 것이 아니라, 창조주 하나님과의 관계 속에서 부여된 것임을 의미합니다.

그러나 하라리의 '호모 데우스'는 이러한 관계를 부정하고, 기술을 통해 인간 스스로가 구원의 주체가 될 수 있다는 '기술적 구원론'을 제시합니다. 이는 본질적으로 창조주와 피조물의 질서를 전복시키려는 시도이며, 성경에 등장하는 바벨탑 이야기의 현대적 버전이라 할 수 있습니다 (김성원, 2020).

신학자들은 하라리의 비전이 인간의 유한성과 죄성을 간과하고, 기술만능주의라는 새로운 신화를 만들어내고 있다고 비판합니다. 기술이 인간의 고통을 일부 해결할 수는 있겠지만, 삶의 의미와 목적, 죄와 구원과 같은 궁극적인 질문에 대한 해답을 줄 수는 없기 때문입니다.

교회의 준비 부족과 신앙적 공백

이처럼 거대한 기술적, 철학적 도전 앞에서 교회는 안타깝게도 충분히 준비되지 않은 모습을 보이고 있습니다. 『크리스채너티 투데이』는 **"AI의 새로운 시대가 도래했지만, 교회는 아직 준비되지 않았다"**고 진단하며, 많은 교회가 기술에 대한 막연한 두려움으로 외면하거나, 반대로 아무런 비판 없이 무분별하게 낙관하는 양극단의 태도를 보이고 있다고 지적합니다 (Christianity Today, 2024). 이러한 혼란은 신앙적 공백을 낳고 있습니다.

주목해야 할 현상은, 점점 더 많은 사람이 삶의 중요한 질문, 심지어 영적인 질문에 대한 답을 AI 챗봇에서 찾고 있다는 사실입니다.

한 전문가는 **"문제는 사람들이 챗봇에게 중요한 질문을 할 것인가가 아니라, 그들이 얻는 유일한 대답이 영적으로 잘못된 것일 가능성이다"**라고 경고합니다 (Christianity Today, 2024).

이는 AI가 단순히 세속적인 영역을 넘어 **새로운 '선교지'**가 되고 있음을 시사합니다. 교회가 이 새로운 디지털 광장에서 복음의 진리를 변증하고 대안을 제시하지 못한다면, 세상은 기술이 제공하는 공허한 답변에 만족하게 될지도 모릅니다. 따라서 **AI 시대는 교회에게 위기인 동시에, 세상과 소통하고 복음을 전할 새로운 기회**이기도 합니다. 이 거대한 변화의 물결 앞에서 방향을 잃지 않고, 오히려 파도를 타고 나아가기 위한 새로운 항해술이 절실한 때입니다.

낡은 개념의 재발견, '청지기' 다시 읽기

AI라는 거대한 파도 앞에서 길을 잃고 불안에 휩싸인 우리에게, 성경은 의외의 곳에서 나침반을 제시합니다. 바로 **'청지기 (steward)'**라는, 어쩌면 낡고 익숙하게만 들리는 개념입니다. 흔히 청지기라고 하면 교회의 재정을 관리하거나 헌금을 계수하는 모습, 즉 '관리인'이나 '회계'의 이미지를 떠올리기 쉽습니다. 이러한 이해는 청지기 직분의 한 단면일 뿐, 그 본질을 담아내기에는 턱없이 부족합니다. 성경이 말하는 청지기는 단순히 맡겨진 것을 소극적으로 지키는 존재가 아니라, 주인의 뜻을 이해하고 그 자원을 활용하여 새로운 가치를 창출하는 **'창의적 파트너'**이자 **'능동적 대리인'**입니다. 이제 우리는 이 낡은 개념에 묻은 먼지를 털어내고, 그 안에 담긴 역동적인 원리를 재발견하여 AI 시대를 항해할 핵심 원리로 삼고자 합니다.

성경적 원형 탐구: 창조 명령과 이마고 데이 (Imago Dei)

청지기 직분의 기원은 인류의 시작과 맞닿아 있습니다. 성경의 첫 장인 창세기는 최초의 인간 아담을 최초의 청지기로 묘사합니다. 하나님은 인간을 창조하신 후, 그들에게 복을 주시며 **"생육하고 번성하여 땅에 충만하라, 땅을 정복하라, 바다의 물고기와 하늘의 새와 땅에 움직이는 모든 생물을 다스리라"**고 명령하십니다 (창세기 1:28).

여기서 **'정복하라 (subdue)'**와 **'다스리라 (have dominion)'**는 단어는 폭력적인 지배나 착취를 의미하는 것이 아닙니다. 이는 하나님의 창조 세계가 지닌 무한한 잠재력을 발견하고, 질서를 부여하며, 아름답게 가꾸어 나가는 **'책임 있는 관리'**를 의미합니다 (University of Exeter, n.d.).

창세기 2장 15절은 이 사명을 더욱 구체적으로 **"에덴 동산을 경작하며 지키게 하시고 (to till and keep it)"** 라고 표현합니다. '경작하다'는 것은 **잠재력을 끌어내어 발전시키는 창조적 행위를,** '지키다'는 것은 **그 본질을 보존하고 보호하는 보살핌의 행위를** 뜻합니다. 즉, 최초의 청지기 아담에게 주어진 사명은 하나님의 동산을 아름답게 가꾸고 풍성하게 만드는 창조 사역의 동역자 역할이었습니다.

> **하나님의 형상을 따라 창조된 인간은 창조 세계를 다스리는 청지기의 소명을 받았다**
> (창세기 1:26)

이 청지기적 사명의 근거는 바로 인간이 **'하나님의 형상 (Imago Dei)'**으로 창조되었다는 사실에 있습니다.

하나님의 형상이라는 것은 단순히 인간이 이성이나 감정, 관계 맺는 능력을 가졌다는 것을 넘어섭니다. 그것은 본질적으로 **인간이 이 땅에서 하나님을 '대리'하고 그분의 통치를 '반영'하는 존재라는 정체성**을 의미합니다 (GotQuestions.org, 2022).

왕이 자신의 통치 영역에 자신의 형상을 담은 동상이나 그림을 세워 자신의 주권을 드러내듯, 하나님은 온 창조 세계 가운데 자신의 형상인 인간을 세우심으로써 당신의 주권을 나타내십니다. 따라서 **인간이 창조 세계를 돌보고 다스리는 것은 자신의 권리를 행사하는 것이 아니라,** 만물의 주인이신 **하나님의 대리인으로서 그분의 뜻을 이루는 신성한 위임 (divine mandate)을 수행하는 것**입니다. 이 관점에서 볼 때, AI 기술을 개발하고 활용하는 행위 역시 창조 세계에 깃든 잠재력을 발견하고 발전시키는 '경작하는' 행위의 연장선이며, 이는 하나님의 형상으로서 부여받은 창조적 능력의 발현이라 할 수 있습니다.

달란트 비유 심층 분석 (마태복음 25:14-30)

청지기 직분의 역동적인 성격을 가장 잘 보여주는 것이 바로 **'달란트 비유'**입니다. 이 비유는 흔히 게으름에 대한 경고나 재능 활용의 중요성을 강조하는 이야기로 해석되지만, 그 핵심에는 더 깊은 통찰이 담겨 있습니다. 비유의 중심 갈등은 단순히 **'일했는가, 일하지 않았는가'**가 아니라, 주인을 향한 **'신뢰'와 '두려움'**의 대립입니다.

다섯 달란트와 두 달란트를 받은 종들은 즉시 **"가서 그것으로 장사하여"** 이윤을 남깁니다. 그들의 행동 기저에는 주인에 대한 신뢰가 깔려 있습니다. 그들은 주인이 자신들에게 자원을 맡긴 것을 기회로 여기고, 실패의 위험을 감수하며 창의적인 도전에 나섭니다. 반면, 한 달란트 받은 종은 달란트를 땅에 묻어둡니다. 그의 행동 이유는 **"주인님, 저는 주인이 굳은 사람이라 심지 않은 데서 거두고 헤치지 않은 데서 모으는 줄을 알고 두려워하여..."**(마 25:24-25)라는 고백에서 명확히 드러납니다. 그의 실패 원인은 나태함 이전에 주인을 **'착취적이고 무서운 존재'**로 오해한 **'두려움'**이었습니다. 이 두려움은 그를 수동적이고 방어적인 상태로 내몰았고, 결국 창의적이고 생산적인 모든 활동을 마비시켰습니다. 주목할 점은 주인이 이익을 남긴 종들에게 **"잘하였도다 착하고 충성된 종아... 네 주인의 즐거움에 참여할지어다"**(마 25:21, 23)라고 칭찬하는 부분입니다.

이는 청지기 직분이 단순히 고된 의무나 노동이 아니라, 주인의 비전과 성공, 그리고 그 기쁨에 함께 참여하는 '파트너십'임을 보여줍니다 (Theology of Work Project, n.d.).

주인은 종들을 단순한 일꾼이 아닌, 자신의 사업을 함께 일구어 가는 동역자로 대우합니다. 이 비유는 AI 시대를 살아가는 우리에게 강력한 메시지를 던집니다. **AI는 인류 역사상 유례없는 거대한 '달란트'**입니다. 이 새로운 기술 앞에서 우리는 두 가지 태도를 선택할 수 있습니다. 하나는 그 잠재적 위험과 불확실성에 대한 '두려움' 때문에, 혹은 그것을 다룰 능력이 없다는 생각에 사로잡혀 AI라는 달란트를 땅에 묻어두는 것입니다. 이는 비판과 방관으로만 일관하며, 기술의 발전을 애써 외면하는 태도입니다.

다른 하나는 하나님이 이 시대를 우리에게 맡기셨다는 '신뢰'를 바탕으로, 지혜와 용기를 가지고 이 달란트를 활용하여 갑절의 열매를 맺는 것입니다. 이는 AI를 하나님의 영광과 이웃 사랑을 위해 어떻게 선하게 사용할 수 있을지 적극적으로 탐구하고, 위험을 감수하며 창의적인 도전에 나서는 '충성된 종'의 태도입니다. 달란트 비유는 우리에게 후자의 길을 선택하라고 강력하게 촉구합니다.

아브라함 카이퍼와 '일반 은총 (Common Grace)'

청지기의 개념을 교회라는 울타리를 넘어 사회와 문화 전반으로 확장하는 데 강력한 신학적 틀을 제공하는 것이 바로 네덜란드의 신학자이자 수상이었던 **아브라함 카이퍼 (Abraham Kuyper, 1837-1920)의 '일반 은총 (Common Grace)' 사상**입니다.

카이퍼는 하나님의 은혜를 두 가지로 구분했습니다. 하나는 신자들을 구원으로 이끄는 **'특별 은총 (Special Grace)'**이고, 다른 하나는 타락 이후에도 세상의 완전한 부패를 막고, 모든 인류가 질서와 문화를 유지하며 선을 행할 수 있도록 보편적으로 베푸시는 **'일반 은총'**입니다 (Mouw, 2024).

카이퍼에 따르면, 비신자들이 학문, 예술, 과학, 정치 등 다양한 문화 영역에서 놀라운 업적을 이루고 사회에 선한 기여를 할 수 있는 것은 바로 이 '일반 은총' 덕분입니다.

하나님은 당신의 주권 아래 모든 피조 세계를 다스리시며, 신자뿐만 아니라 모든 사람을 통해 당신의 창조 목적을 이루어 가십니다 (RPM Ministries, 2024).

따라서 그리스도인들은 세상의 문화를 죄악시하고 분리될 것이 아니라, 그 모든 영역이 **"내 것이다!"**라고 주장하시는 하나님의 주권을 선포하며 적극적으로 참여하고 변혁시켜야 할 책임이 있습니다. 이러한 '일반 은총'의 관점은 우리가 AI 기술을 바라보는 시각을 근본적으로 바꾸어 놓습니다.

AI 기술의 경이로운 발전은, 그것을 개발한 사람이 신자이든 아니든, 하나님의 일반 은

총이 이 세계에 작동하고 있다는 증거로 볼 수 있습니다. 인간에게 부여된 창조성과 지성이 발현되어 나타난 결과물이기 때문입니다 (The CEME, 2024).

따라서 그리스도인들은 AI 기술 자체를 두려워하거나 적대시할 이유가 없습니다. 오히려 우리는 이 기술이 하나님의 일반 은총의 선물임을 인정하고, 그것이 인류의 번영과 하나님의 영광을 위해 사용될 수 있도록 적극적으로 관여하고 방향을 제시해야 할 신학적 사명을 갖게 됩니다. **카이퍼의 사상은 우리가 세상 속에서 '문화의 청지기'로서 AI라는 강력한 도구를 어떻게 다루어야 할지에 대한 견고한 신학적 토대**를 제공합니다. 더 상세한 청지기 본론은 다음 챕터에서 다룹니다.

아브라함 카이퍼의 "1인치 영역" 사상을 표현한 이미지 (구글 AI 스튜디오 생성)

2. AI 시대, 청지기의 길: 원칙과 실천

청지기적 AI 활용을 위한 윤리 원칙

AI라는 강력한 달란트를 손에 쥔 우리는 이제 그것을 어떻게 **'착하고 충성되게'** 사용할 것인지에 대한 구체적인 지침이 필요합니다. 이는 기술의 가능성을 탐색하는 동시에 그 위험성을 제어할 수 있는 윤리적 프레임워크를 세우는 과정입니다. 기독교 신앙의 핵심 가치인 인간 존엄성, 이웃 사랑, 진실성, 창조 세계 돌봄은 AI 시대를 위한 청지기적 윤리의 네 기둥이 될 수 있습니다. 이 원칙들은 우리가 기술의 홍수 속에서 길을 잃지 않고, 하나님의 뜻에 합당한 방향으로 나아가도록 돕는 별과 같습니다.

원칙 1: 인간 존엄성 수호 (Imago Dei as the Foundation)

청지기적 AI 윤리의 가장 근본이 되는 대원칙은 **'인간 존엄성'의 절대적 수호**입니다. 이는 인간이 하나님의 형상 (Imago Dei)으로 창조된 고유하고 대체 불가능한 존재라는 신앙 고백에서 출발합니다. 따라서 AI는 **인간을 섬기고 인간의 번영을 돕는 '도구'**로 남아야 하며, 결코 **인간 자체를 '목적'에서 '수단'으로 전락**시켜서는 안 됩니다.

복음주의권의 윤리 선언문은 "어떤 기술도 하나님께서 인류에게만 맡기신 통치와 청지기 직분을 찬탈하거나 전복하는 데 사용되어서는 안 되며, 기술에 인간의 정체성, 가치, 존엄성, 또는 도덕적 행위 능력을 부여해서도 안 된다"고 명시합니다 (ERLC, 2019).

이 원칙은 두 가지 구체적인 함의를 가집니다.

첫째, AI 개발과 활용의 모든 과정에서 인간의 자율성과 가치가 최우선으로 고려되어야 합니다. 예를 들어, AI가 채용이나 대출 심사 같은 중요한 결정을 내릴 때, 그 결정이 인간의 삶에 미치는 영향을 최소화하고 인간이 최종적인 검토와 거부권을 가질 수 있는 장치가 마련되어야 합니다.

둘째, AI는 도덕적 행위자가 될 수 없다는 점을 명확히 해야 합니다. AI는 방대한 데이터를 기반으로 확률적 예측을 할 뿐, 선과 악을 분별하는 양심이나 도덕적 책임을 질 수 있는 능력이 없습니다. 따라서 AI를 활용하여 발생한 모든 결과에 대한 최종적인 도덕적, 법적 책임은 그것을 설계하고, 개발하고, 사용한 인간에게 있습니다 (Laracy et al., 2025).

인간의 책임을 기계에 전가하려는 시도는 청지기로서의 소명을 포기하는 행위입니다.

원칙 2: 이웃 사랑과 정의 실현 (Love Thy Neighbor in the Digital Age)

예수님께서 주신 두 번째 큰 계명인 **"네 이웃을 네 자신과 같이 사랑하라"**는 AI 시대에 더욱 절실한 윤리적 지침이 됩니다. 디지털 시대의 이웃 사랑은 AI 기술이 가져올 수 있는 불의와 차별을 해소하고, 기술의 혜택을 모든 이웃과 공평하게 나누려는 노력으로 구체화됩니다.

가장 시급한 과제는 **'알고리즘 편향 (algorithmic bias)'** 문제입니다. AI는 개발자가 제공하는 데이터를 통해 학습하는데, 만약 이 데이터가 현실 세계에 존재하는 인종, 성별, 계층에 대한 편견을 담고 있다면 AI는 그 편견을 그대로 학습하고 심지어 증폭시킬 수 있습니다 (NSRLM, 2025).

예를 들어, 과거의 채용 데이터를 학습한 AI가 특정 성별이나 인종 그룹에 불리한 결정을 내리거나, 범죄 예측 AI가 특정 지역 주민들을 잠재적 범죄자로 분류하는 등의 문제가 발생할 수 있습니다. 이는 **"모든 사람을 동등한 가치와 존엄을 가진 존재로 대하라"**는 기독교적 가르침에 정면으로 위배됩니다.

따라서 청지기로서 우리는 AI 개발 과정에서 데이터의 다양성과 대표성을 확보하고, AI 시스템의 공정성을 지속적으로 감사하며, 편향으로 인해 피해를 본 사람들을 위한 구제 절차를 마련하도록 목소리를 높여야 합니다 (FaithGPT.io, 2024).

또한, **'기술 접근성의 정의'**를 실현해야 합니다. AI 기술이 가져오는 경제적, 사회적 혜택이 부유한 국가나 특정 계층에 독점되어서는 안 됩니다. 값비싼 AI 교육이나 도구를 이용할 수 없는 사람들은 기술 발전의 과실에서 소외되어 **'디지털 격차 (digital divide)'**가 더욱 심화될 수 있습니다. 이웃 사랑의 원칙은 우리에게 이러한 격차를 해소하기 위해 노력할 사회적 책임을 부여합니다. 저렴한 AI 교육 프로그램을 개발하고, 공공 영역에서 AI 기술을 활용하여 사회적 약자를 돕는 등, 기술이 모든 이웃을 위한 포용적인 도구가 되도록 힘써야 합니다.

원칙 3: 진실성과 투명성 확보 (Truth and Transparency)

기독교 신앙은 진리를 핵심 가치로 삼습니다. 그러나 생성형 AI의 등장은 '진실'의 개념 자체를 위협하고 있습니다. 누구나 손쉽게 매우 정교한 가짜뉴스, 허위 정보, 딥페이크 영상 등을 만들어낼 수 있게 되면서, 우리는 무엇이 진실이고 무엇이 거짓인지 분별하기 어려운 정보 환경에 놓이게 되었습니다. 이는 개인의 명예를 실추시키는 것을 넘어, 사회적 신뢰를 파괴하고 공동체를 분열시키는 심각한 위협입니다. 청지기는 진리를 수호할 책임이 있으며, 이는 AI 기술이 진실을 왜곡하고 어지럽히는 데 사용되지 않도록 경계하고 맞서는 것을 포함합니다.

> 이를 위한 핵심적인 기술적, 윤리적 요구사항이 바로 **'설명가능성 (Explainability)'**과 **'투명성 (Transparency)'**입니다. '설명가능한 AI (XAI)'는 AI가 특정 결론에 도달한 이유와 과정을 인간이 이해할 수 있는 방식으로 제시하는 기술을 의미합니다 (Stanford Law School, 2023).

AI의 의사결정 과정이 **'블랙박스'**처럼 감춰져 있을 때, 우리는 그 결과를 신뢰할 수 없으며 오류가 발생해도 원인을 파악하고 수정하기 어렵습니다. 특히 의료, 금융, 법률 등 인간의 삶에 중대한 영향을 미치는 영역에서는 AI의 판단 근거를 투명하게 공개하는 것이 필수적입니다. 투명성은 AI 시스템에 대한 사회적 신뢰를 구축하고, 문제가 발생했을 때 책임 소재를 명확히 하며, 사용자가 정보에 기반한 판단을 내릴 수 있도록 돕는 최소한의 안전장치입니다.

원칙 4: 창조 세계 돌봄 (Stewardship of Creation)

청지기의 책임은 인간 사회에만 국한되지 않고, 하나님이 만드신 모든 피조 세계, 즉 환경을 돌보는 것까지 포함합니다. AI 기술의 눈부신 발전 이면에는 간과하기 쉬운 환경적 비용이 존재합니다. 바로 막대한 '에너지 소비' 문제입니다.

거대 언어 모델(LLM)과 같은 최신 AI 모델을 학습시키고, 전 세계의 데이터센터를 운영하는 데는 엄청난 양의 전력이 소모됩니다.

> 한 연구에 따르면, 2030년까지 AI 관련 에너지 수요가 현재의 세 배에 달할 수 있으며, 이는 일부 국가의 총 전력 소비량과 맞먹는 수준이 될 수 있습니다 (Goover AI Report, 2025).

이러한 전력 소비 증가는 탄소 배출 증가로 이어져 기후 변화를 가속화할 수 있습니다. 청지기로서 우리는 기술 발전의 혜택을 누리는 동시에 그로 인한 환경적 책임을 외면해서는 안 됩니다. 따라서 우리는 보다 에너지 효율적인 AI 알고리즘 개발을 촉구하고, 데이터센터 운영에 재생 가능 에너지를 사용하도록 요구하며, 기술의 환경 발자국을 최소화하는 **'지속가능한 AI (Sustainable AI)'**를 위한 노력을 지지해야 합니다. 창조 세계를 돌보는 청지기의 사명은 디지털 시대에도 변함없이 유효하며, 기술 발전이 창조 질서와 조화를 이루도록 방향을 제시하는 것 또한 우리의 중요한 책임입니다.

청지기로서의 실천적 적용

청지기적 원칙이 구호에 그치지 않으려면, 우리의 구체적인 삶의 현장, 즉 교회 공동체와 사회, 그리고 개인의 일상 속에서 실천으로 이어져야 합니다. **AI라는 새로운 달란트를 어떻게 지혜롭게 사용하여 열매를 맺을 수 있을까요?** 이 장에서는 각 영역에서 청지기로서 AI를 활용하는 구체적인 방법과 경계해야 할 지점들을 탐색해보고자 합니다.

영역 1: 교회 공동체 안에서의 적용

교회는 AI 시대를 맞아 두려움과 무관심에서 벗어나, 기술을 목회와 선교의 지평을 넓히는 지혜로운 도구로 활용할 수 있습니다. 그러나 동시에 기술이 교회의 본질인 영적 권위와 관계적 공동체를 훼손하지 않도록 명확한 경계선을 설정해야 합니다.

지혜로운 활용 (AI as a Ministry Tool)

AI는 목회자들이 반복적이고 행정적인 업무에서 벗어나, 성도들과의 관계 형성과 같은 본질적인 사역에 더 많은 시간과 에너지를 쏟을 수 있도록 돕는 강력한 조수가 될 수 있습니다. 예를 들어, 교적 관리, 주보 제작, 회의록 정리, 헌금 데이터 분석과 같은 행정 업무를 자동화할 수 있습니다.

특히 헌금 데이터를 분석하면 교회의 재정 건전성을 파악하는 것을 넘어, 각 성도의 참여도 변화와 같은 목회적 인사이트를 얻어 선제적인 돌봄에 활용할 수도 있습니다 (Pushpay, 2025).

콘텐츠 생성과 확산은 AI가 가장 큰 잠재력을 발휘할 수 있는 분야입니다. 한 편의 주일 설교를 AI를 활용하여 소그룹 나눔 교재, 주중 묵상 자료, 블로그 포스트, 소셜 미디어용 카드뉴스 등 다양한 형태로 손쉽게 재생산할 수 있습니다.

또한, AI 기반 번역 도구를 사용하면 설교나 신앙 콘텐츠를 여러 언어로 번역하여 온라인을 통해 전 세계에 전파함으로써 선교의 지평을 획기적으로 넓힐 수 있습니다 (National Association of Evangelicals, 2025).

이는 제한된 인력과 재정으로 어려움을 겪는 작은 교회들에게 특히 유용한 도구가 될 것입니다.

경계해야 할 지점 (AI is Not a Shepherd)

AI의 유용성에도 불구하고, 우리는 AI가 결코 목회자를 대체할 수 없다는 사실을 명심해야 합니다. **AI는 '지능적인 인턴'일 수는 있어도, '영적인 목자'가 될 수는 없습니다.** AI가 방대한 신학 자료를 학습하여 논리적으로 정연한 설교문 초안을 작성할 수는 있습니다. 그러나 그 안에는 성령의 영감에 따른 영적 권위, 말씀을 살아낸 목회자의 인격, 그리고 성도들을 향한 사랑과 고뇌가 담겨 있지 않습니다. 설교는 단순한 정보 전달이 아니라 생명의 선포이기 때문입니다.

마찬가지로, AI 챗봇이 성도들의 고민에 대해 성경 구절을 인용하며 피상적인 위로를 건넬 수는 있습니다. 하지만 그것은 고통받는 영혼과 함께 울고 아파하며 기도하는 진정한 공감과 돌봄에 기반한 심방과 양육을 대신할 수 없습니다. **교회의 본질은 효율적인 조직이 아니라 그리스도의 몸 된 유기적 공동체**이며, 그 생명력은 사람과 사람 사이의 진실한 관계 속에서 흘러나옵니다. 기술의 편리함이 이러한 관계적 핵심을 약화시키도록 내버려 두어서는 안 됩니다.

교회 AI 정책 수립

따라서 각 교회는 AI 기술을 무분별하게 도입하기에 앞서, 자신들의 신학과 목회 철학에 부합하는 **'AI 활용 가이드라인'**을 수립하는 과정이 반드시 필요합니다. 이 정책에는 다음과 같은 핵심 요소들이 포함되어야 합니다.

첫째, 데이터 프라이버시: 성도들의 개인 정보 (교적, 헌금 내역, 상담 내용 등) 를 어떻게 안전하게 보호하고 관리할 것인가에 대한 명확한 규정. **둘째, 콘텐츠 저작권 및 진실성**: AI를 활용하여 생성한 콘텐츠 (설교, 교육 자료 등) 의 출처를 어떻게 표기하고, 그 내용의 신학적 정확성을 누가 어떻게 검증할 것인가에 대한 절차. **셋째, 윤리적 기준**: 어떤 목적으로 AI를 사용하고, 어떤 목적으로는 사용하지 않을 것인지에 대한 명확한 선언 (예: 심방이나 영적 상담의 대체 목적으로는 사용 금지). 이러한 정책 수립 과정은 교회가 기술에 끌려가는 것이 아니라, 주체적으로 기술을 선용하는 청지기가 되는 중요한 첫걸음이 될 것입니다 (Payroll Partners, 2023).

영역 2: 세상 속에서의 사회적 기여

청지기의 사명은 교회 담장 안에만 머무르지 않습니다. 그리스도인들은 세상 속에서 AI 기술을 활용하여 하나님의 공의와 사랑을 실현하고, 사회의 어두운 구석을 밝히는 빛과 소금의 역할을 감당해야 합니다.

긍정적 임팩트 창출 (AI for Social Good)

AI는 과거에는 해결하기 어려웠던 복잡한 사회 문제를 해결하는 데 강력한 도구가 될 수 있습니다. 대표적인 예가 **'인신매매 방지'** 분야입니다. 인신매매 조직은 방대한 온라인 공간에 광고, 댓글 등의 형태로 흔적을 남깁니다.

AI는 이러한 비정형 데이터를 대규모로 분석하여 인신매매가 의심되는 패턴을 식별하고, 피해자의 위치를 추정하여 법 집행 기관의 구출 활동을 도울 수 있습니다 (Veritone, 2024).

Thorn과 같은 비영리 단체는 마이크로소프트와 협력하여 아동 성착취물 이미지를 분석하고 피해 아동을 식별하는 AI 도구 **'Spotlight'**를 개발하여 수많은 아이를 구출하는 데 기여했습니다.

또한, '인도적 지원 및 재난 대응' 영역에서도 AI의 활약이 두드러집니다. 분쟁이나 자연재해가 발생했을 때, AI는 위성 이미지를 신속하게 분석하여 피해 지역의 규모를 파악하고, 도로 유실 현황 등을 분석해 가장 효율적인 구호 경로를 제시할 수 있습니다.

이를 통해 제한된 구호 자원을 가장 시급한 곳에 집중적으로 투입하여 더 많은 생명을 구할 수 있습니다 (The New Humanitarian, 2023).

이처럼 AI를 활용하여 **고통받는 이웃을 돕고 생명을 살리는 일**은 청지기로서 감당해야 할 매우 가치 있는 사역입니다.

경제 정의와 일의 미래

AI로 인한 일자리 변화는 피할 수 없는 현실입니다. 청지기로서 우리는 이 변화의 과정에서 경제적 정의가 실현되도록 목소리를 내야 합니다. 먼저, 기독교적 관점에서 '일'의 의미를 재정의할 필요가 있습니다.

성경이 말하는 일은 **단순히 돈을 버는 경제 활동을 넘어, 하나님이 주신 은사를 통해 창조 세계를 가꾸고 이웃을 섬기는 '소명'의 실현**입니다 (ERLC, 2019).

따라서 한 사람의 가치가 그의 경제적 생산성으로만 평가되어서는 안 됩니다. 이러한 관점에서 교회와 그리스도인들은 기술 변화로 인해 직업을 잃고 소외되는 이들을 위한 사회적 안전망과 평생 재교육 시스템 구축을 강력하게 요구해야 합니다. 또한, 기업들이 AI 도입으로 얻은 이윤을 직원 재교육과 복지 향상에 재투자하도록 촉구하고, 정부가 새로운 일자리 창출과 공정한 전환을 위한 정책을 마련하도록 감시하고 협력해야 합니다. 이는 단순히 사회 문제가 아니라, 고통받는 이웃을 돌보라는 하나님의 명령을 실천하는 신앙적 과제입니다.

영역 3: 개인의 삶과 신앙

거대한 사회적 변화 앞에서 개인은 무력하게 느껴질 수 있습니다. 그러나 청지기의 삶은 결국 각자의 일상에서 드리는 작은 순종을 통해 이루어집니다. 우리 각자는 AI 시대 속에서 어떻게 신앙인으로서의 정체성을 지키고, 맡겨진 삶을 충성되게 살아낼 수 있을까요?

디지털 분별력 함양

가장 먼저 필요한 것은 **'디지털 분별력 (digital discernment)'** 입니다. 정보의 홍수, 특히 진실과 거짓이 뒤섞인 AI 생성 정보 속에서 우리는 무엇을 믿고 받아들일지 비판적으로 판단하는 능력을 길러야 합니다. 이는 단순히 기술적인 **'미디어 리터러시'** 를 넘어, 모든 정보를 하나님의 말씀이라는 기준에 비추어 분별하는 영적인 훈련을 포함합니다.

AI가 제시하는 편리하고 그럴듯한 답변에 무조건 의존하기보다, 한 걸음 물러서서 **"이 정보가 진실한가?", "성경적 가치에 부합하는가?", "사랑과 정의를 증진시키는가?"** 라고 질문하는 습관을 들여야 합니다.

AI를 활용한 자기 계발

분별력을 갖춘다면, AI는 우리의 삶과 사역을 풍성하게 하는 훌륭한 보조 도구가 될 수 있습니다. 각자의 직업과 소명의 영역에서 AI를 창의적으로 활용하여 은사를 계발하고 더 나은 청지기가 될 수 있습니다. 예를 들어, 금융 전문가는 AI를 활용해 시장 데이터를 분석하여 고객에게 더 나은 재정 상담을 제공할 수 있고, 콘텐츠 제작자는 AI 도구로 아이디어를 얻고 글을 다듬어 더 많은 사람에게 선한 영향력을 미칠 수 있습니다 (TIFWE, 2025). 핵심은 **AI가 주도하도록 내버려 두는 것이 아니라, 인간의 지혜와 창의성, 도덕적 판단력이 중심이 되어 AI를 '활용'하는 것**입니다. 새로운 AI 도구나 기술을 접할 때, 청지기로서 다음 질문들을 스스로에게 던져봅시다.

청지기를 위한 AI 활용 체크리스트

목적의 정당성	나는 이 기술을 왜 사용하려고 하는가? 나의 편의를 위함인가, 아니면 하나님의 영광과 이웃의 유익을 위함인가?
인간 존엄성	이 기술은 인간의 고유한 가치와 존엄성을 높이는가, 아니면 훼손하거나 상품화하는가?
진실성	이 기술은 진실을 발견하고 전하는 데 도움이 되는가, 아니면 진실을 왜곡하거나 감출 위험이 있는가?
공정성	이 기술의 혜택은 모두에게 공평하게 돌아가는가, 아니면 특정 집단만을 이롭게 하고 다른 이들을 소외시키는가?
창의성과 책임	이 기술이 나의 창의성과 문제 해결 능력을 돕는가, 아니면 나의 생각하는 능력을 잠식하고 책임을 회피하게 만드는가?
관계성	이 기술은 사람들과의 진정한 관계를 심화시키는가, 아니면 피상적으로 만들거나 단절시키는가?
창조 세계 돌봄	이 기술의 사용은 우리가 살아가는 환경에 어떤 영향을 미치는가?

결론: 두려움을 넘어 사명으로, 충성된 청지기의 길

우리는 인공지능이라는 거대한 기술적 변곡점 앞에서, 인류의 미래를 낙관하거나 비관하기에 앞서 그리스도인으로서 우리의 정체성과 소명을 다시 묻게 됩니다. **이 책의 여정은 AI 시대의 도래가 우리에게 단순한 위협이나 기회가 아니라, '청지기'로서의 사명을 새롭게 인식하고 실천하라는 하나님의 준엄한 부르심임을 확인하는 과정이었습니다.** 우리는 창조의 시작부터 인간에게 맡겨진 **'다스리고 지키는'** 책임, 달란트 비유가 가르쳐준 **'두려움을 넘어선 창의적 도전'**, 그리고 카이퍼 신학이 열어준 **'세상 속 문화 변혁'**의 비전을 통해, AI 시대를 살아갈 신학적 나침반을 얻었습니다.

이제 선택은 우리의 몫입니다. 우리는 기술의 복잡성과 잠재적 위험에 대한 두려움 때문에, 하나님이 허락하신 이 거대한 '달란트'를 땅에 묻어두는 **'악하고 게으른 종'의 길**을 갈 수 있습니다. 이는 기술을 외면하고 비판으로만 일관하며, 세상의 변화에 아무런 영향력을 미치지 못하는 무기력한 신앙의 모습일 것입니다. 그러나 우리에게는 다른 길이 있습니다. 이 모든 변화의 주관자가 하나님이심을 신뢰하며, 지혜와 용기를 구하고, 이 새로운 도구를 하나님의 영광과 이웃 사랑을 위해 창조적으로 활용하는 **'충성되고 지혜로운 종'의 길**입니다.

이 길은 결코 쉽지 않을 것입니다. 끊임없이 배우고, 분별하며, 때로는 실패의 위험을 감수해야 합니다. 그러나 이 길은 의무를 넘어선 **'주인의 즐거움에 참여하는'** 영광스러운 길입니다. 그리스도인과 교회는 세상이 기술의 방향성 앞에서 혼란을 겪을 때, 신학적 깊이와 윤리적 통찰을 바탕으로 대안을 제시하는 예언자적 목소리를 내야 합니다. AI가 인간을 소외시키고 불의를 심화시키는 도구가 아니라, 모든 인간의 존엄성을 높이고 하나님의 창조 세계를 풍성하게 가꾸는 **'인간 번영 (human flourishing)'**의 도구가 되도록 이끄는 것, 이것이 바로 **AI 시대에 우리에게 맡겨진 청지기의 사명**입니다. 두려움을 넘어 사명으로, 방관을 넘어 참여로 나아갈 때, 우리는 기술의 미래를 빚어 가시는 하나님의 위대한 역사에 동참하게 될 것입니다.

"AI 시대에 우리에게 맡겨진 청지기의 사명은 두려움을 넘어 사명으로, 방관을 넘어 참여로 나아갈 때, 기술의 미래를 빚어 가시는 하나님의 위대한 역사에 동참하게 될 것입니다"

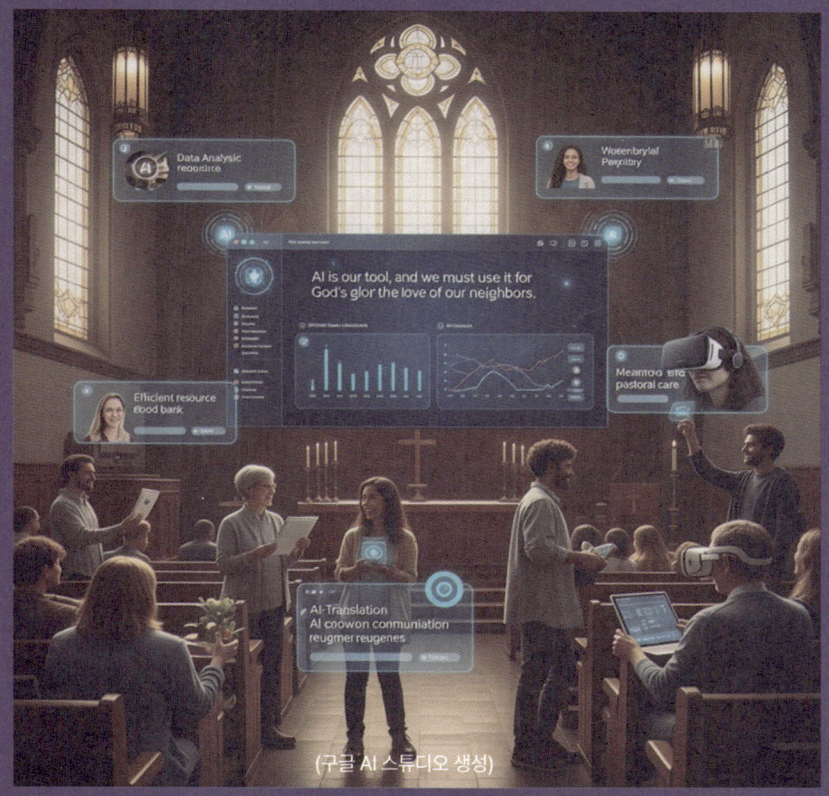

(구글 AI 스튜디오 생성)

AI 시대, 청지기의 길을 묻다

CHAPTER
02

AI 시대, 교회는
여전히 교회인가?

서문: AI 시대, 실제적인 전략을 찾고자한 고백의 기록

1. 위기의 징후들: 텅 빈 의자와 떠도는 영혼들

2. 청지기, 그 원형을 찾아서: 창조, 문화, 그리고 사명

3. AI 시대, 교회의 청지기직을 재설계하다: 구체적 행동 강령

CHAPTER **02**

AI 시대, 교회는 여전히 교회인가?

> 오늘날 교회가 마주한 위기를 극복하기 위한 해법은 최신 유행의 목회 프로그램을 도입하거나 화려한 이벤트를 기획하는 데 있지 않습니다. AI가 인간의 많은 역할을 대체할 수 있는 시대에, 교회는 무엇을 할 수 있고, 무엇을 해야 하는지에 대한 근본적인 질문에 직면해 이제 그 대답을 해야 할 때입니다. "교회는 여전히 교회입니까?"

서문: AI 시대, 실제적인 전략을 찾고자 한 고백의 기록

끊임없이 진화하는 인공지능 기술은 그 영향력을 점차 확대하고 있으며, 이는 신학, 목회, 예배, 교육, 조직 운영 등 한국 교회의 사역 전반에도 크고 날카로운 질문을 던지고 있습니다. 이 책은 **단지 기술 분석이나 신학 비판을 넘어, AI 기술을 한국 교회에 효과적이며 윤리적으로 접목할 수 있는 실제적인 전략을 찾고자 한 고백의 기록**입니다. 하나님 말씀 위에 굳건히 서 있는 청지기 공동체로서 AI 문명을 해석하고, AI가 인간의 많은 역할을 대체할 수 있는 시대에, 교회는 무엇을 할 수 있고, 무엇을 해야 하는지에 대한 근본적인 질문에 대해서 단순히 예배와 교육을 넘어 사회적 문제를 해결하고, 소외된 이들을 돌보며, 창조 질서를 보존하는 역할에 더욱 적극적으로 나서야 합니다.

미래를 향한 청지기의 길을 논하기에 앞서, 우리는 먼저 우리가 서 있는 오늘의 현실을 정직하게 마주해야 합니다. 안타깝게도 오늘날 한국 교회가 마주한 현실은 녹록지 않습니다. 각종 통계와 사회적 현상들은 교회가 심각한 위기에 직면해 있음을 경고하는 붉은 신호등처럼 깜빡이고 있습니다. 이는 단순히 몇몇 교회의 문제가 아니라, **한국 교회 전체가 겪고 있는 구조적이고 본질적인 위기의 징후들입니다. 그리고 이 위기의 핵심에는 '청지기직의 실패'라는 근본적인 원인**이 자리하고 있습니다.

인공지능(AI)이라는 거대한 기술적 파고가 밀려오기 이전부터, 한국 교회는 이미 내부로부터 서서히 침식되고 있었습니다. **교회의 문턱은 높아지고, 성도들의 발길은 뜸해졌으며, 세상과의 소통은 단절**되었습니다. 이러한 현상들은 더 이상 외면할 수 없는 명백한 사실이 되었고, 그 이면에는 하나님께서 교회에 맡기신 소중한 자원들—사람, 신뢰, 영향력—을 올바르게 관리하고 키워내지 못한 책임이 있습니다. 이제 우리는 뼈아픈 자기 성찰을 통해 위기의 실체를 직시하고, 그 근본 원인을 파헤쳐야만 새로운 길을 모색할 수 있을 것입니다.

1. 위기의 징후들: 텅 빈 의자와 떠도는 영혼들

무너지는 신뢰, 추락하는 영향력: 데이터로 보는 교회의 현주소

오늘날 한국 교회가 직면한 가장 심각한 위기는 바로 **'신뢰의 상실'**입니다. 한때 우리 사회의 정신적 지주이자 도덕적 보루로 여겨졌던 **교회는 이제 그 위상을 잃고 세상의 불신과 냉소의 대상**이 되고 있습니다. 목회 현장의 데이터를 심도 있게 분석하는 목회데이터연구소의 보고서들은 이러한 위기의 단면을 구체적인 수치로 보여줍니다.

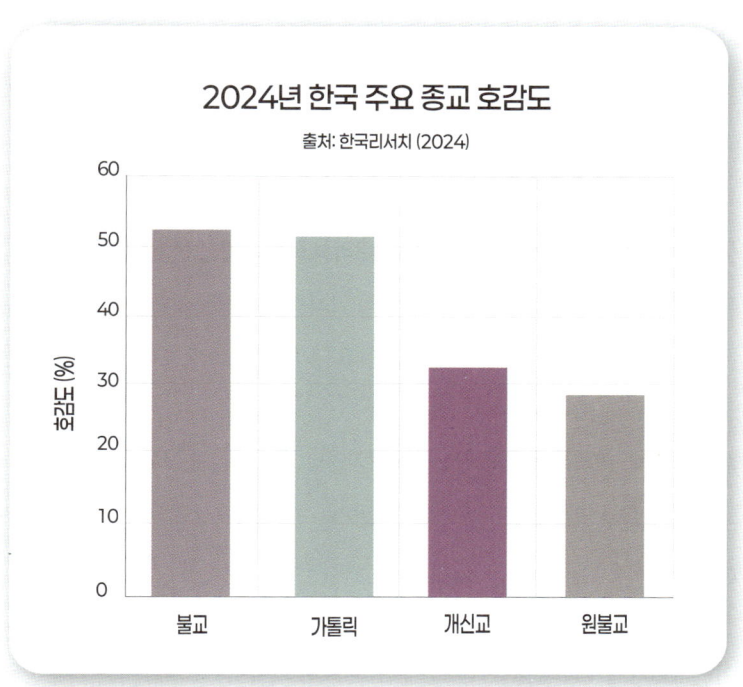

2024년 한국리서치가 실시한 '주요 종교 호감도' 조사 결과는 충격적입니다. **개신교에 대한 국민적 호감도는 33%**에 불과했습니다. 이는 불교 (52.5%), 가톨릭 (51.3%)에 비해 현저히 낮은 수치이며, 심지어 원불교 (29%)와 비슷한 수준에 머물러 있습니다 (한국리서치, 2024).

한때 사회의 등불 역할을 감당했던 교회가 이제는 세상의 신뢰를 잃고 그 영향력을 상실해가고 있다는 명백한 증거입니다. 2023년 기독교윤리실천운동 (기윤실)의 조사에서도 **한국 교회를 신뢰한다는 응답은 21%에 그쳐, 국민 5명 중 4명이 교회를 불신하는 것**으로 나타났습니다 (기윤실, 2023).

이는 2020년 조사 대비 10.8%p나 하락한 수치로, 신뢰도 하락이 일시적 현상이 아니라 지속적인 추세임을 보여줍니다. 이러한 신뢰도 하락은 단일한 원인으로 설명할 수 없는 복합적인 문제의 결과입니다. 여러 언론 보도와 연구 보고서들은 그 원인을 다각적으로 지적하고 있습니다.

첫째, 목회자를 포함한 교회 지도자들의 윤리적 타락이 가장 큰 원인으로 꼽힙니다. 재정 비리, 성 문제, 세습, 권력욕 등 세속적 가치를 추구하는 모습은 세상 사람들은 물론 성도들에게도 큰 실망감을 안겨주었습니다 (기독일보, 2017; 교회개혁실천연대, 2017).

둘째, 교회의 이기주의와 사회적 책임 방기입니다. 기윤실 조사에서 응답자들은 신뢰도 회복을 위해 가장 먼저 개선해야 할 점으로 '교회 이기주의 극복'(34.2%)을 지적했습니다 (기윤실, 2023).

이는 교회가 사회 공동의 이익보다 개교회주의에 매몰되어 세상과 담을 쌓고 있다는 비판입니다.

셋째, 성도들의 언행 불일치 문제입니다. 기윤실의 2018년 조사에서 비기독교인들은 교회를 신뢰하지 않는 가장 큰 이유로 '기독교인들의 말과 행동이 일치하지 않아서'를 꼽았습니다 (기윤실, 2018).

삶의 현장에서 그리스도의 향기를 드러내지 못하는 모습이 오히려 반감을 사고 있는 것입니다. 마지막으로, **과도하고 배타적인 전도 방식** 역시 부정적인 인식을 강화하는 요인입니다. 비개신교인들은 개신교 신뢰 저하의 주요 이유로 '지나친 전도'(31.8%)를 가장 많이 지적했습니다 (에큐메니안, 2025).

이처럼 신뢰도 하락은 단순한 이미지의 문제가 아닙니다. 이는 교회가 하나님께서 맡기신 사회적 영향력이라는 자원을 제대로 관리하지 못하고, 세상의 **'빛과 소금'**이라는 청지기적 사명을 감당하지 못한 결과입니다. 세상의 아픔에 공감하고 필요에 응답하기보다, 교회의 울타리 안에 갇혀 내부의 논리에만 함몰된 결과, 교회는 스스로 고립을 자초하고 영향력을 상실하게 된 것입니다.

교회의 허리, 3040세대의 침묵의 엑소더스

교회의 신뢰도 추락과 더불어 내부적으로는 더욱 심각한 붕괴가 진행되고 있습니다. 바로 **교회의 현재이자 미래인 3040세대의 대규모 이탈 현상**입니다. 이들은 교회의 허리 역할을 감당하며 재정과 봉사, 그리고 다음 세대 양육의 중심에 서 있어야 할 핵심 동력입니다. 그러나 현실은 정반대입니다.

목회데이터연구소의 2023년 보고서에 따르면, '**30·40세대의 이탈**'은 한국 교회가 당면한 가장 시급한 문제 중 하나로 지적되었습니다 (기독일보, 2023). 코로나19 팬데믹을 거치면서 3040세대 개신교인 3명 중 1명 (32%)이 현장 예배를 떠났으며, 이들의 신앙 약화 정도는 다른 어떤 세대보다 심각한 것으로 나타났습니다 (목회데이터연구소, 2024).

이들이 교회를 떠나는 이유는 무엇일까요? 그 원인의 중심에는 시대의 변화를 따라가지 못하는 교회의 낡은 문화와 구조가 자리 잡고 있습니다. 오늘날 3040세대는 직장과 사회에서 수평적이고 합리적인 소통, 성과에 기반한 공정한 평가, 개인의 자율성을 존중하는 문화를 경험하며 살아갑니다. 그러나 이들이 교회에 와서 마주하는 현실은 정반대입니다.

여전히 목회자 중심의 권위주의적이고 수직적인 위계질서, 일방적인 의사결정 구조, 그리고 변화를 두려워하고 기존의 방식을 고수하려는 경직된 분위기가 팽배합니다 (한국기독공보, 2018). 한 목회자는 "**30·40층들이 기업에서는 오히려 공정과 수평적 관계를 경험하다가 오히려 교회에 와서 수직적 위계질서에 숨막혀 한다**"고 지적합니다 (기독일보, 2023). 청년들이 교회를 떠나는 주요 요인으로 '**비민주적 의사소통 구조**'(50.0%)와 '**목회자의 언행 불일치**'(52.5%)가 꼽힌다는 조사 결과는 이러한 현실을 뒷받침합니다 (크리스천저널, 2025).

더욱 심각한 문제는 3040세대의 이탈이 그들 자신에게서 끝나지 않는다는 점입니다. 한국 교회의 특징 중 하나인 '**가족종교화**' 현상으로 인해, 부모 세대의 신앙 이탈은 곧바로 자녀 세대의 신앙 교육 단절로 이어

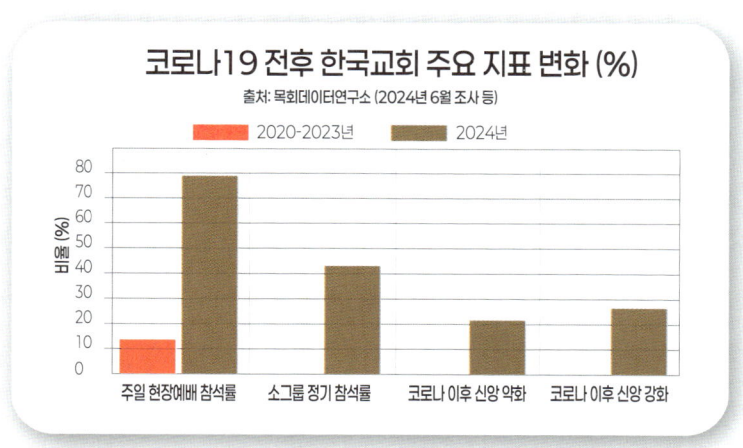

집니다 (기독일보, 2023). 이는 '교회학교의 붕괴'라는 재앙적인 결과를 낳고 있습니다.

목회데이터연구소의 2024년 조사에 따르면, 코로나19 이전 대비 교회학교의 현장 예배 회복률은 81% 수준에 머물러 성인 예배(87%)보다도 낮으며, 회복세가 멈춘 상태입니다 (목회데이터연구소, 2024). 이는 단순히 저출산이라는 사회적 요인만으로는 설명할 수 없는, 교회의 미래 세대 기반이 송두리째 흔들리고 있음을 의미하는 구조적 위기입니다 (전병철, 2016).

결국 3040세대의 이탈은 교회가 그들의 재능과 경험, 그리고 시대적 감수성이라는 귀한 자원을 품어내지 못하고 잃어버리고 있음을 보여주는 **'청지기직의 실패'**입니다. 그들을 교회의 수동적인 구성원이 아닌, 함께 교회를 세워가는 동역자로 인정하고 그들의 목소리에 귀 기울이지 않는 한, 교회의 허리는 계속해서 약해지고 미래를 향한 동력을 상실하게 될 것입니다.

새로운 영적 지형도: '가나안 성도'와 '플로팅 크리스천'

교회에 대한 불신과 내부 구조의 경직성은 결국 새로운 형태의 신앙 유형을 낳았습니다. 바로 제도권 교회의 울타리를 벗어나거나 그 경계에서 유랑하는 **'가나안 성도'와 '플로팅 크리스천'**입니다. 이 두 그룹의 등장은 한국 교회의 위기를 상징하는 동시에, 우리가 무엇을 놓치고 있는지 되묻게 하는 중요한 현상입니다.

첫째, '가나안 성도'는 '교회 안 나가'를 거꾸로 뒤집은 말에서 유래한 용어로, 기독교 신앙은 가지고 있지만 제도권 교회에는 출석하지 않는 이들을 가리킵니다.

이들의 숫자는 지난 10여 년간 폭발적으로 증가했습니다. 2012년 전체 개신교인의 약 11%였던 가나안 성도 비율은 2023년에는 31%로 3배 가까이 급증했습니다 (Goover 보고서, 2025). 이제 **개신교인 세 명 중 한 명 가까이가 교회에 나가지 않는 셈**입니다. 특히 20대 개신교인 중에서는 무려 44%가 가나안 성도로 분류될 만큼 (Goover 보고서, 2025), 젊은 세대의 탈교회 현상은 심각한 수준입니다.

중요한 점은 이들이 교회를 떠나는 이유가 **'신앙의 부재'**가 아니라는 것입니다. 오히려 이들은 **'꼭 교회에 가야겠다는 마음이 생기지 않아서'**(31.2%), 또는 목회자에 대한 실망, 성도 간의 갈등, 교회의 비합리적인 모습 등 교회에 대한 부정적인 경험 때문에 발길을 끊은 경우가 많습니다 (코람데오닷컴, 2018). 이는 교회가 상처 입은 영혼들을 품어주고 치유

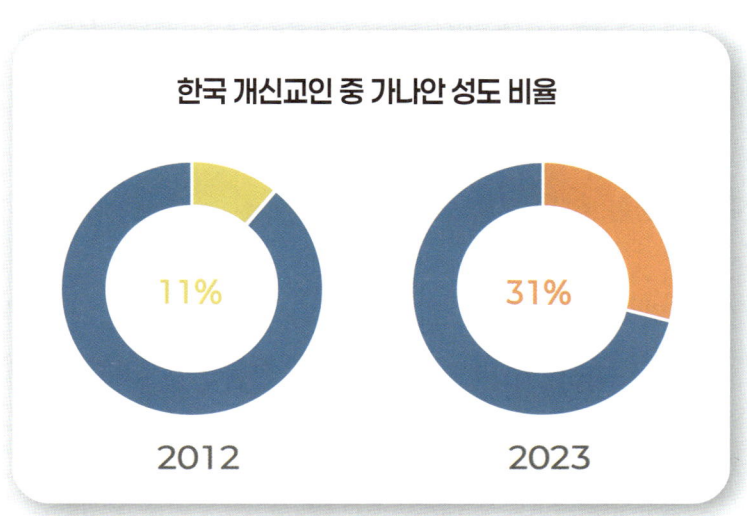

하는 청지기의 역할을 다하지 못했음을 보여주는 뼈아픈 증거입니다.

둘째, '플로팅 크리스천(Floating Christian)'은 코로나19 팬데믹을 거치며 새롭게 부상한 그룹입니다 (목회데이터연구소, 2022). '떠다니는 기독교인'이라는 뜻처럼, 이들은 특정 교회에 소속감을 갖지 않고 여러 교회의 온라인 예배나 현장 예배를 자유롭게 넘나드는 특징을 보입니다. 온라인 예배의 보편화는 이들의 등장을 가속화했습니다. 이들은 가나안 성도처럼 제도 교회에 대한 강한 반감을 가진 것은 아니지만, 공동체에 헌신하고 봉사하기보다는 자신의 영적 필요와 취향에 맞는 설교나 찬양을 '소비'하는 데 익숙해져 있습니다 (아이굿뉴스, 2022).

이들은 신앙생활 자체를 그만둔 것은 아니지만, 깊이 있는 관계와 책임이 따르는 공동체적 신앙 (코이노니아)에서는 멀어져 **'붕 떠 있는'** 상태로 존재합니다. 이 현상은 교회가 더 이상 성도들에게 깊은 영적 소속감과 공동체적 유대감을 제공하지 못하고, 단지 영적 콘텐츠를 제공하는 플랫폼 중 하나로 전락하고 있음을 시사합니다.

위기의 본질: 청지기직의 총체적 실패

지금까지 살펴본 모든 현상들—추락하는 사회적 신뢰도, 교회의 허리가 무너지는 **3040세대의 이탈, 제도권 밖을 떠도는 가나안 성도와 플로팅 크리스천의 증가**는 하나의 공통된 진실을 가리키고 있습니다. 바로 한국 교회가 하나님께서 맡겨주신 가장 소중한 자원들을 제대로 관리하고 키워내지 못하는 **'청지기직의 총체적 실패'**를 겪고 있다는 사실입니다.

교회는 세상의 신뢰라는 자산을 잃어버렸습니다. 다음 세대라는 미래의 자원을 양육하는 데 실패했습니다. 3040세대의 재능과 경험이라는 현재의 자원을 품어주지 못했습니다. 가나안 성도들의 상처 입은 영혼을 돌보는 청지기의 책임을 외면했으며, 플로팅 크리스천들에게는 깊이 있는 공동체의 가치를 제시하지 못했습니다. 이것은 외부의 공격이나 시대의 흐름 탓으로 돌릴 수 있는 문제가 아닙니다. 우리 내부에서부터 청지기로서의 정체성과 사명을 망각한 필연적인 결과입니다.

따라서 문제의 해법은 **"어떻게 하면 그들을 다시 교회로 데려올까?"**라는 기술적인 질문에서 시작될 수 없습니다. 그보다 훨씬 더 근본적인 질문, 즉 **"우리는 누구이며, 하나님께서 우리에게 무엇을 맡기셨는가?"**

라는 정체성에 대한 질문으로 돌아가야 합니다. 해법은 **"어떻게 하면 우리가 먼저 하나님 앞에서 신실한 청지기가 될 수 있을까?"** 라는 근본적인 자기 성찰에서부터 시작되어야 합니다.

잃어버린 청지기의 원형을 회복하고, 그 사명을 오늘 우리의 삶과 교회의 사역 속에서 새롭게 구현해낼 때, 비로소 우리는 위기를 넘어 새로운 부흥의 길로 나아갈 수 있을 것입니다. 이제 우리는 그 청지기의 원형을 찾아 성경의 가장 첫 장으로 거슬러 올라가야 합니다.

1부 핵심 요약

신뢰의 위기	한국 개신교는 타 종교에 비해 현저히 낮은 사회적 신뢰도를 보이며, 이는 목회자 윤리 문제, 교회 이기주의, 성도의 언행 불일치 등 내부적 요인에 기인한다.
세대의 단절	교회의 핵심인 3040세대가 권위주의적이고 경직된 교회 문화에 실망하여 대거 이탈하고 있으며, 이는 교회학교 붕괴와 미래 기반 상실로 직결되고 있다.
새로운 영적 지형	제도권 교회를 떠난 '가나안 성도'와 특정 교회에 소속되지 않은 '플로팅 크리스천'의 증가는 교회의 공동체성 약화를 상징하는 대표적인 현상이다.
위기의 본질	이 모든 현상은 교회가 하나님이 맡기신 사람, 신뢰, 영향력이라는 자원을 제대로 관리하지 못한 '청지기직의 총체적 실패'에서 비롯되었다.

2. 청지기, 그 원형을 찾아서: 창조, 문화, 그리고 사명

오늘날 교회가 마주한 위기를 극복하기 위한 해법은 최신 유행의 목회 프로그램을 도입하거나 화려한 이벤트를 기획하는 데 있지 않습니다. 오히려 가장 오래되고 근원적인 우리의 정체성을 회복하는 데서 실마리를 찾아야 합니다. 성경은 **인류의 역사가 시작되는 첫 페이지에서부터 인간의 가장 본질적인 소명이 바로 '청지기'임을 분명하게 선언하고 있습니다.** 하나님께서 창조하신 이 아름다운 세상을 그분의 뜻에 따라 가꾸고 다스리는 것, 이것이 바로 우리에게 주어진 최초이자 최고의 사명이었습니다. 이 원형적 사명을 되찾을 때, 우리는 비로소 AI 시대라는 새로운 도전을 맞이할 지혜와 용기를 얻을 수 있습니다.

'하나님의 형상'(Imago Dei)과 문화명령: 청지기직의 시작

청지기직에 대한 논의는 **인간 존재의 근원, 즉 우리가 '하나님의 형상(Imago Dei)'으로 창조되었다는 선언에서 출발**해야 합니다 (창 1:26-27).

'하나님의 형상'은 단순히 인간이 지성이나 감정, 의지를 가졌다는 속성을 의미하는 것을 넘어, **하나님을 대신하여 이 땅을 다스리는 왕적 대리인 (royal agent)**으로서의 신분과 소명을 부여받았음을 뜻합니다 (Middleton, 2022; ERLC, 2019).

즉, 인간은 피조세계의 정점에 서서 하나님의 통치를 가시적으로 드러내고 실행하는 청지기로 부름받은 것입니다. 이 **존엄한 정체성이야말로 모든 청지기 사역의 신학적 뿌리**입니다.

이러한 정체성은 곧바로 구체적인 사명으로 이어집니다. 창세기 1장 28절에서 하나님은 자신의 형상대로 창조한 인간에게 첫 번째 복을 주시며 명령하십니다.

"생육하고 번성하여 땅에 충만하라, 땅을 정복하라, 바다의 물고기와 하늘의 새와 땅에 움직이는 모든 생물을 다스리라." 우리는 이 명령을 흔히 **'문화명령 (Cultural Mandate)'** 이라고 부릅니다 (Phoenix Seminary, 2017).

여기서 **'정복하라 (kabash)'** 와 **'다스리라 (radah)'** 는 단어에 주목할 필요가 있습니다. 이 단어들은 강력한 통치권을 암시하기에, 지난 역사 속에서 인류가 자연을 무분별하게 착취하고 파괴하는 것을 정당화하는 논리로 오용되기도 했습니다. 그러나 하나님께서 **'보시기에 심히 좋았더라'** 고 감탄하신 완벽한 창조 세계를 배경으로 이 단어들을 이해해야 합니다. 아직 죄가 들어오기 전, 모든 것이 조화롭던 그곳에서 '정복'과 '다스림'은 폭력적인 지배나 파괴를 의미할 수 없습니다.

오히려 그것은 혼돈에 질서를 부여하고, 잠재된 가능성을 이끌어내며, 하나님의 창조 사역을 이어받아 **이 땅을 더욱 풍성하고 아름답게 만들어가는 '책임감 있는 통치'와 '창조적 경영'을 의미하는 것으로 해석**해야 합니다 (Ha, 2014). 따라서 문화명령은 단순히 영혼 구원에 초점을 맞춘 '지상대명령 (Great Commission)'과 분리되거나 대립하는 개념이 아닙니다. 오히려 지상대명령은 타락 이후 왜곡된 문화와 인간관계를 회복시켜 본래의 문화명령을 온전히 수행하도록 하는 구속사적 차원의 명령으로 이해할 수 있습니다 (TIFWE, 2015).

문화명령은 우리의 삶이 교회 안에서의 종교 활동과 교회 밖에서의 세속 활동으로 이원화되는 것을 거부합니다. 가정, 직장, 학교, 사회, 정치, 경제, 예술, 그리고 과학기술에 이르기까지 삶의 모든 영역이 하나님의 주권 아래 있으며, 그 모든 영역에서 하나님의 뜻을 실현하며 문화를 가꾸어 나가는 것이 바로 우리에게 주어진 포괄적인 청지기적 사명입니다.

에덴의 두 동사: '아바드 (Abad)'와 '샤마르 (Shamar)'에 담긴 균형

문화명령이라는 거시적인 사명은 창세기 2장 15절에서 더욱 구체적이고 친밀한 언어로 다시 한번 제시됩니다. **"여호와 하나님이 그 사람을 이끌어 에덴 동산에 두어 그것을 경작하며 지키게 하시고."** 여기서 '경작하며 지키게' 하셨다는 두 개의 히브리어 동사는 청지기직의 핵심을 놀랍도록 선명하게 보여주는 두 개의 기둥과 같습니다.

첫 번째 동사는 '아바드 (עָבַד, abad)'입니다. 이 단어는 흔히 '일하다', '경작하다'로 번역되지만, 그 뿌리에는 '섬기다 (to serve)'라는 깊은 의미가 담겨 있습니다 (Merrill, 2022; Emene, 2021).

놀랍게도 **이 단어는 구약 성경에서 하나님께 제사를 드리며 예배하는 행위를 묘사할 때도 사용되는 단어**입니다 (Catholic Answers, 2021). 이것은 우리의 '일 (work)'에 대한 관점을 완전히 바꾸어 놓습니다. 일은 더 이상 생계를 위한 고된 노동이나 부를 축적하기 위한 수단이 아닙니다. 일은 하나님께서 맡기신 피조 세계를 정성껏 '섬기는' 행위이며, 그 섬김을 통해 창조주 하나님을 '예배하는' 거룩한 행위입니다. 농부가 땅을 섬겨 풍성한 열매를 맺게 하고, 기술자가 재료를 섬겨 유용한 도구를 만들며, 예술가가 영감을 섬겨 아름다운 작품을 창조하고, 교사가 학생들의 잠재력을 섬겨 성장시키는 모든 과정이 바로 '아바드'의 실천입니다. 이 관점에서 볼 때, 성(聖)과 속(俗)의 이분법은 사라집니다. 우리의 일터가 곧 예배의 장소가 되는 것입니다.

두 번째 동사는 '샤마르 (רמש, shamar)'입니다. 이 단어는 '지키다', '보존하다', '보호하다'라는 의미를 가집니다 (Merrill, 2022; Emene, 2021).

이는 **맡겨진 것의 본래적 가치와 아름다움이 훼손되지 않도록 주의 깊게 살피고, 외부의 위협으로부터 적극적으로 보호하는 책임**을 의미합니다. 마치 선한 목자가 양 떼를 이리와 도둑으로부터 지키듯, 청지기는 하나님의 창조 세계가 파괴되거나 오염되지 않도록, 그리고 하나님의 진리가 왜곡되지 않도록 깨어있는 파수꾼의 역할을 감당해야 합니다. 이는 소극적인 현상 유지를 넘어, 적극적인 보호와 책임감 있는 관리를 요구하는 사명입니다.

'아바드'와 '샤마르'는 청지기직의 양 날개와 같습니다. '아바드'가 창조하고 개발하며 잠재력을 끌어내는 적극적이고 능동적인 측면을 강조한다면, '샤마르'는 보존하고 보호하며 지속가능성을 생각하는 신중하고 책임감 있는 측면을 강조합니다. 진정한 청지기는 이 두 가지 사명을 균형 있게 감당하는 사람입니다.

오늘날 한국 교회가 마주한 위기는 이 균형의 상실에서 비롯된 것일 수 있습니다. 변화를 두려워하며 새로운 시대적 도전에 응답하지 못하고 현상 유지에만 급급하는 것은 **'아바드'의 사명**을 저버리는 것입니다. 반대로, 무분별한 성장주의에 매몰되어 교회의 본질과 성도의 영혼을 돌보지 않고 외형적 성장에만 집착하는 것은 **'샤마르'의 책임**을 망각한 것입니다.

AI 시대의 교회는 이 두 사명의 균형을 회복해야 합니다. AI 기술의 잠재력을 창의적으로 활용하여 복음 전파와 세상 섬김의 지평을 넓히는 **'아바드'의 지혜**와, 동시에 기술의 오남용으로 인해 인간의 존엄성과 공동체의 가치가 훼손되지 않도록 지키는 **'샤마르'의 분별력**이 절실히 요구됩니다.

달란트 비유의 재해석: 위험을 감수하는 창조적 청지기

창세기에서 제시된 청지기의 원형은 신약 시대에 예수님의 **'달란트 비유'**(마 25:14-30)를 통해 더욱 역동적이고 구체적인 모습으로 발전합니다. 이 비유는 흔히 우리가 가진 재능을 잘 활용해야 한다는 교훈으로 이해되지만, 그 이면에는 청지기에게 요구되는 핵심적인 자세가 무엇인지에 대한 깊은 통찰이 담겨 있습니다. 비유의 내용을 자세히 들여다보면, 주인은 종들에게 각자의 능력에 따라 다섯, 둘, 한 달란트라는 막대한 액수의 돈을 맡깁니다. 여기서 한 달란트는 노동자의 약 20년 치 품삯에 해당하는 거금으로, 이는 주인이 종들에게 얼마나 큰 신뢰와 기대를 걸었는지를 보여줍니다 (Theology of Work Project, n.d.). 다섯 달란트와 두 달란트를 받은 종들은 즉시 **"가서 그것으로 장사하여"** 각각 다섯 달란트와 두 달란트를 더 남겼습니다. 그들은 주인의 자산을 가지고 적극적으로 시장에 뛰어들어 위험을 감수하고 새로운 가치를 창출해낸 것입니다. 주인은 그들의 성과뿐 아니라, 주인의 뜻을 이해하고 신실하게 행동한 그들의 태도를 칭찬하며 **"내 주인의 즐거움에 참여할지어다"** 라고 말합니다.

반면, 한 달란트 받은 종의 문제는 단순히 게으름이 아니었습니다. 그의 **행동 동기는** '두려움'이었습니다. 그는 주인을 **"굳은 사람이라 심지 않은 데서 거두고 헤치지 않은 데서 모으는 줄을 내가 알았으므로 두려워하여"** 달란트를 땅에 숨겼다고 변명합니다. 그는 원금 손실의 위험을 피하기 위해 가장 안전한 방법을 택했지만, 바로 그 때문에 주인의 가장 큰 책망을 받습니다.

그의 진짜 문제는 주인의 자원을 활용하여 새로운 가치를 만들어내라는 주인의 기대를 저버린 것, **즉 '창조적 청지기'의 역할을 포기한 것**입니다. 그는 주인을 신뢰하지 않았고, 실패를 두려워했으며, 결국 아무런 가치도 창출하지 못한 채 주인의 즐거움에서 제외됩니다 (WealthBuilders, 2024).

이것은 오늘날 교회의 모습과 놀랍도록 겹쳐 보입니다. 많은 신앙인들이 하나님을 사랑과 은혜의 아버지로 경험하기보다는, 율법의 조항으로 우리를 감시하고 심판하는 두려운 재판관으로 오해하곤 합니다. 이러한 하나님에 대한 오해는 신앙생활 전반에 깊은 영향을 미칩니다. 실패에 대한 두려움 때문에 새로운 시도를 주저하게 만들고, 비난이 무서워 위험을 감수하지 않으려 합니다.

AI와 같은 새로운 기술이나 변화의 물결 앞에서 복음의 본질을 창의적으로 적용하기보다는, 익숙한 과거의 방식만을 고집하며 스스로를 고립시키는 **'땅에 묻는 신앙'**에 머무르게 됩니다. 결국 한 달란트 받은 종의 가장 큰 죄는 재산을 불리지 못한 경제적 실패가 아니라, 주인의 인격을 모독하고 그분의 이름을 욕되게 한 **'신성모독적 불신'**이었습니다. 그는 주인의 성품에 대해 거짓 증언을 한 셈입니다.

주석가 데이비스(Davies)와 앨리슨(Allison)은 이 비유가 **교회 '내부자들'을 향한 것이며, 하나님 나라의 임재 앞에서 우리에게 주어진 '책임'을 강조하는 것**이라고 설명합니다 (Davies & Allison, 1997).

여기서 '달란트'는 돈이나 재능을 넘어, 하나님께서 우리에게 맡기신 모든 것—시간, 기회, 자원, 복음 그 자체—를 포괄하는 광의의 개념으로 이해해야 합니다 (Davies & Allison, 1997, as cited in Brown, 2025).

한 달란트는 결코 적은 액수가 아니었습니다. 당시 노동자의 수십 년치 연봉에 해당하는 거금이었습니다 (Theology of Work Project, 2014; Park, n.d.). 이 비유는 오늘날 한국 교회에 시사하는 바가 큽니다. 급변하는 세상 속에서 실패에 대한 두려움, 세상에 대한 불신 때문에 새로운 사역을 시도하기보다 기존의 틀과 방식을 고수하며 현상 유지에 급급한 모습은 아닌지 돌아보아야 합니다. **가나안 성도와 플로팅 크리스천의 등장**에 대해 그들을 비판하기에 앞서, 그들이 마음껏 재능을 발휘하고 새로운 신앙의 형태를 실험할 수 있는 **창의적인 '장사'의 기회**를 교회가 제공하지 못한 것은 아닌지 성찰해야 합니다. 하나님은 우리에게 맡기신 복음, 재능, 시간, 재물이라는 달란트를 그저 안전하게 보관하라고 주신 것이 아닙니다. 그것을 가지고 담대하게 세상 속으로 들어가, 창의적인 방법으로 투자하고 위험을 감수하며 하나님 나라를 위한 더 큰 가치를 만들어 내기를 기대하십니다.

AI 시대는 바로 이 달란트 비유의 현대적 적용을 요구하고 있습니다. AI라는 새로운 도구를 두려워하며 땅에 묻어둘 것이 아니라, 그것을 활용하여 복음을 전하고 이웃을 섬기는 일에 창의적으로 투자하는 **'착하고 충성된 종'**의 자세가 필요합니다.

2부 핵심 요약

Imago Dei와 문화명령	청지기직은 하나님 형상으로서의 왕적 대리인 사명이며, 문화명령은 삶의 모든 영역에서 하나님의 창조적 경영을 이어가는 포괄적 소명이다.
아바드와 샤마르의 균형	청지기직은 창조적 개발과 섬김('아바드')과 책임감 있는 보존과 보호('샤마르')의 균형을 요구한다. 현대 교회의 위기는 이 균형의 상실에서 비롯되었다.
달란트 비유 교훈	진정한 청지기는 주어진 자원을 안전하게 보관하는 관리자가 아니라, 실패의 위험을 감수하고 창의적으로 투자하여 새로운 가치를 창출하는 '가치 창출자'이다.
원형의 회복	교회의 위기 극복은 프로그램 도입이 아닌, 창조적이고 책임감 있으며, 위험을 감수하는 청지기의 성경적 원형을 회복하는 데서 시작되어야 한다.

3. AI 시대, 교회의 청지기직을 재설계하다: 구체적 행동 강령

한국 교회의 위기가 **'청지기직의 실패'**에 있다는 진단과, 그 해법이 **'성경적 원형의 회복'에 있다**는 신학적 원리를 바탕으로, 이제 우리는 구체적인 실천의 영역으로 나아가야 합니다. AI라는 전례 없는 도구가 주어진 이 시대에, 교회는 어떻게 청지기의 사명을 새롭게 감당할 수 있을까요? 이는 단순히 기술을 도입하는 차원을 넘어, 교회의 본질적인 구조와 사역, 그리고 세상과의 관계를 재설계하는 총체적인 변화를 요구합니다. 본 장에서는 **'공동체 재건', '사회적 책임 회복', '기술의 선한 활용'**이라는 세 가지 축을 중심으로 구체적인 행동 강령을 제안하고자 합니다.

공동체 재건: 수직적 위계에서 유기적 네트워크로

청지기직의 가장 중요한 대상은 바로 '사람'입니다. 그러나 1부에서 진단했듯이, 한국 교회는 권위주의적이고 수직적인 구조로 인해 사람들을, 특히 젊은 세대를 잃어가고 있습니다. 따라서 청지기직의 회복은 교회를 **'사람을 세우고 품는 공동체'**로 재건하는 것에서 시작되어야 합니다.

행동 강령 1: 소그룹 중심의 교회 구조 개편

Why:
대그룹 중심의 예배는 일방적인 말씀 전달에는 용이하지만, 깊이 있는 교제와 상호 돌봄, 그리고 개인의 은사를 발휘하는 데 한계가 있습니다. 이는 성도들을 수동적인 '소비자'로 만들고, '플로팅 크리스천' 현상을 심화시킵니다. 소그룹은 성도들이 서로의 삶을 나누고 함께 성장하는 유기적 공동체성의 핵심 단위입니다 (아이굿뉴스, 2022).

How:
- 교회의 핵심 사역 단위를 주일 예배 참석이 아닌 '삶을 나누는 소그룹'으로 전환해야 합니다.
- 소그룹 리더에게 신앙 교육, 교제, 지역 사회 봉사 등 구체적인 사역을 기획하고 실행할 수 있는 자원과 권한을 위임하여, 소그룹이 자율성과 창의성을 발휘하도록 격려해야 합니다 (기독신문, 2022).
- 인천 마을안교회처럼 소그룹에 '시드머니'를 지원하여 지역 사회를 섬기는 프로젝트를 직접 수행하게 하는 것은 좋은 모델이 될 수 있습니다 (국민일보, 2024). 이는 성도들을 사역의 주체로 세우고, '가나안 성도'와 '플로팅 크리스천'에게 깊이 있는 소속감과 공동체적 가치를 제공하는 효과적인 대안이 될 것입니다.

행동 강령 2: 세대 간 통합 사역 활성화

Why:
현재 대부분의 교회는 세대별로 분리된 사역 구조를 가지고 있습니다. 이는 세대 간의 단절과 오해를 심화시키고, 신앙의 전수를 가로막는 주요 원인입니다. Z세대는 기성세대와 다른 가치관과 소통 방식을 가지고 있으며, 이들을 이해하고 포용하려는 노력이 절실합니다 (기독교개혁신보, 2025).

How:
분리된 세대별 사역을 넘어, 의도적으로 세대 간의 접점을 만드는 통합 사역을 기획해야 합니다. 예를 들어, 세대 통합 예배, 공동 프로젝트, 상호 멘토링 프로그램 등을 통해

젊은 세대의 에너지와 기성세대의 지혜가 자연스럽게 교류하는 장을 마련해야 합니다
(Barna Group, n.d.; 한국성결신문, 2025).

교회 리더십은 세대 통합을 위한 명확한 비전을 제시하고, 세대 간 소통을 개선하기 위한 구체적인 노력을 기울여야 합니다.

행동 강령 3: 투명하고 수평적인 의사소통 채널 구축

Why:

비민주적이고 일방적인 의사소통 구조는 3040세대를 포함한 많은 성도들이 교회를 떠나는 핵심적인 이유입니다 (크리스천저널, 2025). 청지기로서 성도들의 의견을 경청하고 의사결정 과정에 참여시키는 것은 공동체의 주인의식을 높이고 신뢰를 회복하는 첫걸음입니다.

How:
- 당회나 제직회 등 교회의 주요 의사결정 과정을 투명하게 공개하고, 그 결과를 모든 성도와 공유해야 합니다.
- 정기적인 타운홀 미팅, 온라인 포럼, 설문조사 등을 통해 다양한 세대의 의견을 수렴하고 정책에 반영하는 쌍방향 소통 채널을 구축해야 합니다.
- 목회자는 '가르치는 자'의 위치에서 내려와 성도들과 함께 고민하고 배우는 '퍼실리테이터'로서의 역할을 감당해야 합니다. 일방적 '선포'가 아닌 쌍방향 '경청'과 '대화'의 문화가 정착될 때, 교회는 비로소 건강한 유기체로 회복될 수 있습니다.

사회적 책임 회복: 세상의 필요에 응답하는 청지기

하나님의 청지기는 **교회 울타리 안의 자원뿐만 아니라, 온 창조 세계를 돌볼 책임**이 있습니다. 교회의 이기주의와 사회 문제에 대한 무관심은 신뢰 추락의 핵심 원인이었습니다. 따라서 교회는 다시 세상 속으로 들어가 그 필요에 응답하는 '샤마르'의 사명을 회복해야 합니다.

행동 강령 4: 교회 재정의 공공성 강화 및 투명한 공개

Why:

교회 재정 비리는 신뢰를 무너뜨리는 가장 큰 요인 중 하나입니다. 교회 재정은 목회자나 특정 그룹의 사유물이 아니라, 하나님 나라 확장을 위해 성도들이 헌신한 공적 자금입니다. 재정의 투명한 공개는 신뢰 회복의 전제 조건입니다.

How:
- 교회 재정이 공동체 내부만을 위한 것이 아니라, 지역 사회와 세상을 섬기기 위해 맡겨진 공적 자원임을 선언해야 합니다 (기독신문, 2024).
- 예결산 내역을 모든 성도에게 상세하고 이해하기 쉽게 공개하고, 재정 사용에 대한 질의와 감사가 가능한 민주적 절차를 마련해야 합니다.
- 이를 통해 교회는 재정적 청지기직을 신실하게 감당하고 있음을 증명하고, 성도들의 신뢰를 회복할 수 있습니다.

행동 강령 5: 기후 위기 대응 등 생태적 청지기직 실천

Why:

기후 위기는 인류가 직면한 가장 시급한 문제이며, 창조 세계를 돌봐야 할 '샤마르'의 사명을 가진 교회는 이 문제에 누구보다 앞장서야 할 책임이 있습니다. 이는 교회가 세상의 고통에 동참하고 사회적 책임을 다하는 모습을 보여주는 중요한 기회입니다.

How:
- 교회 건물 에너지 효율 개선, 일회용품 사용 줄이기, 탄소 중립 캠페인 등 구체적인 실천에 앞장서야 합니다.
- 창조 세계 보전의 중요성을 신학적으로 교육하고, 성도들이 일상에서 생태적 청지기의 삶을 살도록 격려해야 합니다 (아이굿뉴스, 2022; 고신뉴스, 2022).
- 한교총의 '탄소중립 창조회복교회 만들기' 캠페인과 같은 운동에 적극적으로 동참하여 교회의 사회적 책임을 가시적으로 보여주어야 합니다 (교회와신앙, 2022).

행동 강령 6: AI를 활용한 사회적 약자 지원

Why:

AI 기술은 사회적 약자를 돕고 정의를 실현하는 강력한 도구가 될 수 있습니다. 이는 기술을 '아바드'하여 세상을 섬기는 현대적 청지기직의 모범이 될 수 있으며, 교회가 기술을 선한 목적으로 사용하는 모습을 보여줌으로써 긍정적 영향력을 회복할 수 있습니다.

How:
- AI 기술을 활용하여 인신매매 방지 활동을 지원하는 사례들이 이미 존재합니다. 예를 들어, AI는 온라인 광고나 소셜 미디어 데이터를 분석하여 인신매매 피해자를 식별하고 구출하는 데 사용될 수 있습니다 (Veritone, 2024).

- 재난 발생 시, AI는 위성 이미지를 분석하여 피해 지역을 신속하게 파악하고 구호 활동의 효율성을 높일 수 있습니다 (ICRC, 2022).
- 교회는 이러한 기술을 개발하는 단체와 협력하거나, 관련 사역을 직접 지원함으로써 AI를 통한 사회적 선 (Social Good) 실현에 적극적으로 참여해야 합니다 (Nanotronics, n.d.).

기술의 선한 청지기: AI를 사역의 도구로 창조적으로 활용하기

AI 기술에 대한 막연한 두려움이나 무관심은 한 달란트를 땅에 묻어두는 어리석은 청지기의 모습과 같습니다. 개혁주의 신학자 **아브라함 카이퍼** (Abraham Kuyper) 가 강조했듯, **과학기술을 포함한 세상의 모든 발전은 하나님의 '일반 은총 (Common Grace)'의 산물**입니다 (Rogobete, 2024). 따라서 교회는 AI를 하나님 나라 확장을 위해 창의적으로 사용하는 '아바드'의 사명을 감당해야 합니다. 이를 위해 다음과 같은 단계별 접근을 제안합니다.

행동 강령 7: 1단계 – 교회 AI 윤리 강령 수립 (Establish AI Policy)

Why:
기술을 무분별하게 도입하기 전에, 신학적, 윤리적 원칙을 먼저 세우는 것이 중요합니다. 이는 AI 사용의 방향성을 제시하고, 발생 가능한 위험을 예방하는 '샤마르'의 역할을 합니다.

How:

- 각 교회와 교단은 자신들의 신학적 정체성에 맞는 AI 윤리 강령을 제정해야 합니다.
- 이 강령에는 '인간 존엄성 보호', '투명성 및 책임성', '데이터 프라이버시 보호', '복음의 본질 훼손 방지', '알고리즘의 편향성 경계' 등의 원칙이 명문화되어야 합니다 (Pushpay, 2025; NAE, 2025).
- 이 과정은 목회자뿐만 아니라 다양한 분야의 평신도 전문가들이 함께 참여하여 지혜를 모아야 합니다.

행동 강령 8: 2단계 – 목회 및 사역 효율화를 위한 AI 활용 (Practical Application)

Why:
AI는 목회자들이 반복적이고 행정적인 업무에서 벗어나, 기도와 말씀 연구, 그리고 성도들을 돌보는 본질적인 사역에 더 집중할 수 있도록 돕는 강력한 도구입니다.

How:
- 콘텐츠 생성 및 재가공: 설교 아이디어를 얻거나, 성경공부 자료를 제작하고, 주보나 소셜 미디어 게시물을 만드는 데 AI를 활용할 수 있습니다. 이는 목회자의 행정 부담을 획기적으로 줄여줍니다 (Malphurs Group, n.d.). 다만, AI가 생성한 내용은 반드시 목회자의 신학적 검토와 영적 분별을 거쳐야 합니다.
- 개인화된 신앙 교육 및 양육: AI를 활용하여 성도 개개인의 신앙 수준, 관심사, 기도 제목 등을 분석하고, 그에 맞는 맞춤형 성경 읽기 계획이나 신앙 자료를 추천할 수 있습니다 (FaithGPT, 2025). 이는 획일적인 교육에서 벗어나 개인의 영적 성장을 돕는 효과적인 방법입니다.
- 언어 장벽 해소 및 선교: AI 번역 툴은 다문화 가정이나 국내 거주 외국인들을 위

한 예배 및 설교 통역 서비스를 저렴하고 효과적으로 제공할 수 있습니다 (Easy Cloud Solutions, 2024). 또한, 선교 자료를 다양한 언어로 신속하게 번역하여 전 세계에 복음을 전하는 데 기여할 수 있습니다.

행동 강령 9: 3단계 – AI 리터러시 교육 및 신학적 담론 형성 (Education & Theological Engagement)

Why:
AI 시대를 살아가는 모든 성도들은 기술을 분별력 있게 사용하고 그 이면에 담긴 세계관을 비판적으로 성찰할 수 있는 'AI 리터러시'를 갖추어야 합니다. 또한 교회는 AI가 제기하는 근본적인 신학적 질문에 대해 책임 있는 답변을 제시해야 합니다.

How:
- 목회자와 성도들을 대상으로 AI의 기본 원리, 윤리적 쟁점, 그리고 신앙적인 활용 방안에 대한 교육 프로그램을 정기적으로 제공해야 합니다.
- 기독교 대학 및 신학대학원은 AI 시대에 필요한 목회자들을 양성하기 위해 관련 커리큘럼을 개발하고, 기술과 신학의 융합 연구를 선도해야 합니다 (크리스천투데이, 2025).
- AI가 제기하는 인간론 (Imago Dei), 창조론, 종말론 등의 신학적 질문에 대해 깊이 있게 토론하고, 세상과 소통할 수 있는 기독교적 답변을 모색하는 공적 담론의 장을 주도해야 합니다. 이는 교회가 시대의 지적, 영적 도전에 응답하는 예언자적 목소리를 회복하는 길이 될 것입니다.

지금까지 우리는 데이터와 현상을 통해 한국 교회가 직면한 위기의 실체를 진단하고, 그 본질이 **'청지기직의 실패'**에 있음을 확인했습니다. 또한, 그 해법은 외부의 방법론이 아닌, 성경이 제시하는 **'창조적이고 책임감 있는 청지기'의 원형을 회복**하는 데 있음을 신학적으로 탐구했습니다. 공동체를 재건하고, 사회적 책임을 다하며, 새로운 기술을 선하게 사용하는 구체적인 행동 강령들은 결국 이 하나의 목표, 즉 **'신실한 청지기 되기'**를 향하고 있습니다.

결론: 두려움을 넘어, 미지의 땅을 경작하는 청지기로

AI 시대의 도래는 많은 이들에게 두려움과 혼란을 안겨줍니다. 일자리를 빼앗길지 모른다는 경제적 불안, 인간성이 파괴될 것이라는 윤리적 우려, 그리고 교회의 역할이 사라질 것이라는 종교적 위기감이 공존합니다. 그러나 우리가 청지기적 관점을 회복할 때, 이 시대는 전혀 다른 의미로 다가옵니다. **AI 시대는 교회의 종말을 예고하는 위협이 아니라, 하나님께서 우리에게 새롭게 맡기신 미지의 '에덴 동산'이자, 엄청난 가능성을 품은 '달란트'입니다.**

우리는 선택의 기로에 서 있습니다. 한 달란트 받은 종처럼, 실패에 대한 두려움과 기술에 대한 불신으로 이 새로운 달란트를 땅에 묻어두고 안주할 것인가? 아니면 다섯 달란트, 두 달란트 받은 종들처럼, 하나님이 주신 창의성과 지혜를 가지고 담대하게 이 미지의 땅을 경작하고 새로운 가치를 창출해낼 것인가? 성경의 대답은 명확합니다. 하나님은 우리가 두려움에 갇힌 소극적인 관리자가 아니라, 그분의 창조 사역에 동참하는 적극적인 파트너가 되기를 원하십니다.

이제 **교회는 방어적 태도를 버리고, AI라는 새로운 도구를 들고 미지의 땅을 경작하는 선구자적 청지기로 다시 일어서야 할 때입니다.** '아바드(abad)'의 정신으로 AI 기술을 담대하게 활용하여 복음의 지평을 넓히고, '샤마르(shamar)'의 지혜로 그 기술이 인간의 존엄성을 해치지 않도록 신중하게 지켜나가야 합니다.

교회의 미래는 프로그램이나 기술 자체가 결정하는 것이 아닙니다. 하나님이 맡기신 사람과 세상, 그리고 기술을 우리가 어떤 신실함과 창의성으로 섬기는가에 달려 있습니다. 두려움을 넘어, 믿음으로 미지의 땅을 향해 첫 삽을 뜨는 창조적 청지기들의 손에 한국 교회의 내일이 달려 있습니다.

"교회의 미래는 프로그램이나 기술 자체가 결정하는 것이 아니라 하나님이 맡기신 사람과 세상, 그리고 기술을 우리가 어떤 신실함과 창의성으로 섬기는가에 달려 있습니다"

(구글 AI 스튜디오 생성)

AI 시대, 청지기의 길을 묻다

CHAPTER
03
AI 시대의 교회:
변화가 그 답이다.

서문: AI 주도 디지털 전환 시대의 교회 혁신 과제

1. AI 기술과 기독교 청지기 의식 통합: 새로운 패러다임 제안

2. 제4차 산업혁명과 신앙 난민(Faith Refugees): 위기의 진단

3. AI 시대, 청지기의 소명과 역할: 구체적 실천 방안

4. 미래를 여는 리더십: AI 시대 교회 리더, 전략 기획 전문가 되라

CHAPTER 03

AI 시대의 교회: 변화가 그 답이다

> AI 시대의 교회는 기술 도입을 넘어 청지기 정신과 AI의 통합적 패러다임을 구축해야 합니다. 신앙 난민 현상을 극복하고 다니엘의 네 가지 청지기 요소를 현대적으로 적용하여, 교회 리더들은 전략적 기획 전문가로 거듭나 한국 교회의 미래를 열어가기 위한, 지금 단순한 생존 전략이 아닌, 하나님 나라를 이 땅에 확장하는 변화가 그 답입니다.

서문: AI 주도 디지털 전환 시대의 교회 혁신 과제

　AI가 인간의 삶 전반을 재편하는 거대한 변화의 물결 속에서, 한국 교회는 기로에 서 있습니다. 수십 년간 유지해온 성장 중심적 패러다임이 한계에 도달한 현재, 우리는 교회 내부의 구조적 문제와 시대 변화에 적응하지 못하는 현실 사이에서 길을 잃은 듯합니다. **'가나안 성도'와 '플로팅 크리스천'으로 표현되는 신앙 난민의 증가**는 이러한 위기를 단적으로 보여줍니다.

　그러나 위기는 언제나 새로운 기회의 문을 엽니다. **AI 시대는 단순히**

기술적 변화를 넘어, 인간의 존재 의미와 신앙의 본질에 대해 근본적인 물음을 던집니다. 이 거대한 변화 속에서 교회는 단순히 생존을 모색하는 것이 아니라, 오히려 본연의 청지기 사명을 회복하고 재발견할 수 있는 계기로 삼아야 합니다.

본 장에서는 AI 기술과 성경적 청지기 의식의 통합을 통해 한국 교회가 나아갈 새로운 길을 모색합니다. 창세기부터 이어져 온 청지기 개념을 AI 시대에 맞게 재해석하고, 신앙 난민이라 불리는 이들의 실상을 냉철하게 분석하며, 교회와 리더십이 나아갈 방향을 구체적으로 제시할 것입니다.

변화하지 않는 것은 결국 도태될 뿐입니다. 그러나 우리가 추구해야 할 변화는 시류에 편승하는 피상적 적응이 아니라, 신앙의 본질을 더욱 선명하게 드러내고 하나님의 뜻을 이 시대에 구현하는 본질적 혁신이어야 합니다. **청지기 정신과 AI의 결합은 단순한 생존 전략이 아닌, 하나님 나라를 이 땅에 확장하는 새로운 패러다임의 시작**이 될 것입니다.

1. AI 기술과 기독교 청지기 의식 통합: 새로운 패러다임 제안

패러다임 전환의 필요성과 핵심 주장

이 책은 인공지능(AI) 시대에 한국 교회가 직면한 심각한 위기를 극복하고, 지속 가능한 성장을 이루기 위한 핵심 해법으로 **'AI 기술과 성경적 청지기 의식의 통합'이라는 새로운 패러다임 전환**을 제안합니다. 오늘날 AI 기술은 사회 전반의 구조를 재편하는 혁신 동력으로 자리 잡았으나, 한국 교회는 신뢰도 하락, 다음 세대 이탈, 그리고 **'플로팅 크리스천'**과 같은 새로운 현상에 직면하며 그 어느 때보다 깊은 도전에 처해 있습니다. 이러한 상황은 교회가 더 이상 과거의 성장 지향적 모델에 안주할 수 없으며, 시대적 소명에 응답하는 근본적인 변화가 시급함을 명백히 보여줍니다.

여기서 제안하는 패러다임은 단순히 기술을 목회 도구로 도입하는 차원을 넘어섭니다. 이는 교회의 본질적 가치를 굳건히 지키면서도, AI라는 새로운 피조 세계를 하나님의 창조 질서 안에서 책임감 있게 관리하고 활용하는 혁신적 변화를 의미합니다. 즉, 기술의 개발과 사용 전 과정에 기독교적 가치와 청지기로서의 책임을 내재화하는 총체적 접근법입니다. 이는 **창세기 1장 28절의 '문화 명령'을 AI 시대에 맞게 재해석하고, 기술 창조 활동 자체를 청지기적 소명의 일부로 인식하는 관점의 전환**을 요구합니다. 궁극적으로 이 새로운 패러다임은 교회의 신학적 정체성을 회복하고, 사회적 책임을 감당하며, 미래 세대와 진정으로 소통하는 교회의 새로운 길을 열어줄 최적의 솔루션이 될 것입니다.

패러다임 탐구를 위한 세 가지 핵심 질문

이러한 패러다임 전환을 구체화하기 위해, 본고는 세 가지 핵심 질문을 중심으로 논의를 전개하고자 합니다. 이 질문들은 AI 기술을 하나님의 창조 질서 안에서 인간의 번영을 위해 활용하되, 동시에 인간 소외, 불평등 심화, 환경 파괴와 같은 잠재적 위험을 최소화하는 기독교 윤리적 방법론을 모색하는 나침반이 될 것입니다.

핵심 질문 1: 청지기 개념의 재해석

첫째, "AI 시대에 성경적 청지기 의식은 어떻게 재해석되어야 하는가?" 라는 질문입니다. 전통적으로 청지기 개념은 재물이나 시간 관리와 같은 개인적 차원에 머무르는 경향이 있었습니다. 그러나 AI 시대의 청지기는 데이터, 알고리즘, 그리고 기술이 사회에 미치는 광범위한 영향력까지 관리하는 포괄적인 책임자로 그 역할이 확장되어야 합니다.

이는 '하나님의 형상'(Imago Dei)으로 창조된 인간이 기술 창조 활동을 통해 '문화 명령'(Cultural Mandate)을 수행하는 청지기적 소명으로 연결하는 신학적 재정립을 필요로 합니다. 기술 개발은 더 이상 세속의 영역이 아니라, 하나님의 창조 사역에 동참하는 거룩한 행위로 인식되어야 합니다 (ERLC, 2019; FaithGPT, 2024).

핵심 질문 2: AI 기술의 청지기적 활용

둘째, "한국 교회는 AI 기술을 활용하여 어떻게 지속 가능한 성장을

이룰 수 있는가?" 라는 질문입니다. 이 질문은 AI를 교회의 구체적인 사역 현장에 적용하는 방법을 탐구합니다.

한편으로는 행정 자동화, 데이터 기반의 합리적 의사결정, 다국어 콘텐츠 제작 및 번역 등을 통해 목회자의 과도한 행정 부담을 경감하고 사역의 효율성을 극대화할 수 있습니다 (Malphurs Group, 2024).

다른 한편으로는 개인 맞춤형 제자 훈련 프로그램 개발, 소그룹 활동 데이터 분석을 통한 공동체성 강화, 글로벌 네트워크를 활용한 새로운 선교 모델 창출 등 사역의 질적 심화를 꾀할 수 있습니다 (The Lead Pastor, 2025).

이는 양적 성장을 넘어 질적 성숙을 추구하는 교회의 본질 회복과 직결됩니다.

핵심 질문 3: AI 기술의 윤리적 쟁점과 교회의 역할

셋째, **"한국 교회는 AI 기술의 윤리적 사용을 위해 어떤 역할을 해야 하는가?"** 라는 질문입니다.

AI 기술은 효율성이라는 빛 이면에 데이터 편향성, 프라이버시 침해, 인간 소외, 책임 소재의 불분명함과 같은 짙은 그림자를 동반합니다 (Christianity Today, 2025).

교회는 이러한 윤리적 쟁점에 대해 침묵하거나 방관해서는 안 되며, 오히려 사회를 향해 예언자적 목소리를 내야 할 책임이 있습니다. 이를 위해 교회는 기술 개발자와 사용자, 그리고 사회 전체를 향해 인간 존엄성, 정의, 공공선, 약자 보호와 같은 기독교적 가치에 기반한 명확한 윤리 가이드라인과 신학적 원칙을 수립하고 제시해야 합니다. 이는 교회가 세상의 빛과 소금으로서의 역할을 감당하는 중요한 사명이 될 것입니다 (한국기독교학회, 2025; Vatican, 2025).

'AI 융합 청지기 모델'의 궁극적 목표

궁극적으로 이 책이 제시하는 **'AI 융합 청지기 모델'**은 단순히 교회의 생존을 위한 기술적 대응을 넘어, 교회의 신학적 정체성을 회복하고 사회적 책임을 다하며, 미래 세대와 소통하는 새로운 길을 제시하는 것을 목표로 합니다. AI 기술과 성경적 청지기 정신의 창조적 융합은 교회가 변화하는 시대에 능동적으로 응답하고, 하나님의 창조 세계를 돌보는 **'문화 명령'**을 AI 시대에 더욱 충실하게 수행하는 청지기 공동체로 거듭나는 결정적 계기가 될 것입니다. 이는 교회의 울타리를 넘어 인류 사회 전체의 번영에 기여하는, 보다 넓고 깊은 차원의 소명으로 이어집니다.

2. 제4차 산업혁명과 신앙 난민(Faith Refugees): 위기의 진단

AI 통합 청지기 의식의 본질에 대한 현대적 정의

제4차 산업혁명이 촉발한 디지털 전환의 시대 속에서, 성경적 청지기 의식은 새로운 차원의 깊이와 넓이를 요구받고 있습니다.

경제학자 앤 래스본 브래들리(Anne Rathbone Bradley)는 **청지기 의식이 단순히 십일조를 드리거나 환경을 보호하는 특정 행위에 국한되지 않는다**고 역설합니다. 그녀에게 청지기 의식은 하나님께서 우리에게 맡기신 모든 자원—시간, 재능, 관계, 영향력—을 삶의 모든 영역에서 책임감 있게 관리하고 사용하는 포괄적인 삶의 원리입니다 (Bradley, as cited in FaithGPT, 2025). 이러한 관점은 네덜란드의 신학자이자 정치가였던 아브라함 카이퍼(Abraham Kuyper)가 **"인간 삶의 모든 영역에서 그리스도께서 '내 것이다!'라고 주장하지 않는 곳은 단 한 평방인치도 없다"**고 선언한 것과 맥을 같이 합니다 (Kuyper, as cited in The Gospel Coalition, 2023).

카이퍼의 **'영역 주권(sphere sovereignty)'** 과 **'일반 은총(common grace)'** 사상은 기술 개발과 같은 문화 활동 역시 하나님의 주권 아래 있으며, 신자와 비신자를 막론하고 모든 인류에게 주어진 하나님의 선한 선물임을 시사합니다. 브래들리는 이러한 총체적 청지기 의식의 두 가지 핵심 특징을 제시합니다.

첫째, 포괄성(Comprehensiveness) 입니다. 이는 신앙과 삶을 분리하지 않고, 우리의 모든 선택과 행동에 청지기적 책임이 적용됨을 의미합니다. **둘째, 실천성(Way of Working)입니다.** 청지기 의식은 추상적인 개념이 아니라, 우리의 모든 의사 결정 과정에 구체적으로 반영되어 개인의 성장과 사회의 번영에 실질적으로 기여하는 삶의 방식 그 자체입니다 (Bradley, as cited in TIFWE, 2025). 따라서 본고는 브래들리의 총체적 청지기론과 카이퍼의 영역 주권 및 일반 은총 사상을 통합하여, 디지털 전환 시대의 청지기를 다음과 같이 새롭게 정의하고자 합니다.

> "하나님의 부르심에 응답하여 삶의 모든 영역에서 AI를 포함한 기술 자원을 책임감 있게 관리하고, 창조 세계의 번영에 기여하는 소명적 존재"

이러한 정체성을 가진 청지기 개개인이 모여 청지기 공동체를 형성하는 것, 이것이 바로 **"청지기 의식과 한국 교회의 지속 가능한 패러다임 전환"** 이라는 목표의 출발점입니다. 결국 AI 기술과 성경적 청지기 의식의 통합 모델은, 청지기 개개인이 소속된 다양한 공동체를 통해 어떻게 그 소명을 완수하도록 교회가 도울 것인가라는 역할론에 달려 있으며, 이는 오늘날 한국 교회가 직면한 복잡한 위기를 극복할 핵심적인 돌파구가 될 것입니다.

신앙 난민(Faith Refugees): 그들은 어디에서 왔는가?

오늘날 한국 교회가 마주한 위기의 단면은 '**플로팅 크리스천 (Floating Christian)**'이라는 신조어에 집약되어 있습니다. 이는 교회에 소속되지 않고 여러 교회를 떠돌거나 온라인으로만 신앙생활을 유지하는 이들을 지칭하는 말로, 그 수가 점차 증가하고 있습니다 (정재영, 2023). 본고는 이 현상을 단순한 개인의 선택을 넘어, 교회의 구조적 문제로 인해 발생한 '**신앙 난민** (Faith Refugees)' 현상으로 명명하고 그 근본 원인을 추적하고자 합니다.

이들의 등장은 한국 교회의 사회적 신뢰도 하락과 탈(脫)기독교화 현상이 맞물린 결과이며, 그 이면에는 목회자와 신자 모두의 '**청지기 의식 부재**'라는 근본적인 문제가 자리 잡고 있습니다. 사도 바울은 "**내가 내 몸에 예수의 흔적을 지니고 있노라**" (갈 6:17) 라고 고백하며, 세상과 구별된 그리스도인의 정체성을 선포했습니다.

그러나 오늘날 한국 교회와 성도들은 세상 속에서 청지기로서의 거룩한 흔적을 보여주고 있습니까? 안타깝게도 각종 통계는 부정적인 현실을 드러냅니다. 많은 경우, 청지기의 주체인 '나'는 '교회'라는 익명성 뒤에 숨어 세상의 가치와 성공주의를 무비판적으로 좇아왔습니다. 그 결과, 세상의 빛과 소금이 되어야 할 교회의 영광은 가려지고, 오히려 사회적 지탄의 대상이 되는 역설에 처하게 되었습니다. 이러한 '**신앙 난민**' 발생의 구조적 원인을 분석하기 위해, 신광은 목사와 정재영 교수의 통찰을 살펴볼 필요가 있습니다.

신광은은 그의 저서 『메가처치를 넘어서』에서 한국 교회의 '메가처치 (Megachurch)' 현상을 날카롭게 비판합니다. 그는 메가처치를 단순히 규모가 큰 교회가 아니라, '충분한 규모를 달성한 후에도 끊임없이 성장을 갈망하는 병든 교회'로 정의합니다. 그에 따르면, **98%가 넘는 비(非)메가처치마저 메가처치가 되려는 '성장 지상주의'에 매몰**되어 교회 생태계를 정글로 만들었습니다. 이 과정에서 교인들은 더 좋은 설교와 주일학교 프로그램을 찾아 교회를 옮겨 다니는 '소비자'가 되었고, 교회와 신자 모두 이기심을 키

우며 신앙의 질적 저하를 초래했습니다. 결국 교회는 모든 것을 내어주신 예수의 모습과 정반대의 길을 걸으며 본질적 사명을 상실하게 되었다고 경고합니다 (신광은, 2015, 채널예스 인터뷰; 김형국, 2019, 신광은 저서 서평).

신광은의 분석은 타당하지만, 문제의 근원을 메가처치라는 구조에만 한정하기보다, 그 구조를 욕망하고 유지해 온 개인의 청지기 의식 부재를 함께 직시할 필요가 있습니다. 바로 이 지점에서 정재영 교수의 분석이 중요성을 갖습니다.

정재영은 '가나안 성도' 현상의 핵심 원인으로 '개인주의적 신앙 성향의 강화'와 더불어 '교회의 역할 부재'를 지적합니다. 그는 한국 교회가 비신자를 개종시키고 구원의 확신을 심어주는 초급 수준의 양육에는 비교적 능하지만, 일단 신자가 된 이후 그들의 신앙을 심화하고 확장하는 '성숙한 신앙 교육'에는 실패하고 있다고 진단합니다. 또한, 교회가 신자들의 다양한 신앙적 질문과 고민에 답을 제공하지 못하고, 획일적인 신앙을 강요함으로써 이들의 종교적 필요를 충족시키지 못하는 현실이 가나안 현상을 확산시켰다고 분석합니다 (정재영, 2023).

두 학자의 분석을 종합하면, **'신앙 난민'** 현상은 교회가 외형적 성장에 치중한 나머지, 성도 개개인을 삶의 모든 영역에서 하나님의 주권을 인정하는 온전한 '청지기'로 세우는 본질적 사명을 소홀히 한 필연적 결과임을 명확히 알 수 있습니다. 따라서 다음 장에서는 이러한 위기를 극복하고 한국 교회의 미래를 열기 위한 청지기의 구체적인 소명과 역할에 대해 깊이 있게 탐구하고자 합니다.

3. AI 시대, 청지기의 소명과 역할: 구체적 실천 방안

청지기 역할의 구분과 핵심 역량

AI 시대에 한국 교회가 청지기적 사명을 효과적으로 감당하기 위해서는, 그 역할을 보다 구체적이고 체계적으로 이해할 필요가 있습니다. 교회 공동체 내에서 청지기의 역할은 개인, 소그룹, 그리고 교회 리더십이라는 세 가지 차원으로 나누어 살펴볼 수 있습니다. 이들은 각기 다른 위치에서 고유한 역할을 수행하지만, 궁극적으로는 하나님께서 맡기신 자원을 효과적으로 관리하고 공공선을 실현하며 공동체의 사명을 완수한다는 공동의 목표를 향해 유기적으로 연결되어야 합니다.

이 모든 역할의 근간에는 청지기가 반드시 갖추어야 할 핵심 역량이 있습니다. 신학자 아이작 보아헹(Isaac Boaheng)은 다니엘 6장 1-4절에 나타난 다니엘의 모습을 통해 **AI 시대를 살아가는 그리스도인 청지기가 갖춰야 할 네 가지 필수 덕목**을 통찰력 있게 제시합니다. 다니엘은 바벨론이라는 이질적인 환경 속에서도 하나님 앞에서 충성됨으로 그 어떤 허물도 찾아볼 수 없었습니다. 그의 삶은 오늘날의 청지기들에게 깊은 영감을 줍니다.

> "이에 총리들과 고관들이 국사에 대하여 다니엘을 고발할 근거를 찾고자 하였으나 아무 근거, 아무 허물도 찾지 못하였으니 이는 그가 충성되어 아무 그릇됨도 없고 아무 허물도 없음이었더라." (다니엘 6:4)

보아헹은 이 구절을 바탕으로 **청지기의 핵심 역량을 ① 책임성 (Accountability), ② 신실성 (Faithfulness), ③ 진실성 (Integrity), ④ 탁월성 (Excellence)으로 정리**했습니다 (Boaheng, 2022).

이 네 가지 요소는 AI 기술이라는 강력한 도구를 다루는 현대 그리스도인들이 자신의 소명을 감당하는 데 있어 반드시 내면화해야 할 윤리적, 영적 기준이 됩니다. 책임성은 자신의 행동과 그 결과에 대해 하나님과 공동체 앞에 투명하게 응답하는 자세를, 신실성은 변함없이 하나님의 뜻을 따르는 충성심을, 진실성은 말과 행동이 일치하는 정직함을, 그리고 탁월성은 맡겨진 일을 최선을 다해 수행하여 최상의 결과를 내는 전문성을 의미합니다. 이 역량들을 바탕으로 각 차원에서의 청지기 역할을 구체적으로 살펴보겠습니다.

개인 청지기의 역할: 총체적 삶으로의 확장

전통적으로 한국 교회 내에서 '청지기'라는 개념은 주로 십일조와 같은 재정적 헌신이나 교회 봉사와 같은 특정 활동에 국한되어 이해되는 경향이 있었습니다. (김철영, 2018) 이 지적처럼, 교회는 다양한 이름의 헌금을 통해 물질적 기여를 강조하고, 이를 교인들의 충성심을 측정하는 척도로 삼는 편향된 교육을 운영해왔습니다 (지창현, 2017, 김철영의 관점 인용).

이러한 접근은 성도들의 신앙을 교회 안의 활동으로 제한하고, 삶의 대부분을 차지하는 일상과 직업의 영역을 신앙과 무관한 세속의 영역으로 분리시키는 심각한 이원론적 신앙관을 낳았습니다. 그러나 AI 시대의 청지기 역할은 이러한 편협한 관점을 넘어서는 **'총체적 삶'으로의 확장**을 요구합니다.

신학자 스캇 로딘 (R. Scott Rodin)은 그의 저서 『청지기 리더』에서 청지기 의식이란 하나님이 우리에게 맡기신 '모든 것'을 관리하는 것이라고 강조합니다. 이는 단순히 재정을 넘어 시간, 재능, 관계, 환경, 그리고 우리의 몸과 마음까지 포함하는 전인격적이고 포괄적인 개념입니다 (Rodin, 2010, as cited in FaithGPT).

AI 시대에 이러한 총체적 청지기 의식은 더욱 구체적인 적용점을 갖습니다. 예를 들어,

- **시간 청지기**: AI 도구를 활용해 업무 효율을 높여 확보된 시간을 가족과의 관계, 이웃을 위한 봉사, 영적 성장을 위해 사용하는 것입니다.
- **재능 청지기**: 자신의 전문 분야에 AI 기술을 접목하여 사회 문제를 해결하고, 새로운 가치를 창출하며 하나님의 창조 사역에 동참하는 것입니다.

- **관계 청지기**: 디지털 소통이 일상화된 시대에 온라인 공간에서도 진실하고 사랑이 담긴 언어를 사용하며, AI 챗봇이나 알고리즘이 줄 수 없는 깊이 있는 인격적 교제를 나누는 것입니다.
- **정보와 데이터의 청지기**: 가짜뉴스와 정보의 홍수 속에서 진실을 분별하고 공유하며, 자신의 디지털 발자국(digital footprint)과 개인정보를 책임감 있게 관리하는 것입니다.

결론적으로, 개인 청지기의 역할은 더 이상 교회 안에서의 헌신에 머물지 않습니다. 그것은 삶의 모든 순간, 모든 선택에서 하나님의 뜻을 구하고, 주어진 모든 자원을 활용하여 이 땅에서 하나님의 나라를 실현해 나가는 총체적인 삶의 방식이 되어야 합니다. 이것이 바로 AI 시대에 요청되는 진정한 청지기의 모습입니다.

소그룹 공동체 청지기의 역할: 세상 속으로 나아가는 플랫폼

소그룹은 개인의 신앙을 공동체적으로 구체화하고, 교회의 청지기적 사명을 세상 속에서 실천하는 가장 효과적인 플랫폼이 될 수 있습니다. 이상적인 소그룹은 단순한 성경공부나 친교 모임을 넘어, 구성원들이 각자의 소명을 확인하고 자원과 재능을 모아 공동의 선을 이루는 '**미셔널 플랫폼**(Missional Platform)'으로 기능해야 합니다.

이러한 모델의 성공적인 사례로 미국의 윌로우 크릭 커뮤니티 교회(Willow Creek Community Church)를 들 수 있습니다.

그들의 봉사 팀은 **"하나님께서 일하시는 것을 목격하고, 빈곤과 불의에 맞서 싸우는 우리의 글로벌 파트너들과 함께 봉사하며, 풍요롭고 의미 있는 관계를 구축할 기회를 제공한다"** 는 명확한 비전을 가지고 있습니다. 또한 지역 봉사에 대해서도 **"우리는 하나님과 함께 지속 가능하고 장기적이며 총체적인 변화를 창조하여 희망과 존엄성을 회복하는 일에 동참한다"** 고 선언합니다 (Willow Creek Community Church, n.d.).

이처럼 명확한 목표 설정, 지속성, 그리고 총체적 접근은 그들의 사역이 사회에 긍정적인 영향력을 미치는 핵심 동력입니다. 반면, 한국 교회의 많은 봉사 활동은 일회성 행사나 교회 홍보 수단에 그쳐 사회로부터 진정성을 인정받지 못하는 경우가 많습니다. 무관심한 사회적 반응의 원인으로는 활동의 연속성 부족, 봉사 대상자와의 소통 부재, 그리고 보여주기식 접근 등을 꼽을 수 있습니다. 이러한 한계를 극복하기 위해 한국 교회의 소그룹은 윌로우 크릭 교회의 사례처럼 명확한 청지기적 소명의식을 바탕으로 운영될 필요가 있습니다.

AI 기술은 소그룹이 미셔널 플랫폼으로 기능하는 데 강력한 도구가 될 수 있습니다. 예를 들어,

- **문제 발굴 및 분석**: AI 데이터 분석을 통해 지역 사회가 직면한 실제적인 문제 (예: 독거노인 고립, 청소년 우울증, 환경오염)를 객관적으로 파악하고, 가장 시급한 필요를 발견할 수 있습니다.
- **자원 연결 및 협력**: AI 기반 플랫폼을 활용하여 소그룹 구성원들의 재능과 자원을 체계적으로 관리하고, 지역 사회의 필요와 가장 적합한 봉사자를 연결할 수 있습니다. 또한 지역 내 다른 비영리 단체나 공공기관의 협력 기회를 모색할

수 있습니다.

- **프로젝트 기획 및 실행**: '시드 머니 (Seed Money)'와 같은 소규모 예산을 지원하여, 소그룹이 AI를 활용해 자율적으로 지역 사회 문제 해결 프로젝트를 기획하고 실행하도록 독려할 수 있습니다. 예를 들어, AI 챗봇을 개발하여 이주민에게 한국 생활 정보를 제공하거나, AI 영상 제작 툴을 이용해 환경 보호 캠페인 영상을 만드는 식입니다.

결론적으로, 소그룹은 각 개인이 가진 청지기적 정체성을 공동체 안에서 확인하고, 함께 소명을 실천하는 장이 되어야 합니다. 교회가 이러한 소그룹들을 체계적으로 지원하고 양육할 때, 교회는 비로소 세상 속에서 구체적인 변화를 만들어내는 청지기 공동체로 바로 설 수 있을 것입니다. 그리고 이러한 소그룹을 교육하고 방향을 제시하는 책임은 궁극적으로 교회 리더십과 목회자에게 있습니다.

교회 리더십과 목회자의 청지기 역할: 방향을 제시하는 목자

교회 리더십 그룹과 목회자는 청지기 공동체의 방향을 설정하고 그 성패를 좌우하는 결정적인 역할을 수행합니다. 이들은 단순히 조직을 관리하는 행정가를 넘어, 교회의 비전과 사명을 하나님의 뜻에 맞춰 수립하고, 맡겨진 인적·물적 자원을 가장 효과적으로 배분하며, 성도 한 사람 한 사람을 온전한 청지기로 세워나갈 막중한 책임을 지닌 영적 리더입니다.

사도 바울이 영적 아들 디모데에게 **"너는 배우고 확신한 일에 거하라... 성경은 능히 너로 하여금 그리스도 예수 안에 있는 믿음으로 말미**

암아 구원에 이르는 지혜가 있게 하느니라"(딤후 3:14-15)고 권면했듯이, 오늘날의 교회 리더들 역시 급변하는 세상 속에서 변치 않는 하나님의 말씀 위에 굳건히 서야 합니다. 특히 AI 기술이 사회 전반의 패러다임을 바꾸는 지금, 리더들은 이러한 변화의 본질을 신학적으로 깊이 통찰하고, 교회가 시대적 사명을 완수하도록 지혜롭게 이끌어야 할 책임이 있습니다.

AI 시대의 교회 리더십은 기술과의 협력을 통해 교회의 미래를 향한 전략적 방향을 제시해야 합니다.

AI 시대에 교회 리더십에게 요구되는 청지기적 역할은 다음과 같이 구체화될 수 있습니다.

- **신학적 방향 제시자 (Theological Guide)**: AI 기술이 제기하는 다양한 윤리적, 신학적 질문(예: 인간의 정의, 창조성, 책임)에 대해 성경적 답변을 제시하고, 성도들이 기술을 신앙의 관점에서 분별하고 사용하도록 교육해야 합니다. 이를 위해 리더 스스로가 AI에 대한 깊은 이해와 신학적 통찰력을 갖추기 위해 끊임없이 학습해야 합니다.
- **전략적 비전가 (Strategic Visionary)**: 교회의 현재 상황을 냉철하게 분석하고, AI 시대의 기회와 위협을 고려하여 교회가 나아갈 장기적인 비전과 사명을 수립해야 합니다. 이는 단순히 현상 유지를 넘어, 미래 사회의 필요에 응답하는 새로운 사역 모델을 창출하는 것을 포함합니다.
- **자원 배분 책임자 (Resource Allocator)**: 교회의 인적, 물적, 재정적 자원을 수립된 비전과 전략에 따라 가장 효과적으로 배분해야 합니다. 특히 AI 기술 도입과 활용

을 위한 예산을 확보하고, 관련 인재를 양성하거나 외부 전문가와 협력하는 시스템을 구축하는 것이 중요합니다.
- **윤리적 파수꾼 (Ethical Guardian)**: 교회 내에서 AI 기술이 오용되거나 남용되지 않도록 윤리적 가이드라인을 마련하고, 그 준수 여부를 감독해야 합니다. 데이터 프라이버시 보호, 알고리즘의 공정성 확보, AI 생성 콘텐츠의 출처 명시 등 구체적인 정책을 수립하고 실행해야 합니다.

결론적으로, **교회 리더십과 목회자는 AI라는 거대한 파도 앞에서 방향을 잃지 않도록 교회를 지키는 닻이자, 새로운 가능성의 바다로 항해하도록 이끄는 선장**입니다. 이들의 청지기적 리더십이 어떻게 발휘되느냐에 따라 한국 교회의 미래가 결정될 것입니다. 따라서 다음 장에서는 이러한 리더십이 구체적으로 갖추어야 할 역량, 즉 **'전략 기획 전문가'**로서의 자질에 대해 심도 있게 논의하고자 합니다.

4. 미래를 여는 리더십: AI 시대 교회 리더, 전략 기획 전문가 되라

전략 기획의 필요성과 방법론

AI 시대의 불확실성 속에서 교회가 표류하지 않고 목적지를 향해 나아가기 위해, 교회 리더에게 가장 시급하게 요구되는 역량은 바로 **'전략 기획**(Strategic Planning)**'** 능력입니다.

목회 컨설턴트인 오브리 말퍼스(Aubrey Malphurs)는 그의 저서 『고급 전략 기획』에서 전략 기획을 **"교회가 미래에 어떤 모습이 되고 싶은지, 그리고 어떻게 그곳에 도달할 것인지를 결정하는 체계적인 과정"**으로 정의합니다 (Malphurs, 2013).

이는 더 이상 목회자의 개인적인 경험이나 직관, 혹은 과거의 관행에 의존하는 방식으로는 급변하는 시대를 감당할 수 없음을 의미합니다. 전략 기획은 교회가 사명과 목표에 집중하고, 한정된 자원을 가장 효과적으로 사용하며, 장기적인 건강성을 확보하기 위한 필수적인 과정입니다.

말퍼스는 성공적인 전략 기획이 다음 네 가지 핵심 질문에 대한 답을 찾는 과정이라고 설명합니다:

- **우리는 누구인가?** (Who are we?): 교회의 고유한 정체성, 핵심 가치, 그리고 하나님께서 주신 사명을 명확히 정의하는 단계입니다. 이는 모든 전략의 출발점이자 기준이 됩니다.
- **우리는 지금 어디에 있는가?** (Where are we now?): 교회의 현재 상황을 객관적으로

분석하는 단계입니다. 교인 구성, 재정 상태, 사역의 강점과 약점, 그리고 외부 환경의 기회와 위협 (SWOT 분석)을 냉철하게 평가해야 합니다.
- **우리는 어디로 가고 싶은가? (Where are we going?)**: 하나님의 인도하심을 구하며 교회가 나아가야 할 미래의 비전을 구체적으로 설정하는 단계입니다. 이 비전은 구성원 모두가 공감하고 함께 꿈꿀 수 있을 만큼 명확하고 영감을 주어야 합니다.
- **어떻게 그곳에 도달할 것인가? (How will we get there?)**: 설정된 비전을 달성하기 위한 구체적인 전략, 우선순위, 실행 계획 (Action Plan), 그리고 성과 측정 지표(KPI)를 수립하는 단계입니다.

이러한 체계적인 프레임워크를 통해 교회 리더는 막연한 구호나 감상적인 기대를 넘어, 교회의 미래를 향한 실질적이고 실행 가능한 로드맵을 그릴 수 있습니다. AI 기술은 이 과정에서 데이터 분석을 통한 정확한 현황 진단, 미래 예측 시뮬레이션, 효율적인 자원 관리 등을 지원하며 전략 기획의 정확성과 효과성을 크게 향상시키는 강력한 도구가 될 수 있습니다.

청지기 리더십 관점의 통합: CEO를 넘어 청지기로

그러나 교회의 전략 기획은 세속 기업의 경영 전략과 근본적인 차이를 갖습니다.

스캇 로딘 (R. Scott Rodin)은 말퍼스의 주장에서 한 걸음 더 나아가, **교회의 모든 전략 기획 과정이 '청지기 리더십 (Steward Leader)'의 관점에서 이루어져야 한다고** 강력하게 주장합니다 (Rodin, 2010).

기업의 CEO가 주주 이익 극대화를 최우선 목표로 삼는다면, 교회의 청지기 리더는 모든 자원의 궁극적 소유주가 하나님이심을 인정하고, 그분의 뜻을 이루는 것을 최우선 목표로 삼아야 합니다.

로딘은 청지기 리더가 전략을 수립하고 의사결정을 내릴 때 반드시 우선해야 할 다섯 가지 원칙을 제시합니다. 이는 세속적 리더십과 구별되는 청지기 리더십의 핵심입니다.

- **하나님의 뜻에 따른 의사 결정**: 모든 결정은 성경적 원리와 기도를 통해 하나님의 뜻을 분별하는 과정에 근거해야 합니다. 인간의 지혜나 데이터 분석 결과가 최종 권위가 될 수 없습니다.
- **투명성과 책임성**: 재정 관리, 주요 의사 결정 과정 등 교회의 모든 운영은 공동체 앞에 투명하게 공개되어야 하며, 그 결과에 대해 하나님과 공동체 앞에 책임을 져야 합니다.
- **섬김의 태도**: 리더는 권위를 주장하며 군림하는 자리가 아니라, 예수 그리스도를 본받아 공동체를 섬기고 그들의 성장을 돕는 자리임을 명심해야 합니다.
- **영적 성장의 촉진**: 모든 사역 계획과 자원 배분의 궁극적인 목적은 교인 수 증가나 건물 확장이 아니라, 개인과 공동체의 영적 성숙에 맞추어져야 합니다.
- **장기적 관점**: 단기적인 성과나 가시적인 성공에 연연하지 않고, 하나님 나라의 영원한 가치를 추구하며 인내심을 가지고 사역을 이끌어가야 합니다.

결국 AI 시대의 교회 리더는 데이터 분석과 미래 예측에 능한 '전략가'인 동시에, 모든 것을 하나님의 관점에서 바라보는 신실한 '청지기'여야 합니다. 기술의 효율성과 신앙의 본질, 전략적 사고와 영적 분별력 사이에서 균형을 잡는 것, 이것이 바로 미래 교회를 이끌 리더에게 주어진 가장 큰 도전이자 소명입니다.

결론 및 다음 장 예고

지금까지 우리는 AI 시대에 교회가 직면한 위기를 진단하고, 이를 극복하기 위한 대안으로 **'AI 기술과 성경적 청지기 의식의 통합'**이라는 새로운 패러다임을 제시했습니다. 또한 개인, 소그룹, 리더십이라는 세 가지 차원에서 청지기의 구체적인 역할과 소명을 탐구했으며, 특히 **교회 리더에게는 '전략 기획 전문가'로서의 역량과 '청지기 리더십'의 자세가 동시에 요구됨**을 확인했습니다. AI 시대 교회의 미래는 이처럼 각자의 자리에서 청지기의 소명을 다하는 성도들과, 이들을 유기적으로 연결하고 방향을 제시하는 리더십의 협력에 달려 있습니다.

이러한 청지기적 삶은 교회 공동체 안에만 머물러서는 안 됩니다. 청지기들은 **각자가 살아가는 삶의 현장, 즉 가정, 직장, 사회의 다양한 영역에서 하나님의 대리인으로서 긍정적인 영향력을 발휘해야 할 사명**이 있습니다. 따라서 다음 장에서는, 이러한 청지기 리더십이 교회 밖, 즉 정치, 경제, 문화, 구제 등 사회의 구체적인 영역에서 어떻게 실천될 수 있는지 실제 사례들을 통해 심도 있게 탐구해 나갈 것입니다. 이를 통해 교회가 어떻게 세상의 빛과 소금으로서의 역할을 회복하고, 하나님 나라를 이 땅에 확장해 나갈 수 있는지에 대한 구체적인 청사진을 제시하고자 합니다.

"AI 시대 교회의 미래는 각자의 자리에서 청지기의 소명을 다하는 성도들과, 이들을 유기적으로 연결하고 방향을 제시하는 리더십의 협력에 달려 있습니다"

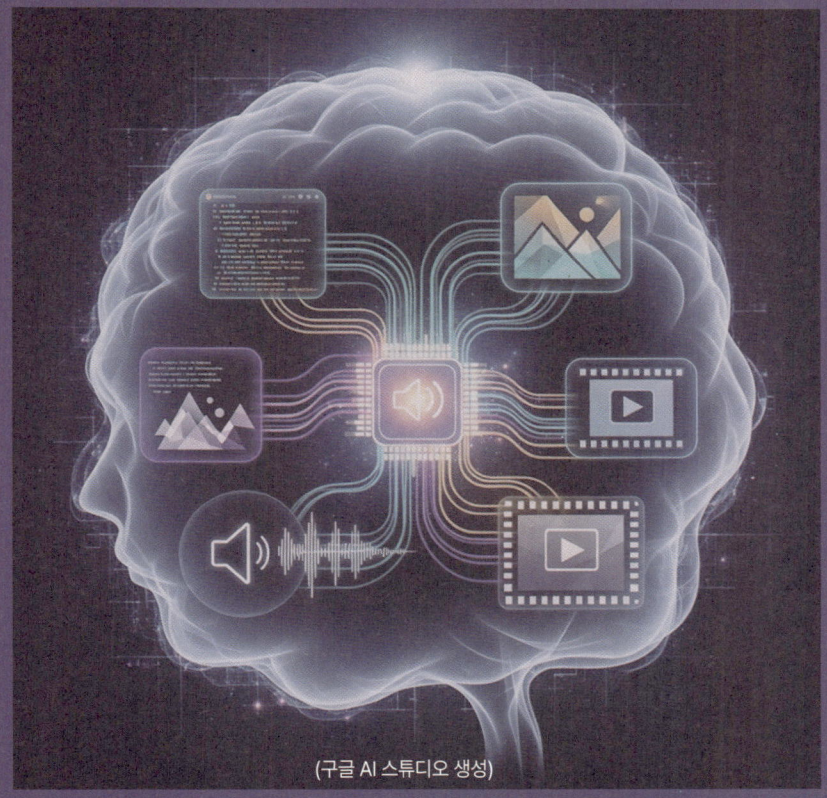

(구글 AI 스튜디오 생성)

AI 시대, 청지기의 길을 묻다

CHAPTER 04

AI 융합 청지기: 지속가능 블루프린트

서문: AI 시대, 지속가능 블루프린트를 찾아서

1. AI 기술의 발전 속도와 미래 전망 심층 분석

2. AI 기술의 양면성: 기독교 윤리적 성찰과 책임

3. 지속 가능한 관리 개념 적용 성공 사례 분석

4. AI 융합 청지기 블루프린트: 교회를 위한 실천적 프레임워크

CHAPTER **04**

AI 융합 청지기: 지속가능 블루프린트

AI 시대에 교회가 지향해야 할 리더십 모델과 구체적인 실행 전략을 제시할 필요가 있습니다. 이는 추상적인 논의를 넘어, 한국 교회가 직면한 위기를 극복하고 미래를 준비하기 위한 새로운 유형의 기독 인재상이 요구됩니다. AI 기술을 이해하고 선용할 뿐만 아니라, 깊은 신앙과 윤리적 분별력을 구비한 리더, 즉 '융합된 새 사람'을 양육하는 것입니다.

서문: AI 시대, 지속가능 블루프린트를 찾아서

인공지능(AI) 시대의 도래는 한국 교회에 본질적인 질문을 던지며, 이는 위기인 동시에 새로운 기회로 작동 중입니다. 앞선 논의에서 우리는 AI 시대에 교회가 하나님의 문화명령을 지속 가능하게 수행하기 위해 '성경적 청지기 의식'이 얼마나 중요한지를 신학적으로 탐구했습니다. 본 챕터는 이러한 신학적 토대 위에서, **AI 기술을 교회의 사명과 지속가능한 관리 모델에 실제적으로 통합하는 청사진을 제시**하고자 합니다.

기술을 단순히 효율성을 높이는 도구로만 보는 시각을 넘어, 교회의 본질적 사명인 예배, 교육, 선교, 봉사를 강화하고 사회적 책임을 확장하며, 지속가능한 미래를 구축하는 **'AI 융합 청지기 (AI Convergence Steward)' 모델이 "왜, 필요한가?"** 그 청사진을 보다 선명하게 그려낼 것입니다.

> 이는 기술 발전과 신앙적 가치를 조화롭게 통합함으로써, 교회가 복잡한 현대 사회 속에서 빛과 소금의 역할을 더욱 충실히 감당할 수 있는 길을 모색하는 과정입니다 (문화선교연구원, 2025).

이를 위해 본 챕터는 먼저 청지기 리더십의 사회적 적용 모델로서 성공적인 사회적 기업 사례를 분석하고, AI 기술이 의료, 교육, 환경 등 다양한 영역에 미치는 영향과 윤리적 딜레마를 기독교적 관점에서 성찰할 것입니다. 이어서 AI 기술과 청지기 리더십을 통합하기 위한 구체적이고 실천적인 **'지속가능 블루프린트'**를 단계별로 제시하며, 궁극적으로 AI 시대가 요구하는 **'융합된 새 사람'** 모델을 통해 교회가 나아가야 할 방향을 구체화하는데 역점을 두고자 합니다.

1. AI 기술의 발전 속도와 미래 전망 심층 분석

AI 기술 급진전: 인간과 유사한 인지 능력 "특이점" 도달

AI 기술은 최근 급속도로 발전하고 있으며, 그 속도는 더욱 가속화될 것으로 예상됩니다. 특히 딥러닝, 머신러닝, 자연어 처리, 컴퓨터 비전과 같은 분야에서 혁신적인 기술이 등장하면서 AI는 인간과 유사한 인지 능력을 갖추는 데 더욱 가까워지고 있습니다. 어떤 이들은 이미 특정 영역에서 인간의 능력을 뛰어넘었다고 주장하기도 합니다.

에비덴 (Eviden) 은 AI 기술의 발전 속도에 대해 다음과 같이 언급했습니다. "인공지능 분야는 급격한 가속화를 보였습니다. 딥러닝 및 신경망과 같은 핵심 기술은 하드웨어 (GPU) 발전과 빅데이터 가용성에 힘입어 성숙했습니다. **딥러닝**: 신경망으로도 알려진 딥러닝은 원시 데이터로부터 자동으로 학습하는 여러 계층을 가진 머신러닝 모델을 포함합니다. 이는 이미지 및 음성 인식과 같은 작업을 크게 개선했습니다. **자연어 처리 (NLP)**: GPT 및 BERT와 같은 기술은 기계가 인간 언어를 이해하고 생성하는 방식을 혁신했습니다" (Eviden, 2024).

전문가들은 AI가 의료, 교육, 금융, 제조, 서비스 등 다양한 분야에서 더욱 광범위하게 활용될 것이라고 예측합니다. 니콜 하틀리 (Nicole Hartley) 는 "2030년까지 공공 및 민간 부문뿐만 아니라 개인에 의한 AI 도구 채택이 크게 증가할 것"이라고 예측했습니다. 또한 "의료 서비스가 모든 데이터 소스에 접근하고 통합할 수 있다면, 이전에는 불가능했던 수준으로 인구와 개인 모두를 이해할 수 있는 능력을 갖게 될 것입니다"라고 덧붙였습니다 (UQ Business School, n.d.).

AI 기술 발전이 사회에 미치는 영향에 대해서는 다양한 견해가 있습니다. AI가 인간의 일자리를 대체하고 사회 불평등을 심화시킬 것이라는 우려를 제기하는 목소리도 있습니다. 반면, AI가 인간의 창의성과 생산성을 향상시키고 새로운 경제 성장을 이끌 것이라는 높은 기대감도 존재합니다. AI 기술의 미래는 여전히 불확실하지만, AI가 인류의 미래를 결정할 핵심 기술이라는 점은 분명합니다.

테크UK (techUK) 는 AI의 잠재력을 다음과 같이 전망합니다. "미래의 업무는 AI 기반이 될 것입니다. 직장에서 AI와 같은 기술과 함께 일하는 것은 이메일을 사용하는 것만큼이나 일반적인 일이 될 것입니다. 일부 조직에서는 이미 그렇습니다" (TechTarget, 2023).

AI 기술의 발전은 특이점 이론 (Singularity Theory) 과 같은 미래 전망과 교차하며 더욱 주목받고 있습니다. 특이점 이론은 AI가 인간 지능을 초월하는 초지능 (Superintelligence) 으로 진화하는 시점을 예측하며, 이는 인류 역사에 전례 없는 변화를 가져올 것으로 예상됩니다. 보스트롬 (Bostrom, 2014) 은 **"초지능의 출현은 인류에게 유토피아를 가져올 수도 있지만, 인류의 존재를 위협하는 재앙이 될 수도 있다"** 고 경고했습니다. 그는 초지능을 "폭탄"에 비유하며 인류가 이를 다룰 준비가 되어 있지 않다고 지적했습니다. 이는 초지능이 인류에게 재앙이 될 수 있다는 그의 우려를 잘 보여줍니다.

커즈와일 (Kurzweil) 은 그의 저서 『특이점이 온다 (The Singularity is Near)』에서 **"기술 발전 가속화의 법칙에 따라 특이점은 2045년경에 도래할 것"** 이라고 예측했습니다. 이 특이점 이론은 AI 기술의 잠재력과 미래에 대한 기대를 높이는 동시에, AI가 인간이 통제할 수 없게 될 수 있다는 불안감을 야기합니다 (Kurzweil, 2005).

특이점 이론을 기독교적 관점에서 볼 때, 한국 교회는 AI 기술을 인간의 번영을 위한 도구로 활용하는 동시에, AI 기술이 하나님의 창조 질서를 침해하지 않도록 경계해야 합니다. 그러나 이를 위한 방법론은 아직 초보적인 수준에 머물러 있습니다. **그럼에도 불구하고 교회는 미래를 준비하고 아낌없이 투자해야 합니다. 궁극적으로 그 투자는 '사람을 개발하는 것'**이어야 하며, **특히 다음 세대를 위한 다양한 방법론적 고려가 필요**합니다. 심층적인 연구와 분석을 통해 이 책은 이러한 필요를 다음과 같이 요약합니다.

AI 기술이 인간 사회에 미치는 영향:

딥러닝, 머신러닝, 자연어 처리, 컴퓨터 비전과 같은 분야에서 혁신적인 기술이 등장하면서 AI가 인간의 인지 능력을 모방하는 데 더욱 가까워지고 있거나, 심지어 이미 능가했다고 주장하는 전문가들의 특이점 이론이 제시됩니다. 반면, AI가 인간의 창의성과 생산성을 향상시키고 새로운 경제 성장을 이끌 것이라는 긍정적인 평가도 있습니다. 이러한 논의들을 종합적으로 고려할 때, **AI 기술의 미래는 여전히 불확실하지만, AI가 인류의 미래를 결정할 핵심 기술이라는 점은 분명**합니다.

AI 기술과 청지기 리더십의 진정한 통합:

AI 기술의 발전과 윤리적 가치 사이의 균형을 찾는 것은 한국 교회의 중요한 과제입니다. 이 과제를 해결하는 데 가장 중요한 것은, 앞서 논의했듯이, 성경적 청지기 의식으로 부름받은 사람입니다. 그들은 자연과 우주의 모든 것을 생명으로 채우고자 하는 하나님의 사랑을 실천하며, 모든 이론을 통합하여 **'새로운 사람'**이 되는 청지기들입니다.

AI 기술 발전이 가져올 미래 전망:

미래에 대한 불확실성은 특이점 이론으로 대표됩니다. 특이점 이론은 AI가 인간 지능을 초월하는 초지능으로 진화하는 시점을 예측하며, 이는 인류 역사에 전례 없는 변화를 가져올 것이라는 불안감을 야기합니다. 반면, AI가 인간의 창의성과 생산성을 향상시키고 새로운 경제 성장을 이끌 것이라는 높은 기대감도 있습니다. AI 기술의 미래는 여전히 불확실하지만, AI가 인류의 미래를 결정할 핵심 기술이라는 점은 분명합니다.

미래에 대한 불확실성과 두려움을 극복할 성경적 청지기 의식:

다양한 연구 분석을 통해 이 책은 청지기 리더십 원칙을 핵심 가치로 삼는 모델을 제시합니다. 이 모델은 **시대의 부르심을 받은 창조적인 인간형인 '새로운 사람'**이 됩니다. 즉, 자연과 우주의 모든 것을 생명의 충만함으로 채우고자 하는 하나님의 사랑을 실천하기 위해 **AI 기술과 청지기 리더십을 진정으로 통합하는 새로운 사람**인 것입니다. 한국 교회는 이러한 모델을 창출하고, 양육하며, 배양하는 '요람'으로 변화해야 합니다. 이러한 변화의 과정이 이 책의 주제인 **"한국 교회의 청지기 의식과 지속 가능한 패러다임 전환"**입니다.

다음 섹션에서는 하나님께서 인류에게 맡기신 창조 세계를 더 잘 관리하고 발전시키기 위한 도구인 AI 기술을 다루는 윤리적 관점에 대한 연구를 인간 사회에 미치는 AI 기술의 영향을 분석함으로써 수행할 것입니다. 동시에 AI 기술이 인간 소외, 불평등 심화, 환경 파괴와 같은 문제를 야기하지 않도록 방법론적 연구 및 분석을 수행하여 결과를 도출하고자 합니다.

AI 기술이 인간 사회에 미치는 영향에 대한 기독교적 성찰 제시

AI 기술이 인간 사회에 미치는 영향에 대한 기독교적 성찰은 기술 발전과 윤리적 가치 사이의 균형을 찾는 데 중요한 과제로 부상하고 있습니다. AI 기술은 인간의 삶을 개선하는 동시에 새로운 윤리적 도전을 제시하고 있으며, 이를 기독교적 관점에서 분석하는 것이 시급한 문제가 되었습니다. **AI 기술이 인간 사회에 미치는 영향에 대해서는 낙관론과 비관론이 공존**합니다. 낙관론자들은 AI가 인간 노동을 대체하여 생산성을 향상시키고, 질병, 빈곤, 환경 문제 등 인류가 직면한 다양한 문제를 해결하는 데 기여할 것이라고 주장합니다. 반면, 비관론자들은 AI가 대량 실업과 사회 불안정을 야기하고, 인간의 존엄성과 자유 의지를 위협할 수 있다고 경고합니다. 분야 전문가들의 경고는 다음과 같습니다:

하라리 (Harari) 는 그의 저서 『호모 데우스 (Homo Deus)』에서 **"AI 기술이 인간을 '불**

필요한 계층'으로 전락시킬 수 있다"고 경고하며, AI 기술의 잠재적 이점과 위험을 모두 논의하고 개발 및 사용에 있어 윤리적 고려와 사회적 합의의 필요성을 강조했습니다 (Harari, 2017).

비누에사 (Vinuesa) 는 AI 기술의 긍정적인 영향에 대한 관련 증거들을 검토한 후 다음과 같이 말했습니다: "AI는 모든 지속 가능한 발전 목표 (SDGs) 에 걸쳐 134개의 목표 (79%)에 대한 촉진자 역할을 할 수 있습니다. 이는 AI 기술이 지속 가능한 발전 목표 달성에 광범위하게 기여할 수 있음을 시사하지만, 동시에 AI 기술의 부정적인 영향에 대한 우려도 존재합니다" (Vinuesa et al., 2020).

IBM의 AI 윤리 보고서와 뮐러 (Mueller) 의 데이터에 따르면, "AI 시스템은 훈련 데이터에 존재하는 편향을 영속화하고 증폭시켜 채용, 대출, 형사 사법 등에서 불공정하거나 차별적인 결과를 초래할 수 있습니다" (IBM, 2023; Mueller, 2020).

에스테스 (Estes) 는 "교회는 기술을 사역의 도구로 받아들이면서도 관계 구축과 영적 성형에 초점을 맞춰야 한다. 이를 위해서는 전통적인 사역 방식과 디지털 도구의 의도적인 통합이 필요하다"고 강조합니다 (Estes, 2022).

결과적으로 AI 기술은 하나님께서 인류에게 맡기신 창조 세계를 더 잘 관리하고 발전시키기 위한 도구로 활용될 수 있습니다. 하지만 동시에 AI 기술이 인간 소외, 불평등 심화, 환경 파괴와 같은 문제를 야기하지 않도록 경계해야 합니다. AI 기술의 이러한 양면성에 대한 기독교적 성찰이 필요합니다.

미가서 6장 8절은 왜 기독교적 관점이 필요한지를 보여줍니다. **"사람아 주께서 선한 것이 무엇임을 네게 보이셨나니 여호와께서 네게 구하시는 것은 오직 정의를 행하며 인자를 사랑하며 겸손하게 네 하나님과 함께 행하는 것이 아니냐"**. 이는 사람들이 기술을 사용할 때 공정함과 사랑을 잊어서는 안 된다는 메시지를 전달합니다.

미가서 6장 8절 말씀은 오늘날 한국 교회에 시의적절한 메시지입니다. 이 메시지는 AI를 다루는 전문가들에게도 동등하게 적용되어야 합니다. 따라서 AI 기술 개발 및 활용에서 인간의 존엄성과 가치를 우선시하는 윤리적 접근이 필요하며, 이를 적용하는 핵심은 성경적 청지기 의식입니다. 이것이 이 책의 주장이며, AI 기술이 인간 사회에 미치는 영향에 대한 기독교적 성찰에도 초점을 맞춰야 합니다.

AI 기술이 인간 사회에 미치는 영향에 대한 기독교적 성찰의 기준을 간략하게 요약하면 다음과 같습니다:

- **윤리적 기준 확립**: 기술 개발 및 활용에 있어 기독교 윤리를 반영한 명확한 기준과 지침이 확립되어야 합니다. 이는 AI와 같은 기술이 인간의 존엄성과 권리를 보호하기 위해 필수적입니다.
- **교육 및 인식 제고**: 기술에 대한 올바른 이해를 증진하기 위한 교육이 필요합니다. 기독교 공동체와 일반 대중이 기술의 장단점 및 윤리적 쟁점을 이해하도록 돕는 프로그램이 필요합니다.
- **사회적 책임 강조**: 기술 기업과 개발자들이 사회적 책임을 다하도록 장려하는 문화가 필요합니다. 기술은 기독교적 사랑과 돌봄의 가치를 실천하는 방식으로 개발되고 활용되어야 합니다.

- **포괄성 및 접근성**: 모든 사람이 기술의 혜택을 누릴 수 있도록 보장하는 것이 중요합니다. 특히 소외 계층을 위한 기술 개발이 필요합니다.
- **지속 가능성**: 환경과 인류를 위한 지속 가능한 기술 개발이 필요합니다. 창조 세계를 보존하고 책임지는 기독교적 가치를 반영하는 방향으로 나아가야 합니다.

AI 기술이 인간 사회에 미치는 영향에 대한 기독교적 성찰은 로마서 12장 2절과도 맥을 같이합니다. **"너희는 이 세대를 본받지 말고 오직 마음을 새롭게 함으로 변화를 받아 하나님의 선하시고 기뻐하시고 온전하신 뜻이 무엇인지 분별하도록 하라."**

페이스GPT (FaithGPT) 의 한 블로그 게시물은 로마서 12장 2절을 AI와 관련하여 다음과 같이 해석하려고 시도합니다. **"그리스도인들이 AI 혁명을 헤쳐나갈 때, 우리는 '마음을 새롭게 함으로 변화를 받으라'** 는 바울의 말에 귀 기울여야 합니다 (로마서 12:2). 이 변화는 AI 기술을 비판적으로 이해하고, 그 윤리적 함의를 분별하며, 그것이 하나님의 뜻에 부합하는지 확인하는 것을 포함해야 합니다. 우리는 이 강력한 도구의 청지기로서, 하나님을 영화롭게 하고 타인을 섬기는 데 사용하되, 잠재적인 오용이나 우상화에 대해 경계해야 합니다" (FaithGPT, n.d.).

다음 섹션에서는 사회적 기업들이 수요 예측, 제품 설계, 에너지 관리 등에 AI를 활용하여 환경 영향을 성공적으로 줄이고 경제적 효율성을 높인 사례들을 살펴볼 것입니다. 그 후, AI 기술을 지속 가능한 관리 전략에 통합하여 기업 경쟁력 강화와 환경 보호라는 두 가지 목표를 동시에 달성하는 노하우를 분석할 것입니다. 그 결과는 한국 교회가 성경적 청지기 의식을 기반으로 AI 기술과 통합하기 위한 실질적인 방법으로 적용될 것입니다.

소유가 아닌 관리의 책임이 청지기에게 있다

청지기 정신이 실제 사회에서 어떻게 긍정적 변화를 이끌어내는지를 구체적 사례를 통해 분석하고, 교회가 벤치마킹할 수 있는 원리를 도출하는 것은 매우 중요한 사안입니다. **AI 시대로의 급속한 변화를 겪는 오늘날 교회에 있어서 엇보다 청지기로서의 사회 참여**는 단순히 의무가 아니라, 하나님이 맡기신 자원을 책임감 있게 관리하고 공동체 전체의 복지에 기여하는 핵심적인 사명과 연결되어 있기 때문입니다. 이 책에서 앞 쳅터에서 다뤘던 청지기 리더십의 신학적 기반은 모든 소유권이 궁극적으로 하나님께 있다는 인식에서 출발하고 있습니다.

스캇 로딘(Scott Rodin)은 그의 저서에서 **청지기 리더란 왕국을 발전시키기 위해 위임받은 자원을 관리하는 사람**이라고 정의하며, 이러한 원칙에 신실함과 정직함, 진실성을 가지고 임할 때 경제, 정치, 문화 등 사회의 다양한 영역에서 진정한 리더십을 구현할 수 있다고 강조했습니다 (Rodin, 2010).

따라서 청지기는 먼저 자신의 정체성을 확인하고 모든 소유권이 하나님께 있음을 인정한 후, 설정된 목표를 추구해야 합니다. 이러한 청지기 정신은 개인의 경건을 넘어 공동체와 사회 전체의 복지에 기여하는 사명으로 자연스럽게 확장됩니다.

사례 분석 1: 환경 및 재정적 지속가능성 (세인트 앤드류 성공회 교회)

펜실베이니아 루이스버그에 위치한 세인트 앤드류 성공회 교회 (St. Andrew's Episcopal Church)의 **태양광 패널 설치 프로젝트**는 성경적 청지기 의식이 어떻게 구체적인 사회적 변화를 이끌어낼 수 있는지를 명확히 보여주는 사례입니다.

이 교회는 52개의 태양광 패널을 설치하여 연간 약 4,000달러의 전기료를 절감하고, 태양광 재생 에너지 크레딧 (SRECs) 판매를 통해 약 1,000달러의 추가 수입을 예상했습니다 (Hendricks, 2023).

이 프로젝트는 단순히 재정적 문제를 해결하는 것을 넘어, 교회의 '창조 세계 돌봄 (Creation Care)'이라는 신학적 가치를 실천하고, 인플레이션 감축법(IRA)과 같은 정부 정책을 활용하여 지역 사회의 전력망 안정화에 기여하는 다차원적 성과를 거두었습니다 (America Is All In, 2023).

"펜실베이니아 시골 한가운데 있는 작은 교회가 기후 위기를 해결할 수는 없다는 것을 우리는 알고 있었습니다. 하지만 우리가 다른 100개의 교회를 도울 수 있다면… 기독교는 우리에게 희망을 주어야 합니다." – 매기 채픈 (Maggie Chappen), 교회 리더 (Hendricks, 2023)

이 사례는 작은 실천이 어떻게 공동체 전체로 확산될 수 있는지에 대한 강력한 증거를 제시합니다. 한 교회의 비용 절감은 미미할 수 있지만, 이러한 모델이 100개의 교회로 확산된다면 그 재정적, 환경적 파급 효과는 상당할 것입니다. 이는 교회가 청지기적 책임을 통해 재정적 자립도를 높이고, 동시에 지역 사회의 지속가능한 발전에 기여할 수 있음을 보여줍니다.

사례 분석 2: 혁신적 비즈니스 모델 (TOMS 슈즈)

사회적 기업은 이윤 창출과 사회 문제 해결을 동시에 추구하며, 이는 성경적 청지기 의식을 실천하는 중요한 모델이 될 수 있습니다.

탐스 슈즈 (TOMS Shoes)는 2006년 **'하나를 사면, 하나를 기부하는 (Buy-One-Give-One)' 모델**을 통해 시장에 진입했으며, 이 모델을 통해 현재까지 9,500만 켤레 이상의 신발을 개발도상국 어린이들에게 기부했습니다 (Hessekiel, 2021).

이 모델은 상업적 성공과 사회적 기여를 동시에 달성하며 목적 중심 마케팅의 대표적인 사례로 자리 잡았습니다.

사례 분석 3: 소 모양의 태양광 충전소 '솔라 카우 (Solar Cow)' 모델 (YOLK)

한국의 사회적 기업 'YOLK' 역시 청지기적 기업가 정신의 모범을 보여줍니다. YOLK는 **소 모양의 태양광 충전소인 '솔라 카우(Solar Cow)'**를 통해 개발도상국의 아동 노동 문제와 교육 기회 부재라는 복합적인 사회 문제를 창의적으로 해결하고 있습니다.

부모들이 아이들을 노동 대신 학교에 보낼 경우, 무료로 전기를 충전할 수 있는 시스템을 제공하는 것입니다 (SeoulZ, 2023).

YOLK의 장성은 대표는 **"단순히 제품을 기부하는 것이 아니라, 교육을 통해 삶 전체를 바꿀 수 있는 선순환 시스템을 만들고자 했다"**고 프로젝트의 목적을 설명했습니다.

핵심 원리 도출: 다니엘의 청지기 정신과 현대적 적용

앞서 분석한 성공 사례들은 지속가능한 성장 전략, 공동체 참여, 그리고 핵심 가치 실천이라는 공통점을 가집니다. 이러한 원리들은 구약성경 다니엘서 6장 1-4절에 나타난 다니엘의 청지기 정신과 깊이 연결됩니다. 다니엘은 이방 국가의 총리로서 자신의 직무를 수행함에 있어 **책임성 (accountability), 신실성 (faithfulness), 진실성 (integrity), 그리고 탁월성 (excellence)** 을 보여주었습니다. 그는 왕에게 손해가 없도록 국사를 처리했으며, 아무런 허물이나 그릇됨이 없이 충성되었습니다 (다니엘 6:4). 이러한 다니엘의 모습은 현대의 청지기들이 사회적 책임을 다하기 위해 갖추어야 할 핵심 덕목을 보여줍니다.

결론적으로, 교회는 이러한 청지기적 원칙을 바탕으로 AI 기술을 사회적 책임을 이행하는 도구로 활용할 수 있습니다. AI를 통해 **운영의 투명성을 높이고, 자원을 효율적으로 관리하며, 지역 사회의 필요를 정확히 파악하고 대응**함으로써, 교회는 다니엘과 같이 세상 속에서 신뢰받는 청지기로서의 사명을 감당할 수 있을 것입니다. 다음 장에서는 이러한 AI 기술의 구체적인 활용 방안과 그에 따르는 윤리적 과제를 심도 있게 탐구할 것입니다.

2. AI 기술의 양면성: 기독교 윤리적 성찰과 책임

AI 기술은 의료, 교육, 환경, 예술 등 사회 전반에 걸쳐 막대한 영향을 미치고 있으며, 이는 인류에게 전례 없는 기회와 함께 심각한 윤리적 딜레마를 동시에 안겨주고 있습니다 (Vinuesa et al., 2020). 기독교 윤리는 이러한 기술의 양면성을 직시하고, 인간의 존엄성과 창조 세계의 보존이라는 가치를 중심으로 책임 있는 활용 방안을 모색하는 데 중요한 신학적, 윤리적 틀을 제공합니다.

의료 분야: 생명을 살리는 도구와 윤리적 딜레마

- **기회**: 의료 분야에서 AI는 질병 진단의 정확성과 효율성을 획기적으로 높이는 잠재력을 지닙니다. AI 알고리즘은 방대한 의료 영상 데이터를 분석하여 인간 의사가 놓칠 수 있는 미세한 이상 징후를 발견하고, 개인의 유전 정보와 생활 습관 데이터를 기반으로 맞춤형 치료 계획을 제안함으로써 질병의 조기 진단율과 치료 성공률을 높일 수 있습니다 (Davenport & Kalakota, 2019). 이는 더 많은 생명을 구하고 의료 서비스의 질을 전반적으로 향상시키는, 생명 존중의 가치를 실현하는 강력한 도구가 될 수 있습니다.

- **도전과 윤리**: 그러나 AI의 의료 분야 도입은 심각한 윤리적 문제를 동반합니다. 특정 인종이나 사회 계층에 편향된 데이터로 학습된 AI는 의료 불평등을 심화시킬 수 있으며, 환자의 민감한 의료 정보가 유출되거나 오용될 프라이버시 침해의 위험도 큽니다 (IBM, 2023). 또

한, AI가 의사의 진단과 판단을 대체하게 되면서 의사와 환자 간의 인간적인 신뢰 관계가 약화되고, 생명에 대한 최종적인 책임 소재가 불분명해지는 문제가 발생할 수 있습니다.

- **기독교적 대안**: '네 이웃을 네 자신과 같이 사랑하라'(마태복음 22:39)는 기독교 윤리의 핵심 원칙은 의료 AI 개발에 있어 중요한 지침이 됩니다. 교회는 모든 사람에게 공평하고 자비로운 의료 서비스가 제공되도록, 데이터 편향을 최소화하고 프라이버시를 보호하는 기술 개발을 촉구해야 합니다. 또한, 기술이 인간의 존엄성과 생명의 가치를 최우선으로 존중하도록 윤리적 논의를 주도하며, 기술 개발자들에게 사회적 약자를 보호해야 할 책임을 상기시키는 예언자적 목소리를 내야 합니다.

교육 분야: 맞춤형 학습의 기회와 전인적 성장의 위기

- **기회**: 교육 분야에서 AI는 학생 개개인의 학습 속도와 수준에 맞춘 콘텐츠를 제공함으로써 교육 효과를 극대화할 수 있습니다. AI 기반 학습 플랫폼은 학생의 강점과 약점을 분석하여 맞춤형 학습 경로를 제시하고, 교사들이 행정적인 업무에서 벗어나 학생들과의 상호작용 및 개별 지도에 더 많은 시간을 할애하도록 도울 수 있습니다 (ACSI & Cardus, 2024).

- **도전과 윤리**: 반면, 고가의 AI 교육 솔루션은 교육 불평등을 심화시킬 수 있으며, 학생들이 AI에 과도하게 의존하여 비판적 사고 능

력과 문제 해결 능력이 저하될 위험이 있습니다. 또한, 교사의 역할이 단순한 지식 전달자로 축소되고, 학생과의 인격적인 관계 형성이 소홀해질 경우, 교육의 본질인 전인적 성장이 저해될 수 있습니다.

- **기독교적 대안**: 기독교 교육은 지식 전달을 넘어 인격과 영성의 성장을 목표로 합니다. 따라서 AI를 교육의 보조 도구로 활용하되, 교사와 학생 간의 관계 중심적 교육 철학을 굳건히 지켜야 합니다. 교회는 AI가 모든 학생에게 공평한 교육 기회를 제공하는 방향으로 사용되도록 사회적 관심을 촉구하고, 신앙 교육 콘텐츠 개발에 AI를 활용하여 궁극적으로 인간 교사와의 영적 교류를 심화시키는 데 기여해야 합니다.

환경 분야: 창조 세계 돌봄과 AI의 환경 발자국

- **기회**: AI 기술은 기후 변화 예측, 에너지 효율 최적화, 환경 오염 모니터링 등 '창조 세계 돌봄'의 사명을 이행하는 데 효과적으로 사용될 수 있습니다. AI는 방대한 환경 데이터를 실시간으로 분석하여 재난을 예방하고, 스마트 그리드를 통해 에너지 소비를 최적화하며, 생태계 보존 전략을 수립하는 데 기여할 수 있습니다 (Board of Innovation, n.d.; Vinuesa et al., 2020).

- **도전과 윤리**: 역설적이게도 AI 기술 자체는 막대한 양의 에너지를 소비하여 'AI의 환경 발자국 (environmental footprint)'이라는 새로운 문제를 야기합니다. AI 모델을 훈련하고 데이터 센터를 운영하는 데

필요한 전력 생산 과정에서 상당한 탄소 배출이 발생하며, 이는 환경 파괴를 가속화할 수 있습니다 (UMC Discipleship Ministries, 2025). 기술 개발이 상업적 이윤 추구에만 집중될 경우, 환경 보호보다 자원 착취를 심화시킬 위험도 존재합니다.

- **기독교적 대안**: 하나님이 창조하신 세계를 보존해야 할 청지기로서, 교회는 에너지 효율적인 **'지속가능한 AI (Sustainable AI)'** 개발과 활용을 강력히 촉구해야 합니다. 이는 단순히 기술을 사용하는 것을 넘어, 기술 개발의 방향 자체에 윤리적 목소리를 내는 예언자적 역할을 감당하는 것을 의미합니다. 교회는 AI 기술이 지구 환경을 파괴하는 것이 아니라 치유하고 회복하는 데 사용되도록 사회적 담론을 이끌어야 합니다.

예술과 창의성 분야: 창의성의 확장과 인간 고유성의 문제

- **기회**: 예술 분야에서 AI는 인간 예술가에게 새로운 영감을 제공하고, 창의적 표현의 경계를 확장하는 도구가 될 수 있습니다. AI는 그림, 음악, 문학 등 다양한 장르에서 인간과 협력하여 이전에 상상할 수 없었던 새로운 형태의 예술 작품을 탄생시킬 수 있습니다 (Boone, 2023).

- **도전과 윤리**: AI가 생성한 예술 작품의 창작 주체는 누구인지, 인간 예술가의 고유한 창의성과 노력이 정당하게 평가받을 수 있는지에 대한 근본적인 질문이 제기됩니다. 또한, 기존 작품을 학습하여 새

로운 작품을 생성하는 과정에서 발생하는 저작권 침해 문제는 복잡한 법적, 윤리적 쟁점이 됩니다.

- **기독교적 대안**: 기독교 신학은 예술을 '**하나님의 형상 (Imago Dei)**'을 반영하는 인간의 고유하고 신성한 활동으로 봅니다. 이러한 관점에서 교회는 AI가 인간의 창의성을 대체하거나 억압하는 것이 아니라, 오히려 더욱 풍성하게 하는 방향으로 사용되도록 윤리적 지침을 제시해야 합니다. 인간의 영혼과 경험이 담긴 예술의 가치를 옹호하며, 기술이 인간의 창조적 사명을 돕는 선한 도구로 자리매김하도록 이끌어야 할 책임이 있습니다.

AI, 전례 없는 기회인가, 심각한 위협인가?

AI 기술은 인류에게 전례 없는 기회를 제공하는 동시에, 오용되거나 무분별하게 발전할 경우 심각한 위협이 될 수 있는 뚜렷한 양면성을 지닙니다 (Christianity Today, 2025). 한편으로 AI는 질병 진단, 기후 변화 대응, 교육 격차 해소 등 인류의 난제를 해결할 잠재력을 품고 있습니다. 다른 한편으로는 대량 실업, 사회적 불평등 심화, 감시 사회 강화, 그리고 인간 존엄성 훼손과 같은 디스토피아적 미래를 초래할 수도 있습니다 (Goover.ai, 2025).

따라서 기독교 공동체는 이러한 양면성을 명확히 인식하고, 기술의 긍정적 잠재력을 극대화하면서 부정적 영향을 최소화할 수 있는 윤리적 원칙과 실천적 지혜를 제시해야 할 책임이 있습니다.

사회적 선 (Social Good) 증진 위한 도구로 적극 활용해야

AI 기술은 소외된 이웃을 돌보고 사회 정의를 실현하는 기독교적 사명을 구체적으로 구현하는 강력한 도구가 될 수 있습니다. 이는 미가서 6장 8절의 **"오직 정의를 행하며 인자를 사랑하며 겸손하게 네 하나님과 함께 행하는 것"**이라는 말씀을 기술 시대를 사는 우리가 어떻게 실천할 수 있는지 보여줍니다. 실제로 다양한 영역에서 AI는 사회적 선을 증진하는 데 활용되고 있습니다.

인도주의적 위기 대응 분야에서는 AI가 위성 이미지를 분석하여 재난 피해 지역을 신속하게 파악하고, 구호 활동의 효율성을 높이는 데 기여하고 있습니다 (Johns Hopkins Bloomberg School of Public Health, 2024). 또한, 인신매매와 아동 착취 문제 해결을 위해 설립된 비영리 단체 'Thorn'과 'Global Emancipation Network'는 AI 기술을 활용하여 온라인상의 착취 관련 데이터를 분석하고, 피해자를 식별하며, 법 집행 기관의 수사를 지원하는 데 실질적인 성과를 거두고 있습니다 (Veritone, 2024).

이러한 사례들은 AI가 가장 취약한 이들을 보호하고, 하나님의 공의를 세우는 일에 어떻게 사용될 수 있는지를 명확히 보여준다 할 수 있습니다. 이같이 창조 세계를 돌보는 청지기적 책임은 AI 시대를 맞아 더욱 중요해졌습니다. AI 기술은 인간의 존엄성 및 환경 보호와 지속가능한 발전을 위한 혁신적인 해결책을 제공할 수 있습니다.

한 연구에 따르면, AI는 유엔 (UN)의 17개 지속가능발전목표 (SDGs) 중 79%에 해당하는 134개 세부 목표 달성에 기여할 잠재력을 가지고 있습니다 (Vinuesa et al., 2020).

구글의 딥마인드 (DeepMind)는 AI를 통해 에너지 소비를 최적화하여 데이터 센터의 냉각 전력을 40%까지 절감했으며 (Board of Innovation, n.d.), 존디어 (John Deere)의 자회사인 블루리버 테크놀로지 (Blue River Technology)는 AI 기반 'See & Spray' 기술로 제초제 사용을 90%까지 줄이는 정밀 농업을 실현했습니다 (AI Magazine, 2023). 또한, 글로벌 소비재 기업 유니레버 (Unilever)는 AI를 공급망 관리에 도입하여 수요를 정확히 예측하고 폐기물을 줄임으로써 환경 발자국을 감소시키고 있습니다 (KPMG, 2024).

이러한 사례들은 교회가 AI 기술을 활용하여 에너지 효율을 높이고 (예: 교회 건물 태양광 패널 설치 및 AI 기반 에너지 관리 시스템 도입), 자원 낭비를 줄이며, 창조 세계 보존에 적극적으로 참여할 수 있는 구체적인 길을 제시합니다. Rainforest Connection의 '가디언' 장치는 AI를 활용해 불법 벌목이나 밀렵 소리를 실시간으로 감지하여 창조 세계를 보호하는 청지기적 사명에 기술이 어떻게 기여할 수 있는지를 보여준 사례라 할 수 있습니다.

3. 지속 가능한 관리 개념 적용 성공 사례 분석

이 섹션에서는 기업들이 AI 기술을 효과적으로 활용하여 지속 가능한 관리 목표를 달성하는 방법을 살펴보고, 한국 교회가 이러한 사례들로부터 무엇을 배울 수 있는지 탐구합니다. AI 기술은 이미 기업의 지속 가능한 관리 목표 달성에 중요한 역할을 하고 있습니다.

데이터 분석 및 예측 모델링을 통해 기업은 자원 효율성을 극대화하고, 공급망을 최적화하며, 고객에게 맞춤형 서비스를 제공함으로써 경쟁력을 강화할 수 있습니다. 특히, AI는 환경 영향을 최소화하고 탄소 발자국을 줄이는 전략을 수립하는 데 기여합니다 (Abid et al., 2023).

오늘날 국내외 다양한 기업들은 AI를 경영 방식에 통합하고 성공적인 사례들을 보고하고 있습니다. 이 책은 다양한 자료 연구 및 검토를 통해 이러한 AI 기술 활용 사례들을 통해 **한국 교회가 지속 가능성과 사회적 책임의 중요성을 인식할 필요성을 분석**합니다. 교회가 AI 기술 발전을 수용하고 이를 통해 공동체 복지와 환경 보호에 기여해야 하는 이유는 이전 장에서 강조된 주장과 연결됩니다.

다양한 기업 사례를 통해 본 AI 기술 활용: 지속 가능한 성장 목표 달성

AI 기술을 활용하여 지속 가능한 관리를 실천하는 다양한 기업 사례들을 살펴보면, 테스트웍스 (Testworks), 오픈Nyal (OpenNyAl), 레인포레스트 커넥션 (Rainforest Connection), 유니레버 (Unilever), 인터페이스 (Interface), 이케아 (IKEA) 가 주목할 만한 성과를 보여줍니다. 이러한 기업 사례들은 AI 기술이 지속 가능한 관리 목표 달성에 효과적으로 활용될 수 있음을 입증합니다.

테스트웍스 (TestWorks): 사회적 기업인 테스트웍스는 AI 데이터 가공 프로젝트를 통해 경력 단절 여성과 장애인에게 일자리를 제공함으로써 사회적 가치를 창출합니다. 이는 교회가 AI 기술을 활용하여 사회적 약자를 돕고 공동체 포용성을 높이는 데 기여할 수 있음을 보여줍니다. 교회는 AI 기반 교육 프로그램이나 자원봉사 활동 플랫폼을 개발하여 사회적 약자의 자립을 지원하고 사회 참여를 확대할 수 있습니다 (Ministry Data Institute, 2023).

오픈Nyal (OpenNyAI): 오픈Nyal은 AI 챗봇 '주갈반디 (Jugalbandi)'를 통해 인도의 빈곤층을 위한 정보 격차 해소에 기여하고 있습니다. 이는 교회가 AI 기술을 활용하여 정보 접근성을 높이고 사회 불평등을 해결하는 데 기여할 수 있음을 보여줍니다. 교회는 AI 기반 번역 시스템이나 교육 콘텐츠를 개발하여 다양한 배경을 가진 사람들에게 신앙 정보와 교육 기회를 제공할 수 있습니다 (Microsoft, 2024).

레인포레스트 커넥션 (Rainforest Connection): 레인포레스트 커넥션은 AI 기술을 사용하여 산림 생태계를 보호합니다. 이는 교회가 AI 기술을 활용하여 환경 문제 해결에 참여하고 창조 세계 보존 책임을 이행할 수 있음을 보여줍니다. 교회는 AI 기반 에너지 관리 시스템이나 환경 모니터링 시스템을 도입하여 교회의 탄소 배출량을 줄이고 환경 보호 활동에 참여할 수 있습니다 (Eroeun Net, n.d.).

유니레버 (Unilever): 유니레버는 AI를 사용하여 공급망 관리 및 제품개발 과정에서 지속 가능성을 향상시키고 있습니다. 이러한 사례들을 통해 교회는 AI 기반 자원 관리 시스템을 도입하여 교회 운영의 효율성을 높이고 낭비를 줄일 수 있습니다. 또한, AI 기반 분석 시스템을 활용하여 교인들의 필요를 이해하고 맞춤형 신앙 교육 프로그램을 제공할 수 있습니다 (Klein, 2024).

인터페이스 (Interface): 인터페이스는 AI 기반 디자인 시스템을 통해 친환경 카펫 타일을 개발했습니다. 이 사례를 참고하여 교회는 AI 기술을 활용하여 친환경적인 교회 시설을 구축하고 환경 보호에 기여할 수 있습니다. 예를 들어, AI 기반 에너지 관리 시스템을 도입하여 에너지 소비를 줄이고 친환경 건축 자재를 사용하여 교회 건물을 건설할 수 있습니다 (Interface, 2024).

이케아 (IKEA): 이케아는 AI 기반 에너지 관리 시스템을 통해 매장의 에너지 소비를 줄이고 있습니다. 이 사례를 통해 교회는 AI 기술을 활용하여 교회의 에너지 소비를 줄이고 탄소 배출량 감소에 기여할 수 있습니다. 또한, AI 기반 시설관리 시스템을 도입하여 교회 시설을 효율적으로 관리하고 유지 보수 비용을 절감할 수 있습니다 (IKEA, 2023).

이러한 기업 사례들의 핵심은 AI 기술이 기업의 지속 가능한 관리 실천에 중요한 역할을 할 수 있다는 것입니다. AI를 활용한 수요 예측, 제품 설계, 에너지 관리는 기업의 환경 영향을 줄이고 경제적 효율성을 높이는 데 기여합니다. 앞으로 더 많은 기업들이 AI 기술을 지속 가능한 관리 전략에 통합할 것으로 예상되며, 이는 기업 경쟁력 강화와 환경 보호라는 두 가지 목표를 동시에 달성하는 데 도움이 될 것입니다.

한국 교회는 AI 기술을 활용하여 지속 가능한 성장과 사회적 책임을 실현할 잠재력을

가지고 있습니다. AI 기반 교육 플랫폼을 통해 사회적 약자의 자립을 지원하고 (Ministry Data Institute, 2023), 다국어 번역 시스템으로 정보 접근성을 높여 불평등 해소에 기여할 수 있습니다 (Microsoft, 2024). 또한, AI 기반 에너지 관리 시스템을 도입하여 교회의 탄소 배출량을 줄임으로써 환경 보호에 앞장설 수 있습니다 (Eroeun Net, n.d.).

AI 기술을 사용하여 자원 관리를 최적화함으로써 교회는 운영 효율성을 높이고 절감된 비용을 사회 공헌 활동에 재투자할 수 있습니다. 이는 사회적 기업의 이윤 공유 모델과 유사한 접근 방식으로, 교회가 지역 사회의 지속 가능한 발전에 기여하는 주체로 자리매김하도록 할 것입니다. 나아가 AI 기반 분석을 통해 교인들과 지역 사회의 필요를 정확히 이해함으로써, 교회는 맞춤형 프로그램을 제공하여 사회적 영향력을 확대하고 공동체의 포괄성을 높일 수 있습니다.

다음 섹션에서는 성경적 청지기 의식을 바탕으로 AI 기술을 활용하여 지속 가능한 관리를 실천하는 사례들을 연구하고 분석하여, AI 기술 활용이 교회 운영 효율성 증대, 교인 참여 촉진, 그리고 사회적 책임 이행에 어떻게 기여하는지 살펴볼 것입니다.

교회/비영리 단체의 AI 활용 사례

최근 미국 교회와 비영리 단체에서 AI 기술을 활용하여 지속 가능한 관리를 실천하는 사례가 증가하고 있습니다. AI 기술의 활용은 교회 운영 효율성 증대, 교인 참여 촉진, 그리고 사회적 책임 이행에 기여할 수 있습니다. 이러한 점에서 한국 교회가 지속 가능한 관리를 실천하는 데

좋은 본보기가 될 수 있습니다.

김지훈 (Kim, Ji Hoon) 은 **"챗봇과 데이터 분석 기술이 교인들과의 소통을 개선하고 그들의 필요를 이해하는 데 중요한 역할을 할 수 있다"**고 말합니다. 예를 들어, 교회는 챗봇을 통해 질문에 24시간 내내 답변을 제공하고, 데이터 분석을 통해 교인 참여도를 분석하여 맞춤형 사역을 기획할 수 있습니다 (Kim, 2021).

존슨 (Johnson) 은 **"음성 인식 기술은 교인들이 예배 중 더 쉽게 참여할 수 있도록 돕고, 번역 시스템은 다양한 언어를 사용하는 교인들에게 접근성을 제공하는 데 기여한다"**고 말합니다 (Johnson, 2020).

클리어워터 교회 (Clearwater Church): AI 챗봇을 도입하여 교회 정보를 24시간 내내 제공함으로써 소통 방식을 혁신했습니다. 교회는 챗봇을 통해 예배 시간, 행사 세부 정보, 일반 문의 등에 대해 빠르고 정확한 답변을 제공할 수 있다고 증언합니다 (FastBots.ai, n.d.).

CHMeetings: "AI는 설교를 텍스트로 변환하여 청각 장애가 있는 교인들이 접근할 수 있도록 돕고, OpenAI의 Whisper와 같은 음성-텍스트 솔루션을 사용하여 접근성 장벽을 허물고 메시지가 공동체의 모든 구성원에게 전달되도록 보장합니다". 이는 AI 기술이 교회의 포괄성을 높이고 모든 교인의 참여를 촉진하는 데 기여할 수 있음을 보여줍니다. 나아가 AI 기술이 교회의 사역 활동을 지원하는 데 어떻게 사용될 수 있는지를 보여주는 예시입니다 (CHMeetings, n.d.).

Ministry Brands: "AI 기반 분석은 청중 동향 및 선호도를 분석하여 더 나은 의사 결정과 개인 맞춤형 상호작용을 가능하게 하며, 가상 비서 및 챗봇은 24시간 내내 지원 및 목회적 돌봄을 제공하여 교인들이 언제든지 도움과 지도를 받을 수 있도록 보장합니다" (Ministry Brands, n.d.).

이러한 사례들을 통해 AI 기술이 교회에 적용되고 있음을 알 수 있습니다. 대부분의 AI 기술은 교회가 교인들의 필요를 더 잘 이해하고, 맞춤형 서비스를 제공하며, 사회적 책임을 더 효과적으로 이행하도록 돕는 데 사용됩니다. 반면, 한국 교회에서 AI 사용에 대한 의견은 여전히 엇갈리고 있습니다.

목회데이터연구소에서 실시한 **"목회자 ChatGPT 인식 및 활용도 조사"**에 따르면, 한국 목회자들은 AI 기술, 특히 ChatGPT에 대해 상당히 긍정적인 태도를 보입니다. 많은 목회자들이 설교 준비에 AI를 사용하고 있으며, 그 유용성과 신뢰도를 높이 평가하고 있습니다 (Ministry Data Institute, 2023).

"[ChatGPT 사용 목적] 담임목사 5명 중 1명 이상이 ChatGPT를 교회 사역에 활용! / **담임목사의 22%가 'ChatGPT를 교회 사역에 활용한다'**고 응답했으며, 주로 '설교 준비' (19%)와 '목회 아이디어 얻기' (16%)에 활용하는 것으로 나타났습니다" (Ministry Data Institute, 2023).

"[ChatGPT 사용 빈도] ChatGPT 사용하는 목회자 10명 중 4명은 '주 1회 이상' 사용! / **ChatGPT를 사용하는 목회자의 42%가 '주 1회 이상' 사용한다**고 응답했으며, 15%는 '거의 매일' 사용한다고 답했습니다" (Ministry Data Institute, 2023).

데이터 자료 출처: 목회데이터연구소

"작년 목회데이터연구소가 목회자 650명을 대상으로 실시한 ChatGPT 인식 및 활용도 조사에서 한국 교회 목회자의 20%가 설교 작성에 ChatGPT를 사용했으며, 약 60%가 설교 아이디어를 얻는 데 유용하다고 답했습니다. 더욱 놀라운 것은 신뢰도에 대한 질문에 **사용자 중 81%가 '신뢰할 수 있다'**고 답한 결과입니다" (Ministry Data Institute, 2023).

인용된 통계는 목회자들이 설교 준비에 AI를 사용하는지 여부에 대한 단순한 분석 결과에 편향된 것으로 보입니다. 한국 목회자들에게 AI 사용 경험에 대해 묻는 것은 아직 시기상조일 수 있지만, 한국 목회자들이 실제로 AI를 목회나 교회에 적용하는 사례는 매우 적다는 점은 분명합니다. 이는 **일반 사회에서 AI 사용에 대한 뜨거운 관심과 달리, 한국 교회는 AI 기술에 매우 신중하게 접근하고 있다는 반증입니다.** 그 이유는 대부분의 한국 교회 목회자들에게 AI가 설교 준비나 성경 자료 검색을 위한 유용한 도구 이상으로 확장되지 않았음을 보여줍니다.

본서가 한국 교회에 대한 최근 통계 데이터를 살펴본 이유는, AI 기술을 활용하여 교인들의 필요를 더 잘 이해하고 맞춤형 서비스를 제공함으로써 사회적 책임을 더 효과적으로 이행하고, AI와 통합된 지속 가능한 관리 모델을 만들어가는 통찰력을 얻기 위해서 입니다. 그러나 현재는 한국 교회가 이렇다할 AI를 활용하는 전략 또는 방법에 대해서 논외 지역임을 알 수 있습니다. 다음 섹션에서는 사회적 기업의 AI 기반 지속 가능한 관리 전략 모델을 더 논의하고, 한국 교회에 적합한 모델을 제시할 것입니다.

사회적 기업의 심층 사례

사회적 기업의 AI 기반 지속 가능한 관리 전략은 실제적인 결과를 통해 그 효과를 입증합니다. 이 전략은 환경 보호, 운영 효율성 향상, 고객 만족도 증가 등 다양한 측면에서 긍정적인 성과를 거두고 있습니다.

파타고니아 (Patagonia): 파타고니아는 지속 가능성 관행을 향상시키기 위해 AI를 통합하는 모범 사례를 보여주며, 이는 더 넓은 산업 동향과 일치합니다. 회사는 AI가 "우리의 지구를 구한다"는 사명을 직접적으로 지원할 수 있는 영역에 중점을 두고, 운영 효율성과 환경 성과를 개선하기 위해 AI 구현을 신중하게 고려합니다 (The Culture Equation, n.d.). 예를 들어, 파타고니아는 공급망 결정의 환경 영향을 예측하고 첨단 재료 연구를 통해 제품 내구성을 향상시키기 위해 AI를 활용하는 방안을 모색하고 있습니다. 따라서 파타고니아의 AI 사용은 지속 가능성에 대한 약속을 반영할 뿐만 아니라, 기업이 환경 관리를 위해 기술을 활용하는 방식의 중요한 변화를 의미합니다 (Environmental sustainability with artificial intelligence, 2023).

유니레버 (Unilever): 클라인 (Klein) 은 유니레버의 AI 사용을 언급했습니다. 유니레버는 AI를 통해 수요를 정확하게 예측하고 과잉 생산 및 불필요한 낭비를 줄임으로써 순제로 배출 및 순환 경제를 촉진하는 더 큰 목표에 기여하는 성과를 달성했습니다. AI 기반 수요 예측 시스템의 도입은 폐기물 발생량 및 에너지 소비량 감소와 같은 구체적인 결과로 이어지고 있습니다. 또한, AI 기술은 고객 서비스 개선에도 활용되고 있습니다 (Klein, 2024).

PA 컨설팅 보고서에 따르면, 유니레버는 AI 기반 도구를 활용하여 "소비자 행동, 시장 조사, 제품 구성 및 재료에 대한 집단적 이해를 활용하여 각 제품에 가장 적합한 조합을 추천"합니다 (PA Consulting, n.d.).

위에서 제시된 AI 기술의 활용은 고객 문의 응답 시간 단축 및 고객 만족도 향상으로 이어집니다. 유니레버의 사례는 한국 교회에도 중요한 시사점을 제공합니다. 이는 AI 기술을 통해 교회 운영의 효율성을 높이고, 자원을 절약하며, 환경 보호에 참여할 가능성을 보여주는 사례입니다.

이와 관련하여 Ministry Brands는 "AI 기반 분석"의 이점이 청중 동향 및 선호도를 분석하여 더 나은 의사 결정과 개인 맞춤형 상호작용을 가능하게 한다고 설명합니다 (Ministry Brands, n.d.). 이를 통해 가상 비서 및 챗봇은 24시간 내내 지원 및 목회적 돌봄을 제공하여 교인들이 언제든지 도움과 지도를 받을 수 있도록 보장합니다 (Ministry Brands, n.d.).

결론적으로, 이 책은 한국 교회가 AI 및 디지털 전환 시대에 외부적이고 물량적인 **교회 성장의 과거 모델에서 벗어나**, 신앙의 근원인 창조주의 문화 명령을 오늘날의 상황에 맞게 재해석할 것을 권고합니다. 또한, 2장에서 논의된 청지기 의식의 성경적 기반을 바탕으로 청지기 리더십 원칙을 핵심 가치로 삼는 모델을 제시합니다.

이 모델은 앞서 입증했듯이, **동시대적 부르심을 받은 '새로운 사람'으로서의 창조적 인간형**이 됩니다. 다음 섹션에서는 **'새로운 사람'**이 된 청지기들을 교육하고, 양육하며, 배양하기 위한 한국 교회의 패러다임 전환이 어떻게 전개될 것인지 논의할 것입니다.

4. AI 융합 청지기 블루프린트: 교회를 위한 실천적 프레임워크

윤리적 도전 과제 극복을 위한 핵심적 접근 영역

1. **편향과 불평등**: AI 시스템은 훈련 데이터에 내재된 사회적 편견을 학습하고 증폭시킬 수 있습니다. 이는 채용, 대출, 사법 시스템 등에서 특정 집단에 대한 차별을 고착화하고 사회적 불평등을 심화시킬 위험이 있습니다 (Goover.ai, 2024). 교회는 모든 인간이 하나님의 형상으로서 동등한 존엄성을 지닌다는 원칙에 따라, AI 개발과정에서 공정성과 투명성을 확보하고 편향을 최소화하기 위한 노력을 촉구해야 합니다.

2. **프라이버시와 감시**: AI 기술은 방대한 양의 개인 데이터를 수집하고 분석할 수 있는 능력을 가지고 있습니다. 이는 개인의 사생활을 심각하게 침해하고, 국가나 거대 기업에 의한 디지털 감시 사회를 초래할 수 있습니다 (Deloitte, 2024). 교회는 개인의 프라이버시를 보호하고 데이터 주권을 존중하는 윤리적 데이터 관리 (Data Stewardship)의 중요성을 강조해야 할 책임이 있습니다.

3. **인간 소외와 일자리 문제**: AI 자동화로 인해 많은 일자리가 사라질 것이라는 예측은 사회적 불안을 야기합니다 (International Monetary Fund, 2025). 기독교 노동 윤리는 일의 가치를 경제적 기여만으로 환원하지 않으며, 모든 인간이 존엄하게 일할 권리를 강조합니다. 따라서 교회는 일자리 감소로 고통받는 이들을 위한 사회적 안전망 구축과 재교육 프로그램 지원 등 사회적 책임을 다해야 합니다.

4. **진실의 위기**: 딥페이크와 같은 생성형 AI 기술은 정교한 가짜 뉴스나 허위 정보를 양산하여 진실과 거짓의 경계를 무너뜨릴 수 있습니다 (Goover.ai, 2024). 이는 사회적 신뢰를 파괴하고, 특히 신앙 공동체 내에서 신학적 혼란과 분열을 야기할 수 있는 치명적인 위협입니다. 따라서 교회는 진리의 가치를 수호하며,

미디어 리터러시 교육을 통해 성도들이 정보를 분별하는 능력을 기르도록 도와야 합니다.

교회를 위한 실천적 프레임워크 설계

AI 시대에 교회가 하나님의 문화 명령을 지속 가능하게 수행하기 위해서는 막연한 기대나 두려움을 넘어, 구체적이고 단계적인 실행 계획이 필요합니다. **'AI 융합 청지기 블루프린트'는 AI 기술과 청지기 리더십을 통합하여 교회가 미래를 만들어갈 실천적 프레임워크를 3단계로 제시합니다.** 이 과정의 핵심은 기술 도입 자체에 있는 것이 아니라, 기술을 활용하는 주체인 청지기의 영적 성숙과 공동체적 책임감을 함께 길러내는 데 있습니다. 즉, 청지기가 자신의 정체성을 확인하고, 소명을 인식하며, 관리자로서의 헌신을 선언하여 청지기 공동체를 형성해 가는 모델을 목표로 합니다.

"그에게서 온 몸이 각 마디를 통하여 도움을 받음으로 연결되고 결합되어, 각 지체의 분량대로 역사하여 사랑 안에서 스스로 자라나 몸을 세우느니라" (에베소서 4:16)

청지기 공동체는 이 부르심에서 시작합니다. 이 말씀은 **하나님이 만물의 주권자이심을 의미하며, 그분을 우리 삶의 중심에 두고 그분의 뜻에 따라 사는 것이 중요함**을 가르칩니다. 우리의 일상적인 결정과 행동이 하나님과의 관계를 반영해야 함을 교훈합니다. 더 나아가 우리는 교회와 지역사회 안에서 서로를 존중하고 사랑하며, 연합하여 하나님을 주인으로 인정하고, 그분의 소유물로서 우리의 영역을 풍요롭게 할 책임을 져야 합니다. 바로 그 시점에서 우리는 공동체 내에서 책임과 역할을 맡을 수 있습니다.

이는 마태복음 25장 14-30절의 달란트 비유를 통해 입증됩니다. **청지기로 부름받은 각 개인들이 함께 모여 하나의 전체를 이루고, 이 전체가 청지기 공동체를 형성**합니다. 그리하여 성경적 청지기 의식을 공유하는 가족 공동체, 교회 공동체, 직장 공동체, 사회 공동체를 형성하고, 생육하고 번성하여 땅에 충만하라는 하나님의 문화 명령을 수행하는 것이 부름받은 자들의 삶의 주기입니다.

> 사벨 (Sawvelle) 은 "우리가 그리스도 안에 있을 때, 우리는 성령이 우리의 옛 사고방식과 옛 삶의 방식을 없애도록 허용하며, 우리는 그리스도 안에서 새로운 삶을 살 책임이 있습니다… **우리가 그리스도 안에서 우리의 새로운 정체성을 깨닫고 우리가 참으로 새로운 정체성과 본성을 가진 새로운 피조물임을 인식할 때**, 우리는 다르게 생각하고 살기 시작합니다"라고 말했습니다 (Sawvelle, n.d.).

그리스도 안에서 새로운 삶을 살 책임이 있는 '**새로운 사람**'이란, 그리스도 안에서 **새로운 정체성으로 삶이 변화된 사람**을 의미합니다. 사벨의 주장을 살펴보면, 새로운 사람과 청지기는 동일한 정의를 공유함을 알 수 있습니다.

이러한 관점을 오늘날 한국 교회에 적용하면, **교회는 '새로운 사람'에 의해, '새로운 사람'으로서, 그리고 '새로운 사람들의 공동체'로서 거듭나기 위한 개혁**을 시작해야 합니다. 더 나아가 새로운 사람들의 공동체를 형성하기 위해서는 새로운 패러다임 전환이 필연적으로 요구됩니다.

이 책은 이러한 새로운 패러다임 전환을 추진하는 핵심 동력으로 AI 기술과 성경적 청지기 의식의 통합을 보고 있습니다. 한국 교회가 AI 시대의 요구를 적극적으로 수용하고 성경적 청지기 의식을 기반으로 청지기 공동체로 전환하는 새로운 교회적 패러다임을 창출하기 위해서는 다음 과정이 필요합니다.

- **첫 번째 과제**: 새로운 사람들의 공동체를 창출하기 위한 모든 교회시스템은 청지기를 교육하고 양육하며 지속 가능한 성장을 달성하는 것을 목표로 수립되어야 합니다.
- **두 번째 과제**: AI 기술 개발의 가속화를 예측하는 데이터를 수집해야 합니다. 이 데이터를 기반으로 AI 기술과 지속 가능한 청지기 리더십의 통합 모델을 만들어야 합니다.

현재 한국 교회가 사회로부터 신뢰를 잃고 영적 영향력이 약화되며, 미래 세대가 교회를 외면하고 교회 인구가 급격히 고령화되는 상황은 위기입니다. 이를 염두에 두고 이 책은 다양한 연구 분석을 수행하고 청지기 리더십 원칙을 핵심 가치로 삼는 모델을 살펴보았습니다. 이 모델은 **'새로운 사람'**으로서 **시대의 부르심을 받은 창조적인 인간형**이 됩니다.

다시 말해, 자연과 우주의 모든 것을 생명의 충만함으로 채우고자 하는 하나님의 사랑을 실천하기 위해 AI 기술과 청지기 리더십을 진정으로 통합하는 새로운 사람인 것입니다. AI 기술과 성경적 청지기 의식의 통합은 단순히 기술의 도입을 넘어, 교회의 본질적 가치를 유지하면서도 새로운 시대에 적응하기 위한 혁신적인 변화를 의미합니다.

결과적으로, **이 시대의 요구에 응답하는 '새로운 사람'이 될 청지기 모델은 미래의 AI 기술이 이끄는 문명화 시대에 하나님의 문화 명령을 실천하는 진정한 리더가 될 것**입니다. 다음 섹션에서는 '새로운 사람'이 될 청지기 모델이 혼란, 불안, 두려움으로 다가오는 미래를 직면하는 모든 이에게 희망의 전달자가 되는 이유를 더 깊이 탐구할 것입니다.

AI 융합 청지기 블루프린트를 위한 3단계별 중점 과제

AI 융합 청지기 블루프린트의 3단계는 각기 다른 중점 과제를 가지며, 단계가 진행될수록 기술 적용과 윤리적 책임의 비중이 높아집니다

1단계: 인식과 교육 (Awareness & Education)

모든 변화의 시작은 정확한 인식에서 비롯됩니다. 이 단계의 목표는 목회자와 성도들이 AI에 대한 막연한 두려움이나 맹목적 기대를 넘어, 그 본질과 윤리적 쟁점을 균형 잡힌 시각으로 이해하도록 돕는 것입니다. 이를 위해 교회는 AI 리터러시 교육을 강화해야 합니다. 예를 들어:

예장통합 총회가 발표한 '인공지능 시대, 목회자 윤리 선언'과 같은 교단 차원의 가이드라인을 학습하고, AI의 기본 원리와 실제 사역 활용 사례를 다루는 세미나 및 워크숍을 정기적으로 개최할 수 있습니다 (한국기독공보, 2024; 이충희, 2025).

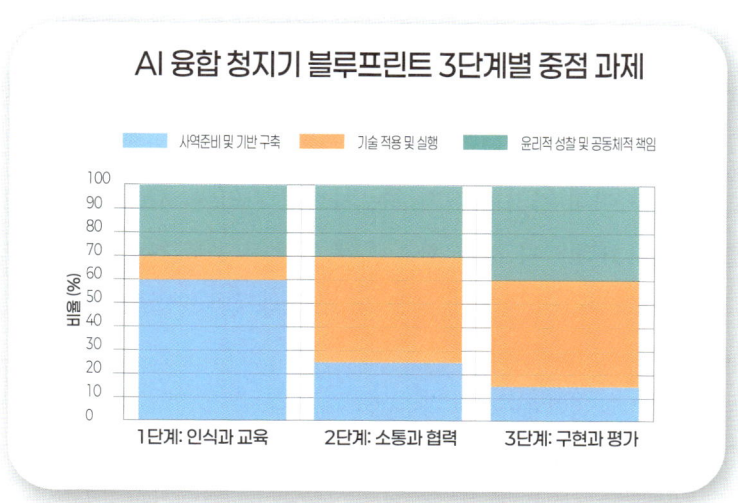

또한, AI 시대가 제기하는 '인간이란 무엇인가 (Imago Dei)', '창조 세계의 의미', '기술과 종말론' 등의 주제를 재조명하는 신학 포럼을 활성화하여 신학적 담론을 형성하고, 성도들이 신앙적 관점에서 기술을 성찰하도록 이끌어야 합니다 (한국기독교학회, 2025).

2단계: 소통과 협력 (Communication & Collaboration)

개교회주의의 한계를 넘어 공동으로 대응 방안을 모색하는 단계입니다. 교회는 내부적으로는 세대 간, 부서 간 소통을 강화하고, 외부적으로는 교단, 기술 전문가, 사회적 기업 등과 적극적으로 협력해야 합니다.

특히 기독교인 AI 전문가들과의 네트워크를 구축하여 교회의 실제적 필요에 맞는 기술

자문과 솔루션을 개발하는 것이 중요합니다. 더 나아가, 교단 연합 차원에서 AI 활용에 대한 구체적이고 실천적인 공동 윤리 가이드라인을 수립하고 공유함으로써 사회에 일관된 목소리를 낼 수 있습니다 (AI and Faith, 2023).

또한, 청지기적 가치를 실현하는 사회적 기업(예: 테스트웍스)과 파트너십을 맺고 **사회적 약자 지원, 환경 문제 해결 등 공동 프로젝트를 추진**하는 것은 교회의 사회적 책임을 실현하는 효과적인 방법이 될 것입니다.

3단계: 구현과 평가 (Implementation & Evaluation)

수립된 원칙과 계획을 실제 사역에 점진적으로 적용하고, 그 효과와 문제점을 지속적으로 평가하며 개선해 나가는 단계입니다. 처음부터 거창한 목표를 세우기보다, 작은 영역에서부터 시작하는 것이 바람직합니다. 예를 들어:

교회 행정, 재정 관리, 주보 제작, 행사 스케줄링 등 반복적인 업무에 AI 도구를 도입하여 목회자와 사역자들이 관계 중심의 본질적 사역에 더 집중할 수 있도록 지원할 수 있습니다 (Vanderbloemen, n.d.; Magai, n.d.).

다음으로, 교인들의 필요를 더 깊이 이해하기 위해 데이터 기반의 사역 기획을 시도할 수 있습니다. 익명화된 교인 데이터를 분석하여 성도들의 실제적인 영적, 관계적 필요를 파악하고, 이를 바탕으로 맞춤형 소그룹, 교육 프로그램, 돌봄 사역을 기획하는 것입니다 (Church Tech Today, 2023).

마지막으로, AI 분석 도구를 활용하여 온라인 예배 참여도, 소셜 미디어 반응, 지역사회 봉사 활동의 효과 등을 객관적으로 측정하고, 사역 전략을 데이터에 기반하여 지속적으로 수정하고 발전시켜 나가야 합니다.

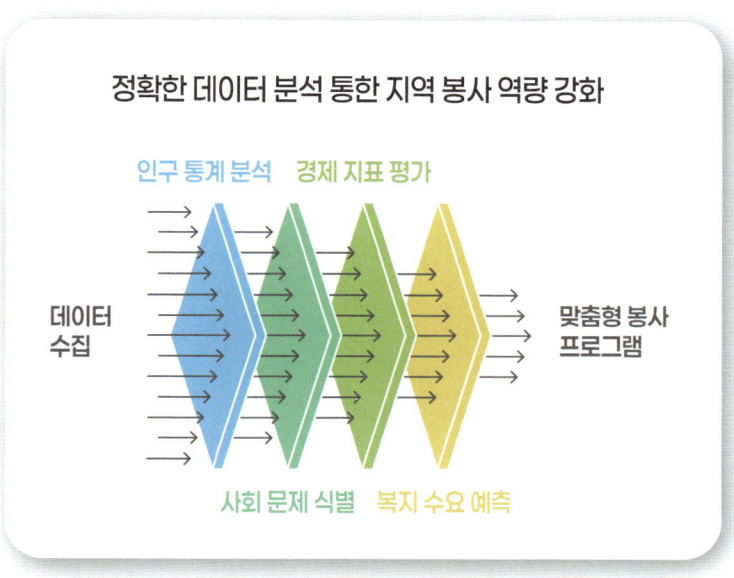

"이 시대의 요구에 응답하는 '새로운 사람' 청지기 모델은
미래의 AI 기술이 이끄는 문명화 시대에 하나님의 문화 명령을
실천하는 진정한 리더입니다"

(구글 AI 스튜디오 생성)

AI 시대, 청지기의 길을 묻다

CHAPTER 05

CCIU 시대의 Hero:
새 사람 인큐베이터

서문: AI 시대를 위한 새 사람: 인큐베이터는 준비됐는가?

1. CCIU 시대의 Hero: 새 사람 모델의 설계 기준

2. AI 기술과 성경적 청지기 의식 통합의 필연적 요구

3. "새로운 사람" 모델: AI 시대를 위한 최종 솔루션

4. 한국 교회, 다음 세대 양육의 "요람"으로 돌아가자

CHAPTER 05
CCIU 시대의 Hero: 새 사람 인큐베이터

AI 시대의 변화와 불확실성 속에서 교회는 "새 사람 인큐베이터"로서의 사명을 회복해야 합니다. 기술·윤리·영성을 통합한 인재를 길러내고, 신앙의 토양과 건강한 환경을 조화롭게 조성하는 것이 미래 교회의 등대 역할이라 할 것입니다. 이런 시대에 교회는 마치 등대처럼, 흔들림 없는 불빛으로 길을 비추어야 합니다. 바로 AI 시대 교회의 정체성입니다.

서문: AI 시대를 위한 새 사람: 인큐베이터는 준비됐는가?

AI 시대는 변화 (Change), 연결 (Connection), 개인화 (Individual), 불확실성 (Uncertainty)이라는 CCIU 네 가지 키워드로 요약됩니다. 변화의 속도는 거센 풍랑과 같고, 불확실성은 깊은 밤바다를 항해하는 배를 위태롭게 만듭니다. 그러나 AI라는 새로운 변수는 등대의 빛마저 시험대에 올려놓았습니다.

이제 교회는 단순한 전통의 수호자에 머무르지 않고, 다음 세대를 준비하는 **"새 사람 인큐베이터"로서의 사명을 회복**해야 합니다. **"새 사람"** 은 기술, 윤리, 영성을 통합적으로 갖춘 창조적 인간형입니다. 기술적으로는 AI를 이해하고 활용하여 사회와 교회 발전에 기여하며, 윤리적으로는 기독교 가치에 입각해 책임 있게 기술을 사용하고 공동체와 약자를 돌보며, 영적으로는 하나님의 뜻에 따라 살아가는 성숙한 제자입니다. 이러한 인재를 길러내기 위해서는 토양과 환경의 균형이 필요합니다.

AI 기술과 기독교 청지기 의식의 통합은 교회의 사역 전반에 새로운 가능성을 엽니다. 예배와 교육, 선교와 행정, 에너지 관리와 환경 보호까지, AI는 자원을 효율적으로 관리하며 개인 맞춤형 신앙 교육을 가능하게 합니다. 그러나 기술이 목적이 될 수는 없습니다. 기술은 도구이며, 그 도구를 사용하는 사람의 가치관과 영성이 방향을 결정합니다.

따라서 교회는 AI 시대의 도전에 맞서, 변화에 적응하는 능력과 변화를 주도하는 사명을 함께 품어야 합니다. 교육 프로그램, 영성 훈련, 공동체 사역을 통합적으로 설계하여 다음 세대가 건강하게 자라도록 해야 합니다. **신앙의 뿌리를 깊이 내린 토양 위에, 기술과 윤리가 조화를 이루는 환경을 만들어야 합니다.** 이것이 바로 AI 시대에 교회가 세워야 할 등대이며, 미래를 위한 유일한 길입니다.

1. CCIU 시대의 Hero: 새 사람 모델의 설계 기준

AI 기술과 성경적 청지기 의식의 통합은 교회가 지속 가능한 미래를 구축하는 데 있어 중요한 추진력입니다. 이러한 통합은 에너지 관리, 교인과의 소통, 개인 맞춤형 신앙 교육 등 다양한 영역에서 실현될 수 있습니다. 한국 교회를 위한 실현 가능한 모델은 앞에서 논의된 청지기 의식의 성경적 기반을 바탕으로 하며, 청지기 리더십 원칙을 핵심 가치로 통합하는 모델입니다.

이 책은 이 모델을 시대의 부르심을 받은 '새로운 사람'으로서의 창조적인 인간형으로 정의합니다. **'새로운 사람' 모델은 기술, 윤리, 영성을 통합적으로 고려하여 형성**됩니다. 기술 측면에서는 AI 기술에 대한 이해와 활용 능력을 갖추고 이를 통해 사회 발전에 기여합니다. 윤리적으로는 기독교 윤리를 바탕으로 AI 기술을 책임감 있게 사용하고, 사회적 약자를 돌보며, 공동체 발전에 헌신합니다. 영적으로는 지속적인 신앙 훈련을 통해 성숙을 추구하고 하나님의 뜻에 따라 살아가려고 노력합니다.

카이퍼(Kuyper)의 영역 주권 개념은 사회의 모든 영역이 하나님의 주권 아래 있으며, 각 영역은 고유한 책임을 가진다고 강조합니다. 이 영역 주권 개념을 바탕으로 **'새로운 사람' 모델은 사회 각 영역에서 기독교적 가치를 실현하고 하나님의 나라 확장에 기여하는 것을 목표**로 합니다(Kuyper, 2019).

브래들리(Bradley)의 총체적 청지기 이론은 삶의 모든 영역에서 하나님의 뜻에 따라 살아가야 함을 강조합니다. 이 이론을 바탕으로 **'새로운 사람' 모델은 삶의 모든 영역에서 청지기 의식을 실천하고 기술, 윤리, 영성의 조화로운 발전을 추구**합니다 (Bradley, 2021).

하라리 (Harari) 는 기술 발전으로 인한 인간 소외, 심화되는 불평등, 생명 공학의 윤리적 문제 등을 21세기 인류가 직면한 주요 도전 과제로 제시했습니다 (Harari, 2017).

'새로운 사람' 모델은 이러한 도전에 대한 다음과 같은 해결책을 제시합니다:

첫째, 기술 발전과 인간성 보존 사이의 균형을 유지하고, 인간의 존엄성을 증진하는 방식으로 AI 기술을 활용합니다. 둘째, AI 기술의 윤리적 문제에 적극적으로 대응하기 위해 윤리적 판단력을 강화합니다. 셋째, 신앙 안에서 AI 시대의 변화에 대처하고 인간적 가치를 보존하는 데 중점을 두기 위해 영적 성숙을 증진합니다.

AI 시대에 **융합된** '새로운 사람' 모델은 기술, 윤리, 영성을 통합적으로 고려하여 문화적 변혁과 영역 간의 조화로운 발전을 추구하는 존재로 정의될 수 있습니다. **'새로운 사람' 모델은 교회 교육, 자원봉사 활동, 사회 참여 등 다양한 영역에 적용**될 수 있습니다.

- **교회 교육**에서는 AI 기술을 활용한 맞춤형 교육 콘텐츠를 개발하고, 다음 세대가 '새로운 사람' 모델을 구현하도록 디지털 리터러시 및 윤리 교육을 강화해야 합니다.
- **자원봉사 활동**에서는 AI 기반 자원봉사 활동 플랫폼을 구축하여 자원봉사 활동의 효율성을 높이고 지역 사회의 도움이 필요한 이들을 돕는 데 적극적으로 참

여해야 합니다.
- **사회 참여**에서는 AI 기술을 활용하여 사회 문제 해결에 기여하고, 기독교적 가치를 실현하며, 하나님의 나라 확장을 위해 노력해야 합니다.

'새로운 사람' 모델은 개인의 고유성을 인정하면서도 공동체적 책임을 강조하는 균형 잡힌 접근 방식을 취합니다. 이는 AI 기술 발전이 가져올 수 있는 사회적 단절과 소외에 대한 대안이 됩니다. 궁극적으로 이 모델은 기술 발전과 인간적 가치의 조화로운 공존을 추구하며, AI 시대에 인간의 존엄성과 창의성을 보존하고 확장하는 데 기여할 것으로 기대됩니다.

결과적으로, AI 기술과 성경적 청지기 의식의 통합은 교회가 자원을 효율적으로 관리하고, 환경 보호에 참여하며, 교인들의 영적 성장을 돕는 지속 가능한 공동체가 되는 데 중요한 역할을 할 수 있습니다. 이러한 접근 방식은 교회의 본질적 가치를 유지하면서도 현대 기술을 활용하는 균형 잡힌 방식으로 구현될 것입니다.

루디 (Ludy) 는 원바디라이프 (One Body Life) 웹사이트 블로그 게시물에서 그리스도의 온전한 몸으로서의 신앙 공동체를 구축하기 위해 **"서로에게 의존하고 협력하여 그리스도의 몸으로서의 신앙 공동체를 구축하는 것"**의 중요성을 강조했습니다. 공동체 구성원 간의 상호 의존과 지원의 필요성에 초점을 맞춤으로써, 청지기 의식 함양과 AI 기술 통합을 통해 효율적이고 효과적인 지속 가능한 공동체를 만들 수 있습니다 (Ludy, 2021).

이것이 바로 **AI 기술과 청지기 리더십의 진정한 통합**이며, 자연과 우주의 모든 것을 생명의 충만함으로 채우고자 하는 하나님의 사랑으로 모든 이론을 포괄하는 것입니다. 다음 섹션에서는 한국 교회가 이 모델을 실제적으로 채택하도록 주장할 것입니다. 이 주장은 주로 AI 기술과 신앙 교육에 초점을 맞출 것입니다.

AI 기술과 성경적 청지기 의식 통합을 통한 신앙 교육

교회 공동체가 어떻게 청지기 의식을 함양하고 AI 기술과 통합을 이룰 수 있는지는 현대 교회가 직면한 중요한 과제입니다. 이는 단순히 기술을 채택하는 것을 넘어, 교회의 본질적 가치와 현대 기술의 조화로운 통합을 의미하며, 더 나아가 융합의 개념으로 확장됩니다.

에스테스 (Estes) 는 "교회는 관계 구축과 영적 성형에 초점을 유지하면서 기술을 사역의 도구로 받아들여야 한다. 이를 위해서는 전통적인 사역 방식과 디지털 도구의 의도적인 통합이 필요하다"고 주장합니다 (Estes, 2022).

사이더 (Sider)는 "디지털 시대의 청지기 의식은 재정적 자원을 넘어 기술의 책임감 있는 사용을 포함한다"고 주장합니다. 그는 "교회는 교인들에게 디지털 청지기 의식에 대해 교육하고 AI 및 기타 신흥 기술의 윤리적 함의를 강조해야 한다"고 말합니다 (Sider, 2023).

에스테스와 사이더의 주장은 AI 시대에 문화 명령을 실천하기 위해 AI 기술과 성경적 청지기 의식의 통합을 통한 신앙 교육이 필수적임을 보여줍니다. AI 기술과 신앙 교육의 통합은 교인들이 AI 기술을 윤리적으로 사용하고, 사회적 책임을 다하며, 하나님의 나라 확장에 기여하도록 돕는 것을 목표로 합니다.

AI 기술과 성경적 청지기 의식의 통합을 통한 신앙 교육은 다음과 같은 효과를 가질 수 있습니다.

첫째, AI 기술에 대한 올바른 이해를 바탕으로 교인들은 기술을 책임감 있게 사용하고, 잠재적인 위험을 예방하며, 긍정적인 활용을 통해 사회에 기여할 수 있습니다. 둘째, 교회는 AI 기술을 활용하여 신앙 교육의 효율성을 높이고, 교인들의 필요에 맞는 맞춤형 교육을 제공하며, 더욱 풍성하고 의미 있는 신앙생활을 지원할 수 있습니다. 셋째, 교회는 AI 기술과 성경적 청지기 의식을 바탕으로 사회적 책임을 이행하고, 지역 공동체와 더 깊이 연결되며, 하나님의 나라 확장에 기여할 수 있습니다.

라이트 (Wright) 는 **"21세기 기독교 교육은 디지털 리터러시와 윤리적 기술 사용을 포함해야 한다. 이는 어린 나이부터 시작하여 성경적 원리를 현대 기술에 대한 이해와 통합해야 한다"**고 말합니다. 라이트는 교육이 어린 나이부터 시작되어야 한다고 언급하는데, 이는 디지털 리터러시와 윤리적 기술 사용이 어린 나이부터 가르쳐져야 자연스럽게 습득될 수 있기 때문입니다 (Wright, 2021).

디모데후서 3장 14-15절에서 바울은 디모데에게 그의 어머니 유니게와 할머니 로이스로부터 어린 시절부터 성경을 배운 것에 대해 언급합

니다. 그는 **"어려서부터"**라는 구절을 강조합니다:

> "그러나 너는 배우고 확신한 일에 거하라 네가 누구에게서 배운 것을 알며 또 어려서부터 성경을 알았나니 성경은 능히 너로 하여금 그리스도 예수 안에 있는 믿음으로 말미암아 구원에 이르는 지혜가 있게 하느니라."

이 책에서 고찰한 바에 따르면, 교회 공동체의 모든 구성원이 청지기 의식을 갖추고 AI 기술과 통합되도록 하는 교육은 현대 교회의 중요한 핵심 과제이지만, 시간이 필요합니다. 이는 특히 본서에서 제시된 **'새로운 사람'이 된 청지기 모델**이 어린 나이부터 가르쳐져야 자연스럽게 습득될 수 있기 때문입니다.

이 책은 라이트 (Wright) 의 견해, 즉 어린 시절부터 체계적이고 지속적인 성경 교육과 현대 기술에 대한 이해를 결합하는 교육이 필요하다는 견해를 지지합니다 (Wright, 2021).

이는 이러한 실용적인 교육 방법을 통해 시대의 부르심을 받은 **'새로운 사람'으로서의 창조적인 인간형**을 양성할 수 있기 때문입니다. 즉, 이것은 자연과 우주의 모든 것을 생명의 충만함으로 채우고자 하는 하나님의 사랑이 기본이며, 그 위에 AI 기술과 청지기 리더십의 진정한 통합을 이루는 것입니다.

AI 기술과 성경적 청지기 의식 통합을 통한 사회적 책임 소유

AI 기술과 성경적 청지기 의식의 통합은 교회가 사회적 책임을 이행할 수 있는 다양한 가능성을 제시합니다. 이전 섹션에서는 제시된 모델을 **시대의 부르심을 받은 '새로운 사람'으로서의 창조적인 인간형**으로 정의했습니다. 이제 이 모델을 실현하기 위한 구체적인 방안과 전략이 필요합니다.

첫째, 교회는 이 모델을 활용하여 사회적 약자를 돕고 지역 사회 문제 해결에 적극적으로 참여해야 합니다.

예를 들어, AI 기반 자원봉사 활동 플랫폼을 구축하여 자원봉사 서비스가 필요한 사람들과 자원봉사자들을 연결하고, 자원봉사 활동 관련 정보를 제공하며, 자원봉사 활동 참여를 독려할 수 있습니다. 또한, AI 기반 교육 콘텐츠를 개발하여 다음 세대에게 기독교적 가치와 성경적 청지기 의식을 효과적으로 교육할 수 있습니다.

둘째, 교회는 이 모델을 활용하여 사회 문제 해결에 참여하고 공동체의 지속 가능한 발전을 위해 노력해야 합니다.

예를 들어, AI 기반 지역 사회 문제 해결 시스템을 구축하여 지역 사회의 문제를 분석하고 해결책을 모색하는 데 기여할 수 있습니다. AI 기반 범죄 예측 시스템을 활용하여 지역 사회의 범죄율을 낮추고 안전한 환경을 조성할 수 있습니다. 더 나아가 AI 기반 복지 서비스 플랫폼을 구축하여 취약 계층의 필요를 파악하고 맞춤형 지원을 제공함으로써 사회복지 개선에 기여할 수 있습니다.

셋째, 이 모델을 활용하는 동안 교회는 윤리적 문제에 대한 심층적인 고려와 성찰을 계속해야 합니다.

AI 기술의 발전은 인간 소외, 불평등 심화, 프라이버시 침해와 같은 윤리적 문제를 야기할 수 있기 때문입니다. 교회는 이러한 문제를 인식하고, AI 기술의 윤리적 사용을 위한 가이드라인을 마련하며, 지속적인 교육과 토론을 통해 윤리적 문제에 대한 인식을 높여야 합니다. 교회는 새로운 모델을 통해 사회적 책임을 이행하고 하나님의 나라 확장에 더욱 기여할 수 있을 것입니다.

사실, 이 책의 주제는 교회가 미래 지향적이고 지속 가능한 성장을 위해 **AI 기술을 성경적 청지기 의식과 통합하여 새로운 모델을 창출할 수 있다는 것입니다.** 다음은 몇 가지 예시입니다.

CHMeetings 보고서: "AI는 지역 사회의 필요를 분석하여 교회가 봉사 활동을 효과적으로 맞춤화하도록 돕습니다. 이러한 도구는 더 깊은 연결을 촉진하고 교회가 더 넓은 청중에게 도달할 수 있도록 합니다. 이는 교회가 영향력을 극대화하고 가시적인 방식으로 돌봄을 실천할 수 있도록 합니다" (CHMeetings, n.d.).

데소우자(Desouza) 와 바그왓와르(Bhagwatwar) 의 연구: "AI를 활용하여 도시 문제를 해결한 사례 연구는 AI와 빅데이터 분석이 지역 사회 문제를 진단하고 해결하는 데 어떻게 사용될 수 있는지 보여주는 좋은 예시입니다" (Desouza & Bhagwatwar, 2014).

Wordly 블로그 게시물: "AI 기반 번역 시스템은 참석자들이 선호하는 언어로 번역된 내용을 듣거나 읽음으로써 교회 서비스에 완전히 참여할 수 있도록 돕습니다. 이를 통해 교회는 교인 수를 늘리고, 모든 교인들과 더 깊이 소통하며, 모국어에 관계없이 예배와 교제를 가능하게 할 수 있습니다. AI 기반 번역 시스템은 다문화 가정이나 외국인 노동자를 위한 선교 활동을 효과적으로 지원할 수 있습니다" (Wordly, n.d.).

Vanco 보고서: "AI는 교회 사역에서 더 포괄적인 콘텐츠를 청중에게 전달하여, 제작하는 콘텐츠가 신앙 공동체의 모든 구성원에게 공감을 얻도록 도울 수 있습니다" (Vanco, n.d.).

이러한 사례들을 살펴보면, **AI 기술과 성경적 청지기 의식의 통합은 한국 교회가 사회적 책임을 이행하고 지역 사회에 기여할 수 있는 모델 유형**을 제시합니다. 이는 교회가 현대 기술을 사용하여 사회적 책임을 더욱 효과적으로 이행하고 지역 사회와 더 깊이 연결될 수 있는 방법을 보여주는 예시입니다. 이는 분명 오늘날 어려움을 겪고 있는 한국 교회에게 기회가 될 수 있습니다. 그러나 한편으로는 신중한 고려 없이 AI 기술을 맹목적으로 도입하거나 채택하려면 교회를 자칫 위기로 이끌 수 있습니다. 이는 이전 장에서 충분히 논의했듯이 AI 기술의 윤리적 사용에 대한 논의가 아직 충분하지 않고, AI 기술의 위험이 여전히 존재하기 때문입니다.

AI 융합 청지기 모델: '새로운 사람'을 길러낼 프로세스

이 섹션에서는 한국 교회를 위한 세 단계 접근 방식, 즉 AI의 잠재적 영향과 기독교적 관점에서의 해석 (1단계), AI의 윤리적 사용을 위한 가이드라인 개발 (2단계), AI 적용 실제 사례 모니터링 및 가이드라인 수정 (3단계)을 살펴보고, 그 핵심에 **'새로운 사람'으로 갖춰진 청지기 모델**을 구현하기 위해 단계별 접근 방식을 제시합니다.

인식 및 교육: 교회 지도자와 교인들에게 AI 기술에 대한 기본 이해와 윤리적 고려 사항에 대해 교육합니다. "AI 기술은 우리의 삶을 변화시키고 있으며, 이에 대한 이해와 윤리적 접근이 필요합니다". 이 단계는 AI의 잠재적 영향과 기독교적 관점에서의 해석을 다룹니다 (FaithGPT, n.d.).

소통 및 협력: 교단 간 및 기술 전문가들과의 소통을 통해 AI에 대한 기독교적 접근 방식을 논의합니다. "AI 기술의 발전은 우리에게 새로운 도전과 기회를 제시합니다. 우리는 이를 하나님의 창조 질서 안에서 어떻게 활용할 수 있을지 고려해야 합니다". 이 단계는 AI의 윤리적 사용을 위한 가이드라인 개발을 포함합니다 (Ministry Data Institute, 2023).

구현 및 평가: 개발된 가이드라인을 바탕으로 AI 기술을 교회 사역 및 사회 봉사에 적용하고 결과를 지속적으로 평가합니다. "AI는 우리의 도구이며, 우리는 이를 하나님의 영광과 이웃 사랑을 위해 사용해야 합니다". 이 단계는 AI 적용의 실제 사례를 모니터링하고 필요에 따라 가이드라인을 수정하는 것을 포함합니다 (CHMeetings, n.d.).

다음은 AI 기술이 가진 잠재적인 위험과 윤리적 함의로 인해 AI 기술의 실제 개발 및 활용에서 투명성, 책임성, 공정성 등의 원칙을 확보하는 것의 중요성을 강조하는 세계 유명 기관들의 보고서입니다.

토론토 대학교 도서관 보고서 (University of Toronto Libraries Report): "AI는 정확하고 객관적으로 보일 수 있지만, 편향으로부터 자유롭지 않습니다. AI 모델에 공급되는 데이터와 사용되는 알고리즘은 여전히 인간의 편향과 불평등을 반영할 수 있습니다. 예를 들어, AI 시스템을 훈련하는 데 사용된 데이터가 특정 그룹이나 인구 통계에 편향되어 있다면, 모델도 해당 그룹에 편향될 것입니다. 이것이 AI 시스템이 유해한 편향을 영속화하지 않도록 지속적으로 평가하고 감사하는 것이 매우 중요한 이유입니다. 이는 가장 진보된 기술조차 완벽하지 않으며, 편향과 차별 문제를 해결하는 데 여전히 경계를 늦추지 않아야 함을 상기시켜 줍니다" (University of Toronto Libraries, n.d.).

Church Tech Today: "도덕성과 윤리의 청지기로서 목회자들은 교회 내 AI 배포를 위한 명확한 경계와 가이드라인을 설정하는 데 중요한 역할을 해야 합니다. 목회자들은 투명하고 설명 가능하며 편향되지 않은 AI 시스템의 개발 및 사용을 옹호해야 합니다" (Church Tech Today, n.d.).

다양성 및 포괄성 보고서 (Diversity and inclusivity Report): "프로젝트팀과 데이터 윤리 위원회를 구성할 때 다양성과 포괄성을 우선시해야 합니다. 다양한 연령, 성별, 민족 및 기술을 가진 개인들을 한데 모음으로써, 의회는 잠재적인 편향이 간과될 위험을 줄이고 AI 시스템의 전반적인 공정성을 향상시키면서 광범위한 관점을 들을 수 있도록 보장할 수 있습니다" (Inter-Parliamentary Union, n.d.).

AI와 신앙 보고서 (AI and Faith Report): "종교 윤리는 책임의 경계를 정의하고 개인과 조직의 책임성을 강조함으로써 도덕적 나침반을 제공해야 합니다. 종교 윤리를 AI 및 로봇 공학을 둘러싼 담론에 통합함으로써 사회는 도덕적 복잡성을 탐색하고 윤리적 고려 사항이 최우선 순위로 유지되도록 보장할 수 있습니다" (AI and Faith, 2023).

네 가지 보고서는 AI 기술 발전과 비례하여 증가하는 위험을 고려할 때, 한국 교회가 AI 기술을 도입하기 전에 충분한 윤리적 검토를 준비해야 한다는 메시지를 담고 있습니다. 즉, **'새로운 사람'으로 갖춰진 청지기 모델**은 AI 기술을 이해하고, 윤리적 판단력을 갖추며, 이를 바탕으로 교회의 지속 가능한 성장과 사회적 책임을 이끌어 낼 수 있기 때문입니다.

"CCIU 시대의 Hero" 청지기 공동체의 사명과 패러다임 전환

앞의 논의를 살펴보면, 오늘날 **성경적 청지기 의식은 AI 기술의 긍정적인 가능성을 활용하여 인간의 번영과 모든 피조물의 복지를 증진하고, 동시에 하나님의 정의를 회복하는 사명을 잊지 말아야 한다는 것**을 강조합니다. 따라서 교회는 세상의 구조적 불의와 부패에 맞서 싸우는 한편, AI 기술이 악으로 변질되지 않도록 경계하며 책임 있게 관리하는 일을 게을리해서는 안 됩니다.

특히 AI 기술의 발전 속도와 그 미래적 파급력에 비례하여, 한국 교회가 직면한 위기를 극복하고 다음 세대를 책임 있게 이끌어갈 영적 리더십을 발휘하기 위해서는 시대의 요구를 적극적으로 수용해야 합니다. 이를 위해 성경적 청지기 의식을 바탕으로, AI 시대에 걸맞은 소명을 완수할 수 있는 **디지털 전환 시대 맞춤형 교회 패러다임 전환**이 절실히 필요합니다.

이 패러다임 전환에는 두 가지 핵심 과제가 있습니다. **첫째, 한국 교**

회가 다음 세대를 중심으로 새로운 공동체를 창출하기 위해서는 청지기 교육과 양육을 강화하고, 지속 가능한 성장을 위해 AI 기술을 연구하고 통합하며 체계화해야 합니다. **둘째, 다음 세대를 AI 시대에 적합한 새 사람으로 길러내는 전략적 목표**를 모든 교회가 공유하고, 공조하며 함께 실천해야 합니다.

AI 발전이 더욱 가속화되는 현시점에서 이 두 가지 과제의 실행 여부는 한국 교회의 미래를 결정짓는 중요한 분기점입니다. 이를 실천할 때, 우리는 AI 시대의 문화 명령을 완수하고, 교회 공동체의 지속적 변화를 이끌며, 새 시대에 적합한 새 사람 모델의 기준을 완성하게 될 것입니다.

성경은 이미 이 사명의 방향을 분명히 보여 줍니다.
"하나님이 그들에게 복을 주시며 하나님이 그들에게 이르시되 생육하고 번성하여 땅에 충만하라, 땅을 정복하라, 바다의 물고기와 하늘의 새와 땅에 움직이는 모든 생물을 다 스리라 하시니라" (창세기 1:28).

즉, 이 책의 궁극적인 목표는 청지기들이 자신의 정체성을 확인하고, 소명을 인식하며, 관리자로서의 헌신을 선언하는 청지기 공동체를 형성하는 것입니다. 이 **새 시대적 사명을 띤 청지기**는 예수 그리스도 안에서 하나님께 부름받은 단 한 사람, 단 한 사람의 청지기 개개인을 의미합니다.

"오직 사랑 안에서 참된 것을 하여 범사에 그에게까지 자랄지라 그는 머리 곧 그리스도라 그에게서 온 몸이 각 마디를 통하여 도움을 받음으로 연결되고 결합되어 각 지체의 분량대로 역사하여 사랑 안에서 스스로 자라나 몸을 세우느니라"

(에베소서 4:15-16).

결국 청지기로 부름받은 개인들이 모여 전체를 이루고, 그 전체가 곧 청지기 사명을 띤 공동체가 될 때, 교회는 시대의 변화 속에서도 하나님 나라의 사명을 완수하는 생명 공동체로 세워집니다. 이는 곧 **AI 기술과 청지기적 리더십의 통합**을 통해, 하나님의 사랑 (요한복음 3:16) 이 온 세상과 만물 가운데 확장되고, 창조 세계가 그분의 생명의 충만함으로 채워지는 놀라운 비전을 보여줍니다.

2. AI 기술과 성경적 청지기 의식 통합의 필연적 요구

AI 기술과 기독교 청지기 의식의 통합은 단순히 선택 사항이 아니라, 한국 교회가 이 시대에 생존하고 사명을 완수하기 위한 필연적인 요구입니다. 이 통합은 교회에 새로운 기회를 제공할 뿐만 아니라, 우리가 직면한 영적인 전쟁의 본질 속에서 더욱 선한 영향력을 발휘할 수 있는 길을 열어줍니다.

성경적 청지기 의식의 핵심적 중요성

성경적 청지기 의식은 AI 기술의 윤리적 사용과 사회적 책임 이행을 위한 가장 중요한 원칙입니다. 이는 AI 기술이 인류와 사회의 이익을 위해 사용되고, 동시에 잠재적인 위험을 최소화하도록 돕습니다. 교회는 성경적 청지기 의식을 바탕으로 AI 기술을 활용하여 사회에 긍정적인 영향을 미칠 수 있습니다.

스탠포드 AI 윤리 연구 보고서에 따르면, AI 윤리에서 청지기 의식 개념은 AI 기술이 좁은 자기 이익이 아니라 인류와 사회 전체의 이익을 위해 관리되고 활용되어야 함을 의미합니다. 이 접근 방식은 AI의 잠재적 위험을 완화하고 긍정적인 영향을 극대화하는 데 도움이 될 수 있습니다 (Stanford HAI, 2019).

옥스포드 AI 윤리 연구소는 AI 시대의 기독교 청지기 의식이 단순한 윤리 지침을 넘어 AI 개발 및 사용을 적극적으로 형성하는 데 참여할 것을 요구한다고 강조합니다. 이는 학제 간 협력을 촉진하고, AI 시스템의 투명성을 높이며, AI의 혜택이 사회 전반에 공정하게 분배되도록 보장하는 것을 포함합니다 (Oxford Institute for AI Ethics, 2023).

이러한 관점은 Ministry Brands의 주장과도 일치하는데, 그들은 그리스도인들이 AI 기술을 하나님의 창조 세계를 향상하고 돌보는 데 사용하는 것이 성경적 청지기 원칙과 일치한다고 믿습니다. 이는 재능과 자원을 현명하게 사용하는 기독교인의 의무와 부합하며, AI를 세상을 더 나은 곳으로 만들고 사람들을 돕기 위해 하나님이 주신 도구로 간주합니다 (Ministry Brands, n.d.).

결국, 성경적 청지기 의식은 단순히 기술 사용의 윤리적 기준을 제시하는 것을 넘어, AI 시대에 교회가 영적 리더십을 발휘하고 다음 세대를 포용하며 책임 있는 위치에서 교회를 이끌어갈 수 있는 근본적인 동력을 제공합니다. 이러한 통합적 접근을 통해 **시대의 부르심을 받은 '새로운 사람'으로서의 청지기 모델, 곧 '새로운 사람'은 AI 기술과 청지기 리더십의 진정한 통합**을 통해 자연과 우주의 모든 것을 생명의 충만함으로 채우고자 하는 하나님의 사랑을 실천하며, 모든 이론을 포괄하는 존재입니다. 한국 교회회는 이러한 모델을 창출하고 양육하며 배양하는 '요람'으로 변화해야 합니다.

통합을 통한 시너지 효과를 극대화 시키기

AI 기술과 성경적 청지기 의식의 통합은 한국 교회에 새로운 기회를 제공합니다. 이를 통해 교회는 자원을 효율적으로 관리하고, 기술을 윤리적으로 활용하며, 사회 봉사 활동을 강화하고, 다음 세대를 위한 교육 프로그램을 개발할 수 있습니다. 이러한 통합은 한국 교회가 선교 사명

을 더욱 효과적으로 수행하도록 도울 것입니다.

일부 목회자들은 AI 기술이 교회 자원 관리 및 목회 효율성을 향상시킬 수 있다고 주장합니다. 조성실은 AI, 특히 생성형 AI가 목회자들이 자원을 효율적으로 관리하고 교인들과 더 깊은 관계를 구축하는 데 크게 기여할 수 있다고 말합니다. 이를 통해 목회자들은 말씀 묵상이나 영적인 문제와 같은 목회의 본질적인 측면에 더 집중할 수 있습니다 (Cho, 2023).

안종배 또한 ChatGPT, AI 시대에 한국 교회의 미래 부흥을 위해 다음 세대 교육의 중요성을 강조합니다. 그는 초기 교회의 본질인 복음과 공동체성을 강화하고, 창조주 하나님의 세계관인 성경적 세계관을 확장하며, 기독교 가치를 문화적으로 확산하고, 세상을 이끌어갈 다음 세대를 양육해야 한다고 주장합니다 (Ahn, 2023).

한국 교회가 AI 기술의 윤리적 사용과 사회적 책임 이행을 위해 성경적 청지기 의식을 오늘날에 적합하게 해석하고, 모든 신자가 이를 삶에 적용하도록 하는 가장 효과적이고 효율적인 방법은 교육을 통해서입니다. 그러나 저출산, 농어촌 인구 감소, 젊은 세대의 교회 이탈 등 복합적인 요인으로 인해 한국 교회회는 주일학교 폐쇄 등의 어려움을 겪고 있습니다.

다음 세대가 어린 시절부터 부모님으로부터 성경적 청지기 의식을 배우는 것이 가장 좋겠지만, 모든 **교회는 청지기 의식을 교회 교육 정책에 적용할 방법을 적극적으로 모색**해야 합니다. 이를 위해 AI 기반 콘텐츠 개발이 필요합니다. 게임, 애니메이션, 가상현실 경험 등 다양한 형식으로 제작된 콘텐츠는 다음 세대의 흥미와 참여를 유도할 수 있습니다.

또한, 교회는 AI 기반 지역 사회 문제 해결 시스템을 구축하여 지역 사회 문제를 분석하고 해결책을 모색하는 데 기여할 수 있습니다. 이미 논의했듯이, 교회 공동체의 모든 구성원이 청지기 의식을 갖추고 AI 기술과 통합되도록 하는 교육을 위해서는, 특히 본서에서 제시된 **'새로운 사람'이 된 청지기 모델이 어린 나이부터 가르쳐져야 자연스럽게 습득될 수 있다**는 주장과 맥을 같이 합니다.

라이트 (Wright) 는 **어린 시절부터 체계적이고 지속적인 성경 교육과 현대 기술에 대한 이해를 결합하는 교육이 필요하다**고 주장합니다. 본서 또한 라이트의 견해를 지지하며, 한국 교회 환경에서의 실질적인 방안을 탐색한 결과, 시대의 부르심을 받은 '새로운 사람'으로서의 창조적인 인간형을 양육해야 한다고 주장합니다 (Wright, 2021).

즉, 핵심은 AI 기술과 청지기 리더십의 진정한 통합을 통해 자연과 우주의 모든 것을 생명의 충만함으로 채우고자 하는 **하나님의 사랑으로 모든 이론을 통합하고, 사람들을 '새로움'으로 무장시키는 교육**입니다. 이는 한국 교회의 새로운 패러다임의 중심축을 형성해야 합니다. 이러한 새로운 패러다임을 창출하는 방법으로 이 책은 이미 앞에서 세 가지 단계를 제시했습니다.

결과적으로, 조성실의 "AI 기술이 교회 자원 관리 및 목회 효율성 향상에 기여할 수 있다"는 관점 (Cho, 2023) 과 안종배의 "AI 기술을 다음 세대 교육에 활용할 수 있다"는 주장 (Ahn, 2023) 은 **"AI 기술과 청지기 정신의 통합을 통해 탄생한, 즉 '새로운 사람'으로 갖춰진 청지기 리더십 원칙을 핵심 가치로 삼는 모델"**과 일치합니다. 따라서 이 책은 이러한 청지기를 양육하는 것이 한국 교회 교육의 초점이 되어야 하며, 그 교육의 대상은 다음 세대가 되어야 한다고 결론 내립니다.

궁극적으로 이 모델은 **"시대의 부르심을 받은 창조적인 인간형인 '새로운 사람'"** 이 되며, 이는 이 책의 주제와도 부합합니다. 이러한 통합 과정을 통해 얻는 시너지는 국가, 사회, 교회, 개인의 삶을 포함한 모든 영역에서 지속 가능한 성장을 위한 추진력을 제공합니다.

AI 활용을 통한 한국 교회의 전환 방안 및 단계별 전략

AI 시대의 변화에 대응하고 교회의 사명을 효과적으로 수행하기 위해, 한국 교회는 AI 기술 도입 및 활용에 대한 체계적인 전환 방안과 단계별 전략을 수립해야 합니다. 이는 단순히 기술 도입을 넘어, 교회의 본질인 청지기적 사명을 재확인하고, 새로운 시대에 맞는 공동체를 형성하는 과정입니다.

AI 기반 교육 플랫폼 구축: 새로운 세대를 위한 지혜의 샘

앞서 논의했듯이, **AI 기술과 청지기 리더십의 진정한 통합은 '새로운 사람'으로 이어집니다.** 자연과 우주의 모든 것을 생명의 충만함으로 채우고자 하는 하나님의 사랑을 포괄하며 탄생하는 존재입니다. 이러한 '새로운 사람'이자 청지기로 식별되는 존재를 양성하기 위한 기반은 바로 교육입니다.

한국 교회가 이러한 청지기 모델을 배양하는 교회가 되기 위한 첫걸음은, 모든 교회 공동체 구성원이 청지기 소명의식을 바탕으로 AI 기술과 통합되도록 돕는 교육 플랫폼을 구축하는 것입니다. 간단히 말해, 이는 **'AI 기반 교육 플랫폼'** 구축이라 불립니다. 이는 교회 공동체가 가장 시급하게 준비해야 할 플랫폼이며, 핵심은 AI에 기반한다는 점입니다. 세계는 이미 디지털 전환 시대로 진입했으며, 이 시대의 핵심에는 AI 기술이 자리하고 있습니다. 따라서 **AI 기술 기반의 교회 교육 플랫폼 구축 프로젝트는 시대의 요구에 부응하는 것**입니다.

이수인의 연구는 AI 기술이 교회 교육에 긍정적인 영향을 미칠 수 있다고 강조합니다. 그는 AI가 차별화되고, 개별화되며, 맞춤형 신앙 교육을 제공하고 행정 부담을 줄임으로써 목회자와 교사들의 사역 부담을 덜어줄 수 있다는 긍정적인 측면을 언급합니다

(Lee, 2023). 하네간과 로서 (Hanegan & Rosser) 는 AI 기술의 역량과 함의를 고려할 때 신학 교육이 이러한 변화에 참여할 의무, 기회, 그리고 탁월한 이점을 가지고 있다고 강조합니다 (Hanegan & Rosser, 2024). 돈 바거 (Don Barger) 는 AI 기술이 선교 활동에 전례 없는 기회를 제공한다고 봅니다. 그는 언어 번역부터 맞춤형 아웃리치 전략에 이르기까지 AI가 복음을 전 세계에 전파하는 능력을 크게 향상시킬 수 있다고 말합니다 (International Mission Board, 2023).

이러한 장점에도 불구하고, AI 기반 교육 플랫폼에는 우려 사항도 존재합니다.

- **감정적 한계**: AI는 인간의 감정을 완전히 이해하거나 공감하는 데 한계가 있고, 과도한 의존은 개인의 영적 직관과 탐구를 약화시킬 수 있습니다.
- **공동체 의식 약화**: AI가 인간 영적 리더를 대체한다는 인식은 전통적으로 종교 공동체에서 중요시되는 개인적 연결과 공동체 의식을 약화시킬 수 있습니다.
- **데이터 문제**: 데이터 보안 및 프라이버시 문제, 윤리적 딜레마 (AI 사용이 영성의 본질적인 인간 요소를 약화시킬 수 있음), 그리고 훈련 데이터의 편향으로 인한 문화적으로 부적절한 조언의 가능성도 중요한 고려 사항입니다.

이러한 단점들은 AI 기술을 맹목적으로 활용하거나 전적으로 의존할 때 발생할 수 있는 문제입니다. 이 책은 교육에 초점을 맞춰 AI 기술과 인간 교사의 역할을 조화롭게 활용하는 방법을 제시하고자 합니다.

새로운 사람 양육을 위한 절대 조건: 어린 나이부터 성경을 가르치라

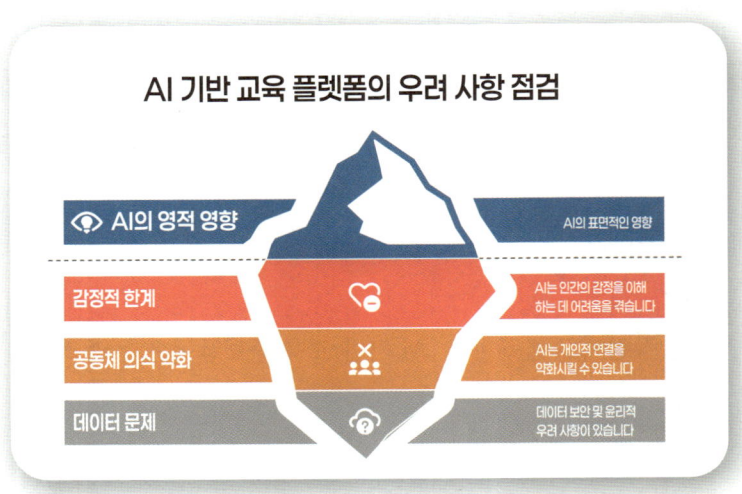

교육은 개인이 지식, 기술, 가치, 태도를 습득하도록 돕는 과정이며, 교사와 학생 간의 상호작용을 통해 이루어집니다. 이는 AI로부터 일방적으로 지적 정보를 수용하는 것과는 달리 개인의 전인적 발달을 목표로 합니다. 따라서 실제로 가르치는 교사의 역할이 중요하며, 질문하고 답을 얻는 과정에서의 교사와 학생 간의 상호작용은 깊은 유대감을 통해 교사의 인격과 전인적인 양육이 전달되는 핵심 요소입니다. 이 책은 이 지점에 주목합니다.

디모데후서 3장 14-15절에서 바울은 디모데에게 그의 어머니 유니게와 할머니 로이스로부터 어린 시절부터 성경을 배운 것에 대해 언급합니다. 그는 **"어려서부터"**라는 구절을 강조합니다.

"그러나 너는 배우고 확신한 일에 거하라 네가 누구에게서 배운 것을 알며 또 어려서부

터 성경을 알았나니 성경은 능히 너로 하여금 그리스도 예수 안에 있는 믿음으로 말미암아 구원에 이르는 지혜가 있게 하느니라."

본서에서 고찰한 바에 따르면, 교회 공동체의 모든 구성원이 청지기 의식을 갖추고 AI 기술과 통합되도록 하는 교육은 현대 교회의 중요한 핵심 과제이지만, 시간이 필요합니다. 이는 특히 본서에서 제시된 **'새로운 사람'이 된 청지기 모델**이 어린 나이부터 가르쳐져야 자연스럽게 습득될 수 있기 때문입니다.

이 책은 라이트 (Wright) 의 견해, 즉 어린 시절부터 체계적이고 지속적인 성경 교육과 현대 기술에 대한 이해를 결합하는 교육이 필요하다는 견해를 지지합니다. 이는 이러한 실용적인 교육 방법을 통해 시대의 부르심을 받은 '새로운 사람'으로서의 창조적인 인간형을 양성할 수 있기 때문입니다 (Wright, 2021).

즉, 핵심은 AI 기술과 청지기 리더십의 진정한 통합을 통해 자연과 우주의 모든 것을 생명의 충만함으로 채우고자 하는 **하나님의 사랑으로 모든 이론을 통합하고, 사람들을 '새로움'으로 무장시키는 교육**입니다.

AI 기반 지역 사회 봉사 프로그램 개발: 이웃 사랑의 확장

AI 기술을 활용한 지역 사회 봉사 프로그램 개발은 교회가 사회적 책임을 이행하고 지역 사회와의 유대를 강화하는 효과적인 방법이 될 수 있습니다. 이는 교회의 이미지를 개선하고 이웃에게 복음을 전파하는 활동을 확대하는 데도 기여할 수 있습니다. 특히, AI 기반 맞춤형 자원봉사

매칭, 지역 사회 문제 분석, 그리고 자원봉사 효과 측정은 교회의 사회 공헌 활동을 더욱 고도화할 기회를 제공합니다 (Altar Live, 2023).

몇 가지 사례를 통해 AI 기반 지역 사회 프로그램 개발 방향을 살펴보겠습니다.

알타 라이브 (Altar Live): "AI는 지역 사회의 필요를 파악하고 그 필요에 맞는 프로그램을 맞춤화함으로써 지역 사회 봉사 활동을 간소화할 수 있습니다. 인구 통계 데이터 및 소셜 미디어 트렌드를 분석하여 교회는 특정 그룹에 공감을 얻을 수 있는 맞춤형 봉사 활동을 만들 수 있습니다. 이는 교회가 영향력을 극대화하고 가시적인 방식으로 돌봄을 실천할 수 있도록 합니다" (Altar Live, 2023).

휘튼 칼리지 인문학 및 신학 연구소 보고서 (Wheaton College Humanities & Theology Institute report): AI를 활용한 교회의 사회 공헌 활동을 다음과 같이 설명합니다: "AI는 교회가 지역 사회의 필요를 더 잘 이해하고 대응하도록 돕는 데 중요한 역할을 할 수 있습니다. 지역 인구 통계, 사회 문제, 경제 지표에 대한 대규모 데이터 세트를 분석함으로써 AI는 교회가 봉사 프로그램을 맞춤화할 수 있는 실행 가능한 통찰력을 제공할 수 있습니다. 이러한 데이터 기반 접근 방식은 더 영향력 있고 지속 가능한 지역 사회 봉사 활동으로 이어질 수 있습니다" (Wheaton College Humanities & Theology Institute, 2023).

알타 라이브 보고서는 AI 기반 데이터 분석이 지역 사회의 필요를 파악하고, 자원봉사자들을 적절한 봉사 기회와 연결하며, 자원봉사 활동의 영향을 측정하는 데 도움을 줄 수 있다고 설명합니다 (Altar Live, 2023).

휘튼 칼리지 인문학 및 신학 연구소 보고서는 AI가 지역 인구 통계, 사회 문제, 경제 지

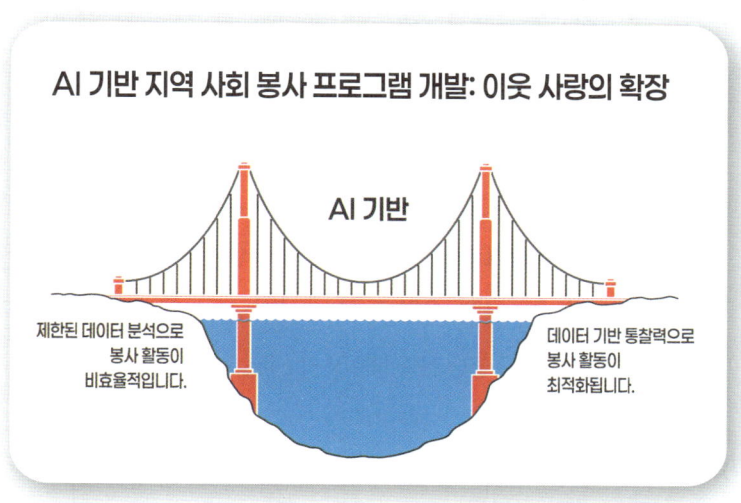

표에 대한 대규모 데이터 세트를 분석하여 교회의 봉사 프로그램을 맞춤화하는 데 필요한 통찰력을 제공할 수 있다고 주장합니다 (Wheaton College Humanities & Theology Institute, 2023).

이러한 주장들은 매우 설득력이 있습니다. 추정치와 정확한 데이터 사이에는 큰 차이가 있기 때문입니다. 교회는 자신이 속한 공동체에 대한 데이터 분석을 통해 지역 봉사 역량을 강화해야 합니다. 한국 교회회는 이러한 사례들로부터 통찰력을 얻는다면 많은 이점을 얻을 수 있습니다.

결론적으로, AI 기술은 AI 기반 지역 사회 봉사 프로그램을 개발하는 데 혁신적인 도구가 될 수 있습니다. 논의 결과, AI 기술이 혁신적인 도구일 수 있지만, 인간의 존엄성과 윤리적 가치를 보호하는 것이 가장 중요하다는 결론에 도달합니다. **AI의 정보 처리 능력과 인간의 윤리적 판단이 조화롭게 결합될 때, 우리는 기술의 혜택을 누리면서도 교회의 본질적인 사명을 효과적으로 수행**할 수 있습니다.

따라서 AI 기술을 도입할 때 교회 지도자들은 효율성뿐만 아니라 교회의 가치와 사명을 강화하고 진정한 인간적 연결을 촉진하는 것을 고려해야 합니다. 이러한 균형 잡힌 접근 방식이 AI 시대에 교회가 나아가야 할 방향입니다.

AI 기술 도입 및 활용을 위한 단계별 전략

AI 시대의 변화에 대응하고 교회의 사명을 효과적으로 수행하기 위해, 한국 교회는 **AI 기술 도입 및 활용에 대한 체계적인 전환 방안과 단계별 전략**을 수립해야 합니다. 이는 단순히 기술을 사용하는 것을 넘어, 교회의 본질인 청지기적 사명을 재확인하고, 새로운 시대에 맞는 공동체를 형성하는 과정입니다.

AI 기술 이해 증진: 청지기적 마음으로 변화를 분별하다

앞서 AI 기반 교육 플랫폼 구축에 대한 논의 결과를 제시했습니다. AI 기술과 청지기 정신의 통합은 청지기 리더십 원칙을 핵심 가치로 삼는 모델을 통해 '새로운 사람'으로 갖춰진 청지기가 탄생하는 새로운 패러다임을 창조하는 데 기반을 둡니다. 따라서 '새로운 사람'으로 갖춰진 청지기 모델을 양성하기 위한 첫걸음은 이러한 **모델을 육성하기 위한 교**

육, 즉 AI 기반 교육 플랫폼을 구축하는 것입니다.

특히 한국 교회의 경우, 교회 지도자들과 목회자들은 AI 기술의 사용을 설교 준비, 성경 지식 습득, 교회 또는 사역 데이터 검색에만 국한시키는 단기적인 접근 방식에서 벗어나야 합니다.

이 책의 핵심 주제는 "**AI 시대의 문화 명령 재해석: 한국 교회를 위한 청지기 의식과 지속 가능한 패러다임 전환**"입니다. 이와 같은 맥락에서 로마서 12장 2절은 "**너희는 이 세대를 본받지 말고 오직 마음을 새롭게 함으로 변화를 받아...**"라고 권면합니다. 이 연구는 "마음을 새롭게 함으로 변화를 받는 것"과 "청지기 의식과 지속 가능한 패러다임 전환"이라는 기본적인 청지기 소명에 기초하여 AI 기술에 대한 이해를 증진해야 한다고 결론 내립니다.

AI 기술 도입을 위한 인프라 구축: 선한 청지기의 터전 마련

이전 논의에서 AI 기술 이해 증진의 첫걸음은 "**마음을 새롭게 함으로 변화를 받는 것**"과 "**청지기 의식과 지속 가능한 패러다임 전환**"이라는 기본적인 청지기 소명에 기초하여 이해를 증진하는 것이라는 결론을 내렸습니다. 이제 AI 기술 도입을 위한 인프라 구축에 대한 논의를 전개하겠습니다.

이 논의는 AI 기술 활용의 기준을 하나님의 명령에 따른 '**선한 청지기의 역할**'로 설정하며, 그 시작과 끝이 창세기 1장 28절의 문화 명령을 따릅니다. 궁극적으로 하드웨어, 소프트웨어, 네트워크 등 다양한 요소를 포괄하는 시설, 장비 및 네트워크를 갖추는 순서로 진행됩니다. 특히 교회와 종교 기관에서 AI 기술을 효과적으로 활용하기 위해서는 적절한 인프라 구축이 매우 중요합니다.

앞서 살펴보았듯이, AI 기술 도입을 위한 인프라 구축은 데이터 관리, 보안, 확장성을 고려하는 포괄적인 접근 방식이 필요하며, AI 기술을 수용하고 사용하는 행동 강령에 익숙한 전문가가 필요합니다. 이러한 전문가들은 교회를 관리하거나 사역 또는 봉사에서 리더십을 가진 청지기여야 합니다. 물론, AI 기술은 **"마음을 새롭게 함으로 변화를 받는 것"**이라는 구절처럼 **"청지기 의식과 지속 가능한 패러다임 전환"**이라는 기본적인 인식을 바탕으로 이해되어야 합니다.

결과적으로 AI 기술 도입을 위한 인프라 구축은 단순히 장비, 시설, 소프트웨어, 인력을 갖추는 것을 넘어, AI 기술과 기독교 청지기 의식을 통합하는 모델, 즉 청지기 리더십 원칙을 핵심 가치로 삼는 모델을 중심으로 이루어져야 합니다.

AI 기술 사용 윤리 가이드라인 확립: 경계와 책임의 길

AI 기술 사용을 위한 윤리 가이드라인을 확립하는 것은 국가, 사회, 기업뿐만 아니라 교회와 종교 기관에도 매우 중요합니다. AI 기술 도입 및 활용 과정에서 발생할 수 있는 윤리적 문제를 예방하고 해결하기 위해서는 **인간 존엄성 존중, 공정성, 투명성, 책임성 등의 원칙**에 기반한 구체적인 지침이 필요합니다. 또한, 개인들이 사용하는 ChatGPT와 같은 AI의 응답은 사용자의 요청에 따라 달라질 수 있다는 점을 고려하는 것이 중요합니다.

AI에 특정 역할과 정체성을 부여하는 과정을 **"AI 프롬프트 엔지니어링"** 또는 **"AI 프롬프트 설계"**라고 합니다. 이 과정은 AI 시스템이 사용자가 원하는 방식으로 응답하거나 작동하도록 특정 지침, 맥락 또는 '성격'을 부여하는 것을 포함합니다. 주요 특징은 다음과 같습니다:

- **목적 정의**: AI의 특정 사용 또는 역할을 설정합니다.
- **맥락 제공**: AI가 이해해야 할 배경 정보를 제공합니다.
- **행동 지침 설정**: AI가 따라야 할 규칙이나 지침을 수립합니다.
- **스타일 및 어조 설정**: AI의 응답 방식이나 '성격'을 정의합니다.
- **제한 설정**: AI가 피해야 할 행동을 정의합니다.
- **지속적인 조정**: 결과에 따라 프롬프트를 개선합니다.

이 과정은 AI 시스템을 효과적으로 사용하고 원하는 결과를 얻는 데 중요합니다. 그렇다면 이러한 원칙들을 만들기 위한 기준은 무엇일까요? 한국 교회를 포함한 전 세계 교회는 창세기 1장 28절에 기반하여 윤리 규정을 만들고 적극적으로 참여해야 합니다. 몇 가지 사례를 살펴보겠습니다:

유네스코 AI 윤리 권고: "AI 시스템은 인권을 존중하고 기본적인 자유를 존중해야 합니다. AI 시스템은 수명 주기 전반에 걸쳐 인권과 기본적인 자유를 존중하고, 보호하며, 증진하도록 설계 및 개발되어야 합니다. 또한, 인간의 존엄성과 인권을 침해하지 않도록 인권 영향 평가 및 지속적인 모니터링을 받아야 합니다" (UNESCO, 2021).

윤리 및 종교 자유 위원회 (ERLC) AI 윤리 지침: "AI는 인간 지능과 능력을 대체하거나 축소하는 것이 아니라 보완하고 향상시키는 방식으로 개발 및 사용되어야 합니다. 목표는 인간의 능력을 증강하고 더 나은 의사 결정을 돕는 동시에 항상 인간의 주체성과 책임을 보존하는 AI 시스템을 만드는 것입니다. 따라서 인간 중심적 접근 방식이 필수적입니다" (Ethics & Religious Liberty Commission, 2019).

결론적으로, **AI 기술 사용을 위한 윤리 가이드라인을 확립하는 것**은 AI를 다루는 모든 개인, 국가, 사회, 기업, 교회, 종교에 중요한 과제입니다. AI 개발 및 사용이 인간의 존엄성, 권리, 자유를 존중하고 사회 공익

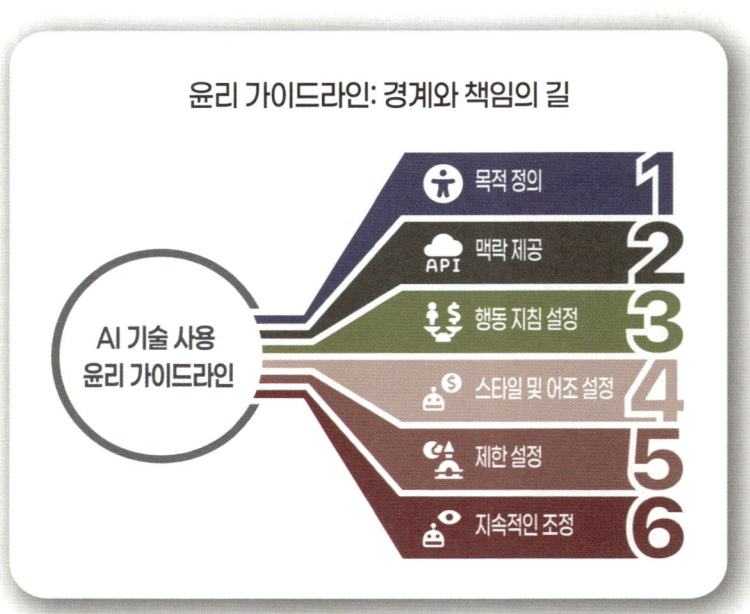

을 증진하도록 보장하기 위해서는 AI 기술 사용에 대한 **윤리 가이드라인이 필수적입니다**. 이는 AI가 편견과 차별을 강화하거나 프라이버시를 침해하는 것을 방지하고, 투명성과 책임성을 보장하며, AI의 혜택이 모든 사람에게 공평하게 분배되도록 하는 데 중요합니다.

> 유네스코 AI 윤리 권고는 AI 시스템이 인간의 존엄성과 인권을 침해하지 않도록 인권 영향 평가 및 지속적인 모니터링을 강조합니다 (UNESCO, 2021). 남침례교 윤리 및 종교 자유 위원회 (ERLC)는 AI 윤리 지침에서 AI의 목표가 인간의 능력을 증강하고 더 나은 의사 결정을 돕는 동시에 인간의 주체성과 책임을 유지하는 것이라고 선언했습니다 (Ethics & Religious Liberty Commission, 2019).

글로벌 기독교 단체나 기관들의 AI 사용에 대한 윤리 가이드라인은 AI 기술에 대한 사회적 신뢰를 구축하고 지속 가능한 발전을 촉진하는 데 필수적입니다. 이 책은 이 점에 동의합니다. 그러나 인간 윤리, 생명 존중, 프라이버시, 인권 침해, 인간 주체성을 언급하면서도, 본서에서 식별하는 하나님의 문화 명령에 대한 언급이 부족하다는 점은 아쉬운 부분입니다.

이와 관련하여 이 책은 한국 교회가 청지기 소명의식과 AI 기술의 통합을 통해 창조된 **새로운 유형의 청지기 모델을 확립하고, 양육하며, 배양하기 위한 교육 플랫폼을 구축하는 '요람'이 되어야 한다**고 제안합니다. 이를 통해 한국 교회가 갱신되고, AI 윤리 원칙에 대한 기독교적 접근 방식을 확립하는 데 기여할 수 있다고 봅니다.

3. "새로운 사람" 모델: AI 시대를 위한 최종 솔루션

"새로운 사람" 정의: 기술, 윤리, 영성의 통합

이 책에서 제시하는 **"새로운 사람" 모델은 AI 기술과 청지기 리더십을 통합하기 위해 시대의 부름을 받은 창조적인 인간 유형**입니다. 이 모델은 초인적인 존재를 만드는 것이 아니라, 급변하는 AI 시대에 신자들이 자신의 신앙을 진정성 있고 책임감 있으며 효과적으로 실천할 수 있도록 준비시키는 것을 목표로 합니다. 이는 21세기 기독교인 형성을 위한 포괄적인 접근 방식을 나타냅니다.

기술적 측면: AI 활용 능력과 책임 있는 활용: "새로운 사람"은 AI 기술에 대한 기본적

인 이해와 사회 발전 및 교회의 사명을 위해 이를 효과적으로 활용할 수 있는 실질적인 능력을 갖추고 있습니다. 여기에는 **디지털 리터러시 개발, AI 작동 방식 이해, 그리고 적절한 적용 분야 식별이 포함됩니다. 이들은 향상된 효율성, 개선된 소통, 혁신적인 콘텐츠 생성을 위해 AI 도구를 활용할 수 있도록 준비**되어 있습니다 (Ministry Brands, n.d.-a). 특히, 이들은 기술과의 상호 작용에서 **"뱀처럼 지혜롭게"** 행동하여 그 복잡성과 잠재적 함정을 이해하도록 권장됩니다 (Life.Church, n.d.).

윤리적 측면: 기독교 윤리에 따른 AI 사용: 기독교 윤리에 확고히 뿌리내린 **"새로운 사람"**은 깊은 책임감을 가지고 AI에 접근합니다. 이들은 **AI 사용에 있어 취약한 자들을 돌보고, 사회 정의를 적극적으로 증진하며, 공동체 발전에 대한 변함없는 헌신을 우선시**합니다. 여기에는 AI가 악화시킬 수 있는 편향, 프라이버시, 불평등 문제를 선제적으로 다루고 완화하는 것이 포함됩니다 (Oxford Institute, n.d.). 동시에, 이들은 도덕적 성실성 면에서 **"비둘기처럼 순결하게"** 행동하여 (Life.Church, n.d.), 기술적 참여가 의도적으로 순수하고 결과적으로 유익하도록 보장합니다.

영적 측면: 지속적인 신앙 형성 및 신성한 사랑: **"새로운 사람"**은 지속적인 영적 성숙을 **추구하며, 삶의 모든 측면에서 하나님의 뜻을 적극적으로 구하고 그분의 사랑을 구현하는 것을 특징**으로 합니다. 여기에는 하나님과의 깊은 개인적인 관계를 육성하고, 성령의 인도를 의지하며, 복음 전파와 그리스도의 가르침을 실천하는 데 다한 변함없는 헌신을 유지하는 것이 포함됩니다 (AmeNet, n.d.).

이러한 심오한 영적 기반은 모든 기술적 참여가 목적을 가지고, 하나님을 영화롭게 하며, 궁극적으로 그분의 왕국 확장에 기여하도록 보장합니다.

"새로운 사람" 모델의 신학적 기초: 견고한 틀

하나님의 영광을 위한 모든 삶의 영역 참여: 아브라함 카이퍼의 심오한 영역 주권 개념 (원래 1880년에 정립되었고, Ballor 2019에서 논의됨) 은 가족, 교회, 국가, 교육, 경제를 포함한 모든 독특한 사회적 영역이 하나님의 궁극적인 주권 아래에서 직접적으로 작동하며, 각 영역은 고유한 자율성과 책임을 가진다고 주장합니다 (Ballor, 2019).

"새로운 사람" 모델은 이 틀에서 크게 영감을 받아, 기독교적 가치가 이러한 영역을 지배하거나 통합하려 하기보다는 각 영역 내에서 하나님이 주신 역할을 신실하게 청지기처럼 관리함으로써 적용되어야 한다고 이해합니다. 이러한 관점은 고립된 후퇴가 아닌 사회의 모든 측면에 대한 외부적 참여를 위한 견고한 신학적 기반을 제공하며, AI가 모든 사회적 기능에 걸쳐 청지기처럼 관리되도록 보장합니다.

카이퍼의 영역 주권 개념 (Ballor, 2019) 에 따라 **삶의 모든 영역—가족과 교회에서부터 정부와 경제에 이르기까지—이 하나님의 직접적인 주권 아래 있다면, 새롭게 부상하는 AI 개발 및 적용 영역 또한 분명히 하나님의 통치 안**에 있습니다.

이는 **"새로운 사람"이 AI에 대한 윤리적, 영적 참여를 교회 내에만 국한할 수 없음을 의미**합니다. 대신, 그들의 청지기 직분은 AI가 개발되고, 배포되며, 인간의 삶에 영향을 미치는 더 넓은 사회적 영역, 즉 기술 기업, 교육 기관, 정부 정책 결정, 경제 시스템으로 확장되어야 합니다. 이러한 이해는 기독교적 책임의 범위를 넓히고 AI 청지기 직분에 대한 진정으로 총체적인 접근 방식을 요구하며, 윤리적 및 영적 원칙이 전체 사회적 지형에 걸쳐 모든 기술 발전에 스며들어 이를 인도하도록 보장합니다.

총체적 기독교 청지기 의식: 신앙과 삶의 통합

이 모델은 **기독교 청지기 의식이 재정적 기부나 교회 행정이라는 전통적인 개념을 훨씬 넘어 삶의 모든 영역을 포괄한다는 원칙과 완벽하게 일치**합니다(Houston Christian University, n.d.). 이는 하나님의 창조에 대한 총

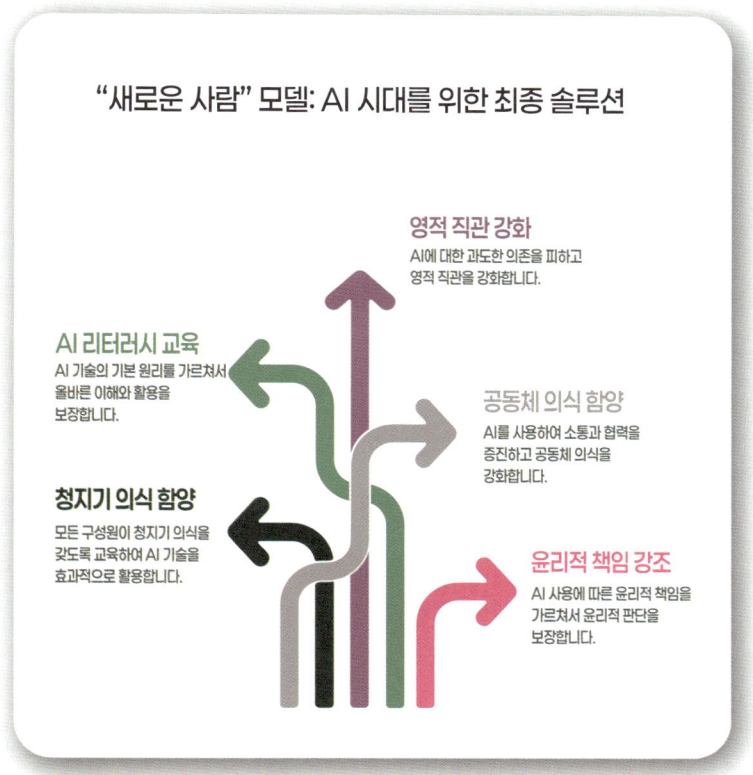

체적인 설계와 인간 번영에 대한 그분의 열망을 모든 차원에서 반영하여 기술, 윤리, 영성의 조화롭고 통합된 발전을 강조합니다. **"새로운 사람"** 은 자신의 존재의 모든 영역에서 신앙을 일관되게 실천함으로써 이 원칙을 구현하며, 기술적 자원을 포함한 모든 은사와 자원을 하나님의 영광과 공동선을 위해 의도적으로 사용합니다. 이 자료 (Houston Christian University, n.d.) 가 강력하게 진술하듯이, **"청지기 직분은 기독교 생활의 하위 범주가 아니다. 청지기 직분은 기독교 생활 그 자체이다"** 라는 말은 그 근본적인 본질을 강조합니다.

하라리의 도전에 대한 대응: 기독교적 대안 내러티브: **"새로운 사람"** 모델은 AI 시대 인류의 미래에 대해 유발 노아 하라리가 제시한 주요 도전에 대한 설득력 있고 선제적인 대응책을 제공합니다 (Harari, 2017).

인간의 존엄성과 의미 옹호: 인간의 본질적인 존엄성 (하나님의 형상) 을 우선시하고 인간 번영을 궁극적인 목표로 강조함으로써, **"새로운 사람"** 은 자동화가 야기하는 인간의 무의미함과 소외의 위협에 직접적으로 맞서며, AI가 인류를 축소시키기보다는 인류에게 봉사하도록 보장합니다.

윤리적 판단력과 진정한 자유 함양: 강화된 윤리적 판단력, 영적 분별력, 그리고 진리에 대한 헌신을 통해 **"새로운 사람"** 은 알고리즘적 조작과 디지털 독재의 가능성에 저항할 수 있도록 준비되어 진정한 자유와 비판적 사고를 옹호합니다.

평등과 정의 증진: AI 혜택의 공평한 분배를 적극적으로 옹호하고 소

외되고 취약한 자들을 돌보는 것을 지지함으로써, **"새로운 사람"**은 불평등의 심화와 생물학적 계급 형성 방지를 위해 노력합니다.

책임 있는 데이터 관리: 데이터를 신성한 신탁으로 인식하여, **"새로운 사람"**은 데이터의 윤리적 관리, 프라이버시, 책임 있는 사용을 옹호하며, 데이터 독점을 방지하고 공동선을 위해 관리되도록 적극적으로 노력합니다.

"새로운 사람"은 하나님의 사랑을 구현하는 존재

이 책의 가장 핵심적이고 심오한 주장은, 본서의 **근본적인 전제: "이 '새로운 사람'은 AI 기술과 청지기 리더십의 진정한 통합을 통해 자연과 우주의 모든 것을 생명의 충만함으로 채우고자 하는 하나님의 사랑을 실천하며, 모든 이론을 포괄하는 존재입니다."** 이 진술은 제시된 모델의 신학적, 실제적 정점을 나타내며, 그 필요성에 대한 궁극적인 이유를 제공합니다.

하나님의 사랑(아가페)이 원동력:

"새로운 사람"은 근본적으로 아가페 사랑—하나님의 이타적이고 무조건적이며 희생적인 사랑—에 의해 동기 부여되고 형성됩니다. 이 사랑은 단순히 감정적인 감정이 아니라, 모든 피조물의 최고선, 안녕, 번영을 추구하도록 강제하는 능동적이고 변혁적인 원칙입니다. 이는 기술적 참여를 중립적이거나 공리주의적인 행위에서 영적인 훈련으로 승격시켜, AI가 파괴하거나 착취하는 것이 아니라 건설하고 회복하며 구원하는 데 사용되도록 보장합니다. **청지기들이 가르치도록 부름받은 복음의 본질은 바로 이 "예수 그리스도의 아가페 사랑"**입니다 (AmeNet, n.d.).

창조물을 생명의 충만함으로 채움:

이 개념은 창조, 구속, 새 창조라는 근본적인 성경적 주제에서 깊이 유래하며, 하나님은 궁극적으로 모든 것이 그분의 생명, 영광, 풍성함으로 가득 차기를 바라십니다 (요한복음 10:10, 골로새서 1:19-20). **"새로운 사람"**은 AI를 자연을 지배하기 위한 도구가 아니라, 창조물을 향상시키고, 회복하며, 돌보는 수단으로 이해하며, 하나님의 원래 창조 의도와 세상에서 진행 중인 그분의 구속 사역을 반영합니다. 여기에는 적극적인 **환경 청지기 직분** (Ministry Brands, n.d.-a)과 **지속 가능한 개발 목표를 위한 AI 활용** (Stanford HAI, 2019)이 포함됩니다.

AI 기술과 청지기 리더십의 진정한 통합:

이는 피상적이거나 기회주의적인 결합이 아니라, 심오하고 시너지 효과를 내는 통합입니다. AI 기술은 강력한 도구, 역량, 효율성을 제공하는 반면, 기독교 청지기 리더십은 필수적인 도덕적 나침반, 신성한 목적, 윤리적 틀을 제공합니다. **"새로운 사람"**은 AI를 외부적인 도구로 단순히 사용하는 것이 아니라, 신실한 청지기 직분의 삶에 통합하여, 기술적 힘이 영적인 목적과 왕국 영향력을 위해 의도적으로 활용되도록 합니다. 이는 **AI가 단순히 인간의 효율성이나 이익을 극대화하는 것이 아니라, 하나님의 사랑과 사명을 증폭시키는 방법을 분별하는 것**을 의미합니다.

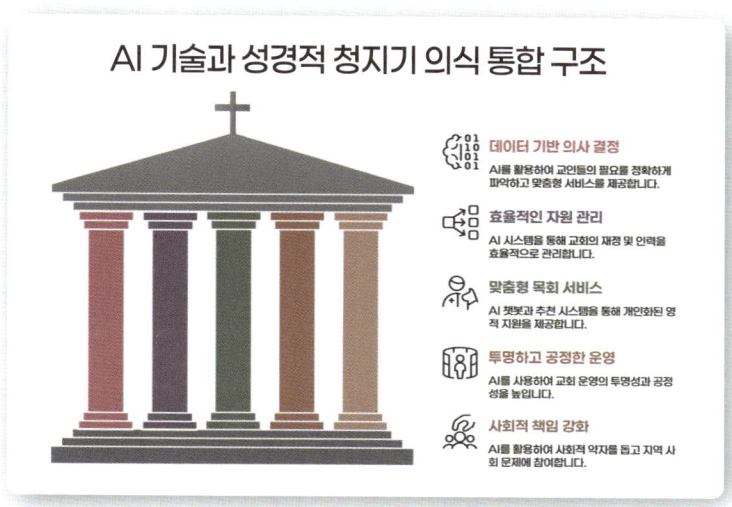

모든 이론을 포괄함:

통일된 세계관: "모든 이론을 포괄함"이라는 진술은 신학적 진리―특히 하나님의 사랑과 청지기 의식의 원칙―가 과학적, 기술적, 철학적 이론을 포함한 다른 모든 형태의 지식을 이해하고, 해석하며, 적용하기 위한 포괄적인 틀을 제공하는 포괄적이고 일관된 세계관을 암시합니다.

"새로운 사람" 은 이해에 있어 파편화되지 않고, 성경에 기반을 둔 통일된 세계관을 소유하여 기술 발전을 비판적으로 참여하고, 종합하며, 궁극적으로 총체적인 기독교적 틀 내에서 구속할 수 있도록 합니다. 이는 안종배가 AI 시대에 한국 교회가 **"성경적 세계관을 확장"** 해야 한다고 촉구한 것과 직접적으로 일치합니다 (안종배, n.d.).

궁극적인 목표가 하나님의 사랑으로 **"자연과 우주의 모든 것을 생명의 충만함으로 채우는 것"**이고, **"새로운 사람"**이 AI와 청지기 직분의 통합을 통해 이를 적극적으로 실천하도록 위임받았다면, **"새로운 사람"은 기술 자체에 대한 하나님의 구속 계획의 살아있는 구현체**가 됩니다. 종종 도덕적으로 중립적이거나, 본질적으로 문제가 있거나, 심지어 세속화의 힘으로 인식되는 기술은 여기에서 신성한 사랑의 잠재적인 수단이자 생명의 충만함을 나타내는 매개체로 제시됩니다. 이는 교회의 AI 참여를 잠재적으로 방어적이거나 반응적인 자세에서 선제적이고 선교적이며 심지어 성화하는 자세로 변화시켜, 기술적 힘을 하나님의 영광과 그분의 창조물의 번영을 향해 이끄는 것을 목표로 합니다. 이는 AI 시대에 미래를 형성하는 교회의 역할에 대한 심오한 신학적 함의를 나타냅니다.

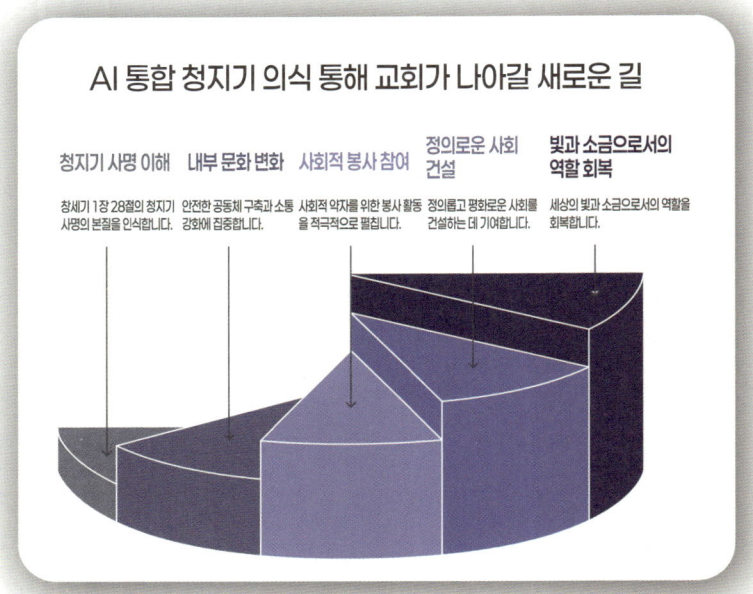

4. 한국 교회, 다음 세대 양육의 "요람"으로 돌아가자

한국 교회의 시급성: 위기와 기회

한국 교회는 현재 미래의 생존 가능성을 위협하는 심각한 인구 통계학적 압력에 직면해 있습니다. 여기에는 지속적인 저출산율, 상당한 농어촌 인구 감소, 그리고 가장 중요하게는 젊은이들의 교회 이탈 현상이 광범위하게 나타나 주일학교 폐쇄와 같은 실질적인 어려움을 겪고 있습니다. 이러한 인구 통계학적 위기는 단순히 통계적 추세가 아니라 교회의 연속성과 다음 세대에게 신앙을 전달할 능력에 대한 직접적인 도전입니다.

"디지털 네이티브" 세대에 대한 적응의 필요성은 매우 큽니다. 이들은 AI, 메타버스, 디지털 노마디즘과 같은 첨단 기술에 의해 근본적으로 정의되는 문화에 몰입하여 성장한 개인들입니다 (기독일보, n.d.). **그들의 신앙 경험은 점점 더 온라인 플랫폼을 통해 매개되며, 그들의 소통 방식은 본질적으로 디지털적입니다** (한국기독공보, n.d.). 전통적인 강의 위주의 교육 방식은 이 세대에게 종종 불충분하고 흥미를 유발하지 못합니다 (리디, n.d.). 따라서 교회의 미래 관련성과 성장을 위해서는 교회 교육을 그들의 디지털 현실에 맞게 조정하고 그들이 이해하는 도구를 활용하는 것이 단순히 선택적인 개선이 아니라 생존을 위한 필수적인 요소입니다 (한국성결신문, n.d.).

한국 교회 내에서 심각한 인구 통계학적 도전과 **"디지털 네이티브"** 세대 (기독일보, n.d.) 의 등장이 동시에 나타나는 것은 중대한 **"디지털 격차"**를 형성합니다. 그러나 이 격차는 단순히 내부적인 문제나 장벽으로만 인식

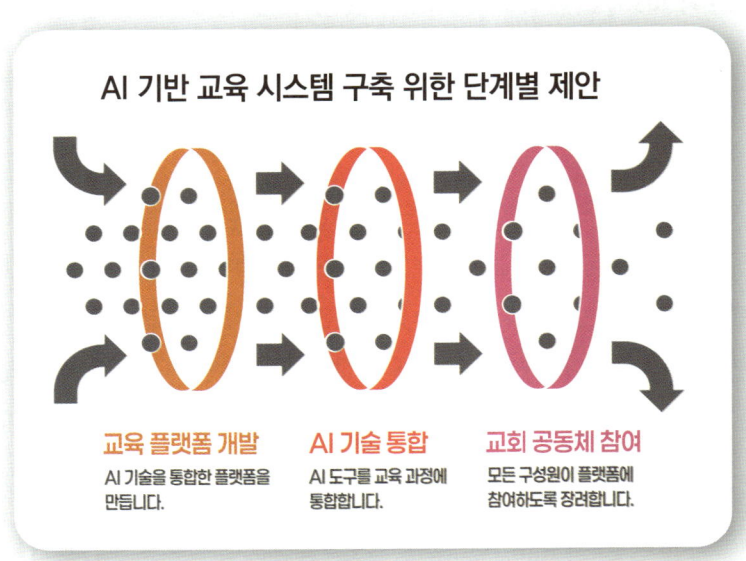

되어서는 안 됩니다. 대신, **이는 중요한 새로운 선교지로 간주되어야** 합니다. 온라인 공간은 **"영적, 종교적, 선교적 공간"** (한국기독공보, n.d.) 으로 명시적으로 인식되며, 다음 세대의 상당 부분이 이미 그곳에서 영적 콘텐츠와 교류하고 있습니다. 따라서 교회가 이 디지털 영역에서 효과적으로 참여하지 못하는 것은 다음 세대가 있는 곳에서 그들을 만나지 못하는 것과 마찬가지이며, 이는 **AI를 교육 및 선교 전략에 통합하는 것을 교회의 생존, 부흥, 미래 성장을 위한 중요하고 시급한 요소**로 만듭니다.

다음 세대를 위한 AI 기반 교육: 실질적인 길

AI 기술은 교회 운영 및 목회 돌봄의 효율성을 크게 향상시켜 목회자들이 핵심적인 영적 사역과 관계적 목회에 더 깊이 집중할 수 있도록 합니다. 여기에는 설교 준비를 위한 생성형 AI 활용, 자원 관리 최적화, 교인들과의 더 깊고 개인화된 관계 구축 촉진 등이 포함됩니다 (조성실, 2023). 더욱이, Ministry Brands와 같은 기업들은 교회 관리를 위해 특별히 설계된 다양한 통합 기술 솔루션을 제공하며, AI가 교회 기능을 간소화하는 데 실질적으로 적용될 수 있음을 보여줍니다 (Ministry Brands, n.d.-a).

AI는 교회 내 다음 세대 교육을 혁신할 수 있는 강력하고 변혁적인 도구입니다. AI는 교육용 게임, 애니메이션, 가상 현실 (VR) 경험과 같은 다양한 형식으로 매우 매력적이고 개인화된 대화형 콘텐츠를 제작하는 데 기여할 수 있습니다. 이러한 형식은 젊은 세대의 흥미와 적극적인 참여를 유도하는 데 특히 효과적입니다 (한국성결신문, n.d.). 이는 교회가 심오한 성경적 진리를 전달하고 디지털 네이티브에게 문화적으로 적합하고 접근 가능한 방식으로 견고한 성경적 세계관을 함양할 수 있도록 돕습니다 (안종배, n.d.).

"개인화된 학습" 과 **"콘텐츠 생성"** 을 위한 AI의 잠재력에 대한 일관된 강조는 교육 방법론의 중요한 변화를 의미합니다 (한국성결신문, n.d.). 이는 기독교 교육에 대한 일반적이고 일률적인 접근 방식에서 고도로 개별화된 영적 형성을 향한 움직임입니다. AI는 성경 공부 자료를 맞춤화하고, 개인화된 기도 프롬프트를 생성하며, 개인의 필요, 학습 스타일, 발달 단계에 맞는 영적 성장 자료를 큐레이션하는 데 활용될 수 있습니다 (Life.Church, n.d.).

이러한 능력은 영적으로 성숙하고 깊이 참여하는 **"새로운 사람"** 을 양육하는 데 가장 중요한 더 효과적이고 심오한 제자 훈련 경험을 가능하게 합니다. 더욱이, 콘텐츠 맞춤화를 자동화함으로써 AI는 역설적으로 인간 교육자들이 영적 지도와 멘토링의 대체 불가능한 관계적 측면에 집중할 수 있도록 함으로써 목회에서의 **"비인격화" 위험** (Ministry Magazine, n.d.) 에 대응하는 데 도움을 줍니다.

현대 기독교 교육계는 체계적이고 지속적인 성경 교육이 현대 기술에 대한 이해 및 책임 있는 적용과 사려 깊게 통합되어야 할 필요성을 강력히 주장합니다 (ResearchGate, n.d.).

이러한 이중 초점은 교회가 강력한 기술 도구를 수용하는 동시에, 그 근본적인 영적 및 도덕적 가치가 중심에 남아 있고 훼손되지 않도록 보장합니다. 이 통합된 접근 방식은 젊은이들이 기술과 비판적으로 교류하고, 기술적으로 진보된 맥락에서 기독교 신념을 효과적으로 표현하며, 신앙과 지혜를 가지고 디지털 세계의 복잡성을 헤쳐나갈 수 있도록 준비시키는 데 매우 중요합니다.

"새로운 사람" 양성을 위한 실질적인 전략: 총체적 접근법

교회는 디지털 네이티브에게 매력적이고 문화적으로 적합한 AI 기반 교육 자료의 개발 및 큐레이션에 선제적으로 투자해야 합니다.

여기에는 기독교적 세계관에 따라 AI를 책임감 있고 윤리적이며 성경적으로 사용하는 방법을 구체적으로 가르치는 포괄적인 디지털 리터러시 교육 프로그램을 구현하는 것이 포함됩니다 (리디, n.d.). 이러한 프로그램은 다음 세대가 기술의 분별력 있는 사용자와 창조자가 될 수 있도록 역량을 강화할 것입니다. AI가 소통과 효율성을 크게 향상시킬 수 있지만, 진정한 인간 관계와 진정한 공동체를 대체할 수 없으며 대체해서는 안 된다는 것을 인식하는 것이 중요합니다 (Life.Church, n.d.).

따라서 교회는 하이브리드 온라인-오프라인 교회 모델의 맥락에서도 **"한 몸 공동체 (One Body Life)"** 개념을 강조하면서 강력한 공동체 유대와 상호 의존성을 적극적으로 육성해야 합니다 (Eric Ludy, n.d.-b). 관계성에 대한 이러한 의도적인 초점은 디지털 공간에서 신앙이 지나치게 개인화되거나 고립될 위험에 대응하는 데 필수적이며 (한국기독공보, n.d.), 기술이 공동체적 유대를 약화시키기보다는 강화하는 역할을 하도록 보장합니다.

디지털 신앙 경험의 종종 개인화된 특성 (한국기독공보, n.d.) 과 교회의 본질적으로 공동체적인 본질 (Eric Ludy, n.d.-b) 사이에는 중요한 긴장이 존재합니다. **"새로운 사람"** 모델은 개인화된 콘텐츠 및 참여를 위해 AI를 활용하면서도 기독교 생활의 대체 불가능한 공동체적 측면을 희생하지 않음으로써 이 긴장을 능숙하게 헤쳐나가야 합니다.

이를 위해서는 그룹 토론을 적극적으로 촉진하고, 협력 프로젝트를 장려하며, 실제 봉사 기회를 증진하는 AI 강화 프로그램 및 사역을 설계해야 합니다. **목표는 기술이 "기술적 의존성" 또는 "인간 관계의 가치 하락"** (Ministry Brands, n.d.-a) **으로 이어지는 것이 아니라, 공동체 유대와 상호 지원을 강화하는 촉매제 역할을 하도록 보장하는 것입니다.** 이러한 의도적인 통합은 교회의 디지털 전환이 견고하고 상호 연결된 신앙 공동체를 육성하도록 보장합니다.

교회 내에서 **효과적인 다음 세대 교육을 위해서는 부모의 역할 강화와 교육 방법의 다양화가 필수적**입니다. 부모는 자녀의 신앙 형성에 있어 가장 중요한 영향을 미치는 존재이므로, 교회는 부모를 신앙 교육의 동역자로 세우고 체계적으로 지원해야 합니다 (한국성결신문, n.d.).

특히 영유아의 경우, 가정에서의 신앙 경험이 영적 성장에 지대한 영향을 미치므로, 교사는 부모에게 가정에서의 신앙 교육 실천을 위한 구체적인 지침과 자료를 제공하고, 부모는 이에 적극적으로 협력해야 합니다. 이러한 협력적 접근 방식은 교회와 가정이 상호 성장하고, 신앙의 본질이 자녀들에게 더욱 효과적으로 전달되도록 돕습니다.

또한, 다음 세대 사역자들은 강의 위주의 교육 방식을 넘어 상담, 소그룹 모임, 미디어 콘텐츠 활용, 협력 학습 등 다양한 접근 방식을 채택해야 합니다 (한국성결신문, n.d.). 이는 디지털 네이티브 세대의 학습 방식과 소통 선호도를 반영하는 것입니다 (기독일보, n.d.). 사역자들은 청소년들의 기질, 발달 단계, 문화적 맥락을 이해하고 (기독일보, n.d.), 예수님의 소통 방식을 본받아 공감과 위로로 다가가야 합니다 (한국성결신문, n.d.). AI는 이러한 다양한 교육 방법론을 지원하고 강화하는 도구로 활용될 수 있습니다. 예를 들어, AI 기반의 맞춤형 학습 콘텐츠 개발, 소그룹 토론 자료 생성, 또는 지역 사회 문제 해결을 위한 AI 기반 시스템 구축을 통해 다음 세대의 참여를 유도하고 실제적인 봉사 활동을 강화할 수 있습니다 (한국성결신문, n.d.).

궁극적으로, 이러한 총체적이고 다각적인 접근 방식은 다음 세대가 **"새로운 사람"** 모델을 구현하고, AI 시대에 하나님 나라의 확장을 위한 창조적이고 책임감 있는 청지기로 성장하도록 돕는 데 필수적입니다.

결론 및 권고

이 책에서는 AI 기술과 기독교 청지기 의식의 통합이 한국 교회의 생존과 사명 완수를 위한 필연적인 요구임을 강조하였습니다. 이 통합의 핵심은 **기술적 역량, 윤리적 책임, 영적 성숙을 총체적으로 구현**하는 **"새로운 사람"** 모델을 다음 세대 가운데 양육하는 것입니다.

이 모델은 AI가 가져올 수 있는 실존적 위협에 대한 기독교적 대응이자, 하나님의 사랑을 통해 모든 피조물에 생명의 충만함을 가져오는 구속적 사명을 수행하는 길입니다. 한국 교회가 **"새로운 사람"** 모델을 양육하고 이를 교회 교육의 초점으로 삼아야 하는 이유는 다음과 같은 심오한 필요성 때문입니다.

첫째, 시대적 소명에 대한 신학적 응답입니다.

유발 노아 하라리의 분석이 보여주듯이, AI는 대량 실업, 자유의 침식, 불평등 심화와 같은 심각한 사회적 도전을 야기할 수 있습니다 (Harari, 2017).

이러한 도전들은 인간의 존엄성 (imago Dei) 과 기독교의 정의, 연민, 사랑의 가치에 정면으로 도전합니다. **"새로운 사람"** 모델은 이러한 디스토피아적 궤적에 대한 단순한 적응을 넘어섭니다. 이는 기술 발전을 인간의 번영과 하나님의 나라 실현을 향해 적극적으로 이끌어가는 교회의 구속적 사명을 구현합니다.

AI 윤리에 기독교 청지기 의식을 적용함으로써, 교회는 단순히 해악을 피하는 것을 넘어 적극적으로 **하나님의 선함과 정의를 반영하는 "의로운 AI" 문화**를 함양할 수 있습니다. 이는 인간 중심의 윤리가 제공할 수 없는 초월적인 도덕적 기반을 제공합니다 (AI and Faith, 2022).

둘째, 교회 생존과 활력을 위한 실질적인 필수 요소입니다.

한국 교회는 저출산, 농어촌 인구 감소, 젊은 세대의 교회 이탈이라는 심각한 인구 통계학적 위기에 직면해 있습니다. 다음 세대는 **"디지털 네이티브"**로서 온라인 공간에서 신앙 경험을 형성하며, 전통적인 교육 방식으로는 그들과 효과적으로 소통하기 어렵습니다 (기독일보, n.d.; 한국기독공보, n.d.).

이러한 **"디지털 격차"는 단순한 문제가 아니라, 교회가 다음 세대가 있는 곳에서 그들을 만나야 할 새로운 선교지**입니다.

AI 기술을 활용한 개인화되고 몰입적인 교육 콘텐츠 개발은 이 세대의 흥미와 참여를 유도하고, 성경적 세계관을 효과적으로 전달하는 데 필수적입니다 (한국성결신문, n.d.; 안종배, n.d.).

이는 교회가 미래에도 관련성을 유지하고 성장하기 위한 생존 전략입니다.

셋째, 총체적 청지기 의식의 구현입니다.

카이퍼의 영역 주권 개념은 기독교적 가치가 교회 내부뿐만 아니라 기술, 교육, 경제, 정치 등 사회의 모든 영역에 걸쳐 적용되어야 함을 강조합니다 (Ballor, 2019).

"새로운 사람" 은 이러한 총체적 청지기 의식을 구현하여, AI 개발과 적용이 하나님의 주권 아래에서 이루어지도록 책임감을 가지고 참여합니다. 이는 AI가 단순히 효율성을 위한 도구가 아니라, 하나님의 사랑을 증폭시키고 모든 피조물에게 생명의 충만함을 가져오는 수단으로 사용되도록 보장합니다. **"새로운 사람"** 은 모든 이론을 하나님의 사랑이라는 통일된 세계관 아래 포괄하며, 기술적 힘을 영적인 목적과 하나님 나라의 확장을 위해 의도적으로 활용합니다. 따라서 한국 교회 교육의 초점은 **"AI 기술과 청지기 정신의 통합을 통해 탄생한, 즉 '새로운 사람'으로 갖춰진 청지기 리더십 원칙을 핵심 가치로 삼는 모델"** 을 양육하는 데 두어져야 합니다. 이 교육의 대상이 다음 세대가 되어야 하는 것은 그들이 AI 시대의 주역이자 교회의 미래이기 때문입니다. 어린 시절부터 체계적인 성경 교육과 현대 기술에 대한 이해를 결합하는 교육은 **"새로운 사람"** 모델이 자연스럽게 습득되도록 할 것입니다.

권고 사항:

5. **AI 기반 교육 콘텐츠 개발 및 디지털 리터러시 강화**: 교회는 다음 세대의 흥미와 참여를 유도할 수 있는 게임, 애니메이션, 가상현실 경험 등 다양한 형식의 AI 기반 교육 콘텐츠 개발에 적극적으로 투자해야 합니다. 동시에, 모든 연령대의 교인들을 대상으로 AI의 윤리적이고 책임감 있는 사용을 가르치는 디지털 리터러시 프로그램을 강화해야 합니다.

6. **공동체성 강화 및 관계 중심 목회**: AI가 개인화된 콘텐츠를 제공할 수 있지만, 진정한 인간 관계와 공동체적 유대감을 대체할 수 없음을 명심해야 합니다. 교회는 AI를 활용하여 소통과 효율성을 높이면서도, 소그룹 모임, 협력 프로젝트, 실제적인 봉사 활동 등 오프라인 공동체 활동을 적극적으로 장려하여 "한 몸 공동체"의 가치를 실현해야 합니다.

7. **부모 역량 강화 및 교육 방법 다양화**: 부모를 신앙 교육의 동역자로 세우고, 가정에서의 신앙 교육을 위한 체계적인 지원을 제공해야 합니다. 또한, 다음 세대 사역자들은 강의 위주의 교육을 넘어 상담, 미디어 활용, 협력 학습 등 다양한 교육 방법을 도입하여 디지털 네이티브 세대의 특성에 맞는 맞춤형 교육을 제공해야 합니다.

8. **신학적 성찰과 윤리적 논의 지속**: AI 기술의 발전 속도에 발맞춰 기독교 AI 윤리에 대한 지속적인 신학적 성찰과 논의를 심화해야 합니다. 이는 AI가 야기할 수 있는 새로운 윤리적 문제에 선제적으로 대응하고, 교회가 기술 발전에 대한 건전하고 성경적인 관점을 제시하는 데 필수적입니다.

"새로운 사람"은 모든 이론을 하나님의 사랑이라는 통일된 세계관 아래 포괄하며, 기술적 힘을 영적인 목적과 하나님 나라의 확장을 위해 의도적으로 활용합니다"

(구글 imageFX 생성)

AI 시대, 청지기의 길을 묻다

CHAPTER
06

'새로운 사람' 양육:
교회의 새로운 사명

서문: AI 시대 속으로, 한국 교회의 패러다임 체인지

1. AI 시대, 성경적 청지기 의식은 어디에서 오는가?

2. AI 기술과 변화: 기독교적 윤리 적용은 필수 과제이다.

3. 한국 교회의 현실 진단: 위기와 본질 회복의 요청

4. 한국인 종교 생활 및 의식 조사 분석: 통계로 본 교회의 미래

CHAPTER **06**

'새로운 사람' 양육: 교회의 새로운 사명

'새로운 사람'은 AI 활용 능력, 기독교 윤리에 기반한 책임감 있는 기술 사용, 그리고 깊은 영적 성숙을 겸비한 존재입니다. 한국 교회는 AI 기반 교육 콘텐츠 개발, 관계 중심 목회 강화, 그리고 부모 참여를 독려하는 총체적 접근을 통해 이들을 '새로운 사람'으로 길러내 AI 시대에 하나님 사랑을 실천하는 핵심 동력으로 삼아야할 절체절명의 기로에 섰습니다.

서문: AI 시대 속으로, 한국 교회의 패러다임 체인지

한국 교회는 교인 감소와 젊은 세대의 이탈 속에서 AI 기술을 성경적 청지기 의식과 통합하여 '새로운 사람' 모델을 양육해야 할 필연적인 요구에 직면해 있습니다. **'새로운 사람'은 AI 활용 능력, 기독교 윤리에 기반한 책임감 있는 기술 사용, 그리고 깊은 영적 성숙을 겸비한 존재**입니다. 이는 하라리가 경고하는 AI 시대의 잠재적 위험 (대량 실업, 자유 침식, 불평등 심화)에 대한 기독교적 대응이자, 하나님의 사랑으로 세상을 생명으로 채우는 구속적 사명을 수행하는 길입니다. 인공지능 (AI) 기술은 현대 사회의 모든 영역을 급격하게 재편하며 전례 없는 기회와 동시에 심오한 윤리적 난제를 제시하고 있습니다. 경제, 교육, 일상생활에 이르기까지 AI의 영향력은 광범위하며, 이러한 기술 혁명은 교회와 같은 전통적인 기관들에게도 사려 깊고 선제적인 대응을 요구합니다. **한국 교회는 이러한 새로운 디지털 현실에 적응하면서도 핵심 사명과 가치를 보존해야 하는 중대한 도전에 직면해 있습니다.** 현재 한국 교회는 복합적인 내부 및 외부 압력에 직면해 있습니다. 교인 수 감소, 젊은 세대의 교회 이탈, 그리고 고도로 디지털화되고 세속화되는 사회 속에서 교회의 관련성과 영향력을 유지해야 하는 필요성 등이 그것입니다. 이러한 도전들은 목회와 선교에 있어 혁신적인 접근 방식의 시급성을 강조합니다.

이 책에서는 한국 교회가 이 시대에 단순히 생존하는 것을 넘어 사명을 효과적으로 완수하기 위해서는 AI 기술과 성경적 청지기 의식의 깊고 의도적인 통합이 필수적임을 주장합니다. 이러한 **통합은 단순히 기술적 도구의 채택을 넘어, 교회가 AI 시대에 하나님의 창조 세계에 대한 역할과 책임을 이해하는 방식에 근본적인 패러다임 전환을 요구**합니다. 이는 교회의 장기적인 활력과 영향력을 위한 전략적 필수 요소로 간주됩니다. 이러한 **통합의 핵심은 '새로운 사람' 모델의 육성**입니다. 이 창조적인 인간 유형은 AI 기술과 청지기 리더십의 진정한 통합을 구현합니다. 이 모델은 **"시대의 부르심"**에 대한 직접적인 응답으로 제시되며, 신자들이 하나님의 사랑을 깊이 실천하고 모든 피조물에게 생명의 충만함을 가져다주는 방식으로 세상과 교류할 수 있도록 준비시킵니다. 이러한 통합적 접근 방식은 신자들이 지혜와 성실함, 영적 목적을 가지고 AI 시대를 항해하고 형성할 수 있도록 돕는 것을 목표로 합니다.

1. AI 시대, 성경적 청지기 의식은 어디에서 오는가?

성경적 청지기 의식의 핵심적 중요성: 책임 있는 관리의 신성한 명령

성경적 청지기 의식은 하나님이 만물의 궁극적인 창조자이자 소유자라는 성경적 진리에 깊이 뿌리를 두고 있습니다.

시편 24편 1절과 역대상 29장 11-15절과 같은 성경 구절은 이 진리를 명확히 제시하며, **인간은 하나님의 형상대로 창조되어 하나님의 창조 세계—모든 자원, 재능, 시간, 환경을 포함하여—를 지혜롭고 관대하며 책임감 있게 관리할 책임이 위임되었다는 것을** 강조합니다 (Ministry Brands, n.d.-a; Houston Christian University, n.d.). 이러한 청지기 직분은 자기 이익을 위한 것이 아니라 하나님의 영광을 드러내고 타인을 섬기기 위한 것입니다 (Ministry Brands, n.d.-a). **청지기 직분은 단순한 보존을 넘어 맡겨진 모든 것을 적극적으로 활용하고 향상시키는 것을 포함**합니다 (Ministry Brands, n.d.-a).

다양한 성경적, 신학적 자료에서 하나님의 궁극적인 소유권과 인간의 위임된 관리자 역할에 대한 일관된 강조는 청지기 직분이 단순히 일련의 행동이나 기독교 생활의 하위 범주가 아님을 보여줍니다. 오히려, 휴스턴 크리스천 대학교 자료 (Houston Christian University, n.d.) 는 **"청지기 직분은 기독교 생활의 하위 범주가 아니다. 청지기 직분은 기독교 생활 그 자체이다"** 라고 명확히 선언합니다.

이 심오한 선언은 청지기 직분이 기독교인의 정체성과 소명의 근본적인 측면임을 나타냅니다. 만약 한 사람의 전 생애가 청지기 직분의 행위

라면, AI와 같은 신기술에 청지기 원칙을 적용하는 것은 선택적인 윤리적 부가물이 아니라 디지털 시대에 신실하게 살아가는 데 있어 본질적이고 피할 수 없는 차원이 됩니다. 이는 논의를 단순한 윤리적 지침을 넘어 기독교인의 정체성 형성 및 신앙을 총체적으로 실천하는 핵심적인 신학적 명령으로 승격시킵니다. 이러한 청지기 의식에 대한 포괄적인 이해는 AI와 같은 첨단 기술을 포함한 모든 형태의 인간 노력과 창조물에 자연스럽게 확장됩니다.

> 이는 AI 기술이 인류와 사회에 진정으로 유익하고, 하나님의 창조 목적에 부합하며, 잠재적인 해악을 최소화하는 방식으로 개발, 배포 및 활용되도록 보장하는 강력하고 신성하게 기반을 둔 틀을 제공합니다 (Ministry Brands, n.d.-a). 이는 기술 발전을 신성한 책임의 도덕적 경제 내에 위치시킵니다.

AI 윤리에서 청지기 의식: 세속적 지침을 넘어서

AI에 성경적 청지기 의식을 적용하는 것은 이 강력한 기술을 신실하게 관리하려는 사고방식으로 접근하는 것을 의미합니다. 이는 AI가 좁은 자기 이익, 통제되지 않는 혁신, 또는 권력 축적을 위해 추구되어서는 안 되며, 오히려 인류의 공동선과 모든 피조물의 번영을 위해 사용되어야 함을 암시합니다.

- 이러한 약속은 AI의 책임 있는 개발 및 배포로 이어지며, 사회에 대한 긍정적인 영향을 우선시합니다 (Ministry Brands, n.d.-a).
- 스탠포드 HAI (Stanford HAI, 2019)와 같은 세속적인 AI 윤리 논의는 사회적 이익

을 위한 책임 있는 관리의 필요성을 암묵적으로 인정하지만, 명시적인 신학적 근거 없이 그렇게 하는 경우가 많습니다.
- 그러나 옥스포드 AI 윤리 연구소 (Oxford Institute, n.d.) 는 AI 윤리를 강화하기 위한 세속적 개념으로 **"데이터 청지기 의식"** 을 논의하며, 책임성, 정당성, 신뢰성을 강조함으로써 이 개념의 유용성에 대한 폭넓은 인식을 보여줍니다.
- 스탠포드 HAI (Stanford HAI, 2019) 와 옥스포드 AI 윤리 연구소 (Oxford Institute, n.d.) 가 대표하는 세속적인 AI 윤리 프레임워크는 책임 있는 AI 개발 및 사회적 이익을 위한 관리가 필요하다는 점을 올바르게 인식하고 있지만, 종종 초월적인 도덕적 기반 없이 작동합니다.

"의로운 AI (Righteous AI)" 논문 (AI and Faith, 2022) 은 인간 중심의 윤리적 원칙이 **"견고하고 유익한 AI"** 를 보장하기에 **"필요하지만 불충분하다"** 고 명시적으로 주장하며, **"신성한 지능의 인정…이 (AI 개발의) 기초가 된다"** 고 제안합니다. 이 중요한 구분은 성경적 청지기 의식이 더 심오하고 포괄적인 윤리적 틀을 제공한다는 것을 강조합니다. 이는 단순한 규정 준수, 위험 완화 또는 공리주의적 결과를 넘어 도덕적 행동을 위한 **"초월적인 이유 또는 힘"** (AI and Faith, 2022) 을 제공합니다.

AI 윤리를 하나님의 성품과 목적에 고정시킴으로써, 성경적 청지기 의식은 해악을 피하는 것을 넘어 적극적으로 신성한 선과 정의를 반영하는 기술인 **"의로운 AI (Righteous AI)"** (AI and Faith, 2022) 의 추구를 강제합니다. 견고한 청지기 접근 방식은 교회가 AI 개발 및 사용을 적극적으로 형성하는 데 참여하도록 강제합니다. 이는 알고리즘의 투명성을 옹호하고, 편향과 차별을 완화하기 위한 공정성을 보장하며, 강력한 책임 메커니즘을 확립하는 것을 포함합니다 (Oxford Institute, n.d.). 더 나아가, AI가 해악을 초래하거나, 기존 불평등을 악화시키거나, 인간의 존엄성을 훼손할 가능성에 대한 경계를 요구하며, 기술이 자율적인 주인이 아닌 인류와 하나님의 목적의 종으로 남아 있도록 보장합니다 (Ministry Brands, n.d.-a). **AI의 "정렬 문제"** (Human-Compatible AI, n.d.) 는 AI의 행동이 인간의 규범 및 가치와 일치하도록 보장하는 데 중점을 두는데, 이는 기술 개발을 하나님의 뜻과 모든 피조물의 번영이라는 궁극적인 목표에 맞추는 것과 심오한 신학적 유사성을 가집니다.

AI 기술의 변혁적 지형: 윤리적, 영적 지도의 시급한 필요성 부각

AI는 교회에 운영 효율성을 높이고, 자원을 보다 효과적으로 관리하며, 소통 및 봉사 활동을 개선할 수 있는 중요하고 실질적인 기회를 제공합니다. 여기에는 일정 관리, 출석 추적, 피드백 수집과 같은 일상적인 행정 업무 자동화가 포함되어 귀중한 인적 자원을 확보할 수 있습니다 (Ministry Brands, n.d.-a).

AI는 또한 맞춤형 뉴스레터 및 메시지와 같은 개인화된 소통을 촉진하고, 설교 준비, 교육 자료, 다국어 번역을 포함한 다양한 사역 콘텐츠를 개발하는 데 도움을 줄 수 있습니다 (Ministry Brands, n.d.-a). 조성실은 AI, 특히 생성형 AI를 "똑똑한 목회 비서"로 적절히 묘사하며, 목회자들이 자원 관리 및 교인들과의 더 깊은 관계 구축에 크게 기여하여 본질적인 목회 측면에 집중할 수 있도록 돕는 역할을 강조합니다 (조성실, 2023).

Ministry Brands와 같은 기업들은 교회 관리를 위한 다양한 통합 기술 솔루션을 명시적으로 제공하며, 이러한 AI 역량의 실제 적용 가능성을 보여줍니다 (Ministry Brands, n.d.-a). 그러나 유발 노아 하라리는 정보 기술과 생명 공학의 쌍둥이 혁명이 제기하는 중대한 도전에 대해 냉철한 평가를 제공합니다 (Harari, 2017). 그의 분석은 윤리적, 영적 지도의 시급한 필요성을 강조하는 몇 가지 심오한 사회적 위험을 부각시킵니다.

- **대량 실업과 "무용 계급"**: 하라리는 AI가 점점 더 복잡한 인지 작업을 자동화할 수 있는 능력이 광범위한 일자리 감소로 이어져, 잠재적으로 경제적으로 "무용"하다고 여겨지는 인구의 큰 부분을 생성할 수 있다고 주장합니다 (Harari, 2017).
- **자유의 침식과 디지털 독재**: AI가 인간의 감정과 결정을 모니터링, 이해, 심지어 조작할 수 있는 능력은 중앙 집중식 데이터 처리와 결합되어 개인의 자유 의지에 직접적인 위협이 되며 전례 없는 형태의 전체주의적 통제를 가능하게 할 수 있습니다 (Harari, 2017).
- **불평등 심화와 생물학적 계급**: 하라리는 소수의 엘리트가 AI 및 생명 공학의 혜택을 독점함으로써 극심한 부의 불균형과 더 나아가 인류가 다른 "계급" 또는 심지어 종으로 생물학적으로 분화될 수 있다고 경고합니다 (Harari, 2017).
- **데이터 통제를 위한 투쟁**: 데이터는 21세기의 가장 중요한 자산으로 식별되며, 소수의 손에 집중되는 것은 권력 분배와 인간의 자율성에 중대한 위협이 됩니다 (Harari, 2017).

하라리의 대량 실업, 디지털 독재, 생물학적 불평등에 대한 엄중한 경고는 단순한 학술적 예측이 아닙니다. 이는 인간의 존엄성, 평등, 번영이라는 기독교의 핵심 가치와 직접적으로 모순되는 잠재적인 미래를 명확히 보여줍니다. **만약 AI가 "무용 계급"을 만들고, 자유 의지를 훼손하**

며, **극복할 수 없는 사회적 분열을 초래한다면, 이는 근본적으로 하나님의 형상**(imago Dei) **이라는 개념과 정의, 연민, 사랑에 대한 성경적 명령에 도전하는 것입니다.** 따라서 **교회가 견고한 청지기 틀에 따라 AI와 교류하는 것은 단순한 적응을 넘어섭니다. 이는 구속적 사명**이 됩니다. 이 사명은 기술 개발을 인간의 번영과 하나님의 나라 실현을 향해 적극적으로 이끌어감으로써 이러한 디스토피아적 궤적에 맞서는 것입니다. 이는 "새로운 사람" 모델의 필요성에 대한 심오하고 시급한 이유를 제공하며, 이를 실존적 위협에 대한 필수적인 대응으로 자리매김합니다.

AI 개발 및 사용의 윤리적 필수 요소

AI 시스템이 점점 더 자율적이고 복잡해짐에 따라, AI의 행동 및 결과에 대한 도덕적 책임의 경계가 모호해지는 **"책임 공백"**이 발생할 수 있습니다 (RISS, n.d.). 그러나 기독교 윤리는 AI의 미래가 궁극적으로 인간의 책임에 달려 있음을 확고히 주장합니다. 이는 기술이 결코 가치 중립적이지 않으며, 우리가 추구하는 가치와 삶의 방식에 깊이 얽혀 있음을 강조합니다 (RISS, n.d.). 이러한 관점은 윤리적인 AI에 대한 책임을 인간의 도덕적 참여와 분별력에 명확히 둡니다.

윤리적인 AI 개발은 설계, 배포 및 감독에 있어 인간의 도덕적 참여를 강화해야 합니다. 여기에는 AI 알고리즘의 투명성을 증진하여 의사 결정 과정을 이해할 수 있도록 하고, 편향과 차별을 완화하기 위한 공정성을 보장하며, AI 시스템에 대한 강력한 책임 메커니즘을 확립하는 것이 포함됩니다 (Oxford Institute, n.d.).

AI의 **"정렬 문제"** (Human-Compatible AI, n.d.) 는 AI의 행동이 인간의 규범 및 가치와 일치하도록 보장하는 데 중점을 두는데, 이는 기술 개발을 하나님의 뜻과 인간 번영이라는 궁극적인 목표에 맞추는 것과 심오한 신학적 유사성을 가집니다. **"책임 공백"** (RISS, n.d.) 에 대한 논의와 순전히 인간 중심의 윤리가 견고한 AI에 "필요하지만 불충분하다"는 명시적인 주장 (AI and Faith, 2022)은 더 깊은 도덕적 기반의 필요성을 지적합니다.

"의로운 AI" (AI and Faith, 2022)의 개념은 **하나님의 두려움과 신성한 지능의 인정을 바탕으로 한 기독교적 지혜가 세속적 기준에 따라 "윤리적"일 뿐만 아니라 초월적이고 하나님을 영화롭게 하는 의미에서 진정으로 "선한" AI 시스템으로 이어질 수 있음**을 시사합니다. 이는 AI 개발에 공감, 정직, 자기희생, 정의, 자비와 같은 핵심 기독교 가치를 주입하는 적극적인 과정을 의미합니다 (AI and Faith, 2022). 이러한 통합은 AI가 하나님의 성품을 반영하고 그분의 왕국을 적극적으로 증진하여 최소한의 기준을 넘어 "의로운 AI의 견고한 문화"를 육성하도록 보장합니다 (AI and Faith, 2022).

궁극적으로 한국 교회는 **"시대의 부르심을 받은 창조적인 인간형인 '새로운 사람'"**을 양성하는 **"요람"**으로 변화해야 합니다. 이러한 통합적 접근은 국가, 사회, 교회, 개인의 삶을 포함한 모든 영역에서 지속 가능한 성장을 위한 추진력을 제공할 것이며, AI 시대에 하나님의 사랑과 생명의 충만함을 세상에 실천하는 교회의 사명을 더욱 효과적으로 수행할 수 있도록 할 것입니다.

AI 기술 발전과 사회 변화: 새로운 현실과 윤리적 과제

AI 기술은 눈부신 속도로 발전하며 우리 사회 전반에 걸쳐 혁명적인 변화를 일으키고 있습니다.

챗 GPT와 같은 생성형 AI는 언어 이해 및 생성 능력을 비약적으로 발전시켰고 (Devabit, 2023), 다양한 유형의 데이터를 복합적으로 처리하는 멀티모달 AI 또한 인간의 감각 정보 처리 방식을 모방하며 새로운 가능성을 열고 있습니다 (Perplexity, 2024; Kapur, 2024). 이러한 기술 발전은 의료, 금융, 제조, 서비스 등 거의 모든 산업 분야에 적용되어 생산성을 향상시키고 새로운 경제적 기회를 창출할 것으로 예상됩니다 (McKinsey Global Institute, 2018; WEKA, 2024). AI 기술의 영향력은 단순히 경제적 효율성을 넘어 사회, 문화적 지형까지 변화시키고 있습니다. 개인의 삶은 더욱 편리해지고 효율화될 수 있지만, 동시에 일자리 감소, 소득 불균형 심화와 같은 사회적 문제에 대한 우려도 제기됩니다 (OECD, 2023).

특히 한국 사회는 젊은 세대의 가치관 변화, 급격한 디지털 환경 전환, 그리고 사회적 불평등 심화라는 복합적인 도전에 직면하고 있습니다. 이러한 변화 속에서 AI 기술에 대한 기독교적 윤리적 관점은 인간의 존엄성 보호와 기술의 책임감 있는 활용을 강조합니다. 기독교 윤리는 AI 기술이 인간 고유의 가치를 훼손하지 않으면서 사회적 책임을 다하는 방향으로 발전해야 한다고 주장합니다. **결국 AI 기술과 기독교 청지기 의식의 통합은 인간의 번영을 도모하면서도 기술의 잠재적 위험을 최소화하기 위한 필수적인 길을 제시하게 될 것입니다.**

2. AI 기술과 변화: 기독교적 윤리 적용은 필수 과제이다.

AI 기술 발전의 가속화와 혁신적 변화

AI 기술은 전례 없는 속도로 발전하며 사회 전반에 걸쳐 혁신적인 변화를 가져오고 있습니다. 이러한 변화의 핵심에는 생성형 AI와 멀티모달 AI의 발전이 있습니다.

생성형 AI의 진화:

챗 GPT와 같은 생성형 AI는 2023년 샘 알트만(Sam Altman)이 새로운 버전을 소개하며 언어 이해 및 생성 능력을 비약적으로 발전시켰습니다 (Devabit, 2023). OpenAI의 플랫폼은 약 2백만 명의 개발자가 API를 기반으로 구축하고 있으며, 포춘 500대 기업의 92% 이상이 제품을 사용하고, 주간 활성 사용자 수는 약 1억 명에 달하는 등 전 세계적으로 가장 발전되고 널리 사용되는 플랫폼으로 자리매김했습니다 (Devabit, 2023). 생성형 AI의 채택은 2025년 이후에도 비즈니스 및 소비자 시장 전반에 걸쳐 가속화될

것으로 예측되며 (TDWI, 2024), 대화형 사용자 인터페이스, 임베디드 디지털 비서, 자연어 챗봇, 작업 중심 코파일럿 등 LLM (Large Language Model) 기반 생산성 증강 형태로 기업 애플리케이션의 핵심 차별화 요소가 되고 있습니다 (TDWI, 2024). TDWI 연구에 따르면 기업의 30%가 이미 생성형 AI를 배포했거나 향후 도입에 상당한 관심을 보이고 있으며, 46%는 비즈니스 활용 방안을 논의 중입니다 (TDWI, 2024).

멀티모달 AI의 부상:

멀티모달 AI는 텍스트, 이미지, 오디오, 비디오 등 다양한 유형의 데이터를 통합하고 처리하여 인간의 감각 정보 처리 방식을 모방하며 새로운 가능성을 열고 있습니다 (Kellton, 2025; Pieces, 2025; Perplexity, 2024; Kapur, 2024). 2023년 글로벌 멀티모달 AI 시장 규모는 13.4억 달러로 추정되며, 2024년부터 2030년까지 연평균 35.8%의 성장률을 보일 것으로 예상됩니다 (Kellton, 2025).

이러한 성장은 GPT-4 Vision, Gemini 2.0과 같은 통합 모델의 등장과 NLP (Natural Language Processing) 에서 시작된 트랜스포머 아키텍처의 혁신, 그리고 YouTube-8M, OpenImages와 같은 대규모 멀티모달 데이터의 가용성 및 처리 능력 향상에 힘입은 바 큽니다 (Kellton, 2025; Pieces, 2025). 멀티모달 AI는 고객 서비스 챗봇, 데이터 분석, 로봇 공학 등 다양한 분야에 적용될 수 있습니다 (Kellton, 2025).

산업 전반의 혁명적 변화:

AI 기술은 의료, 금융, 제조, 서비스 등 거의 모든 산업 분야에 적용되어 생산성을 향상시키고 새로운 경제적 기회를 창출할 것으로 예상됩니다 (McKinsey Global Institute,

2018; WEKA, 2024). PwC의 2025년 AI 비즈니스 예측에 따르면, 기업의 AI 성공은 비전만큼이나 도입에 달려 있으며, AI가 기업의 핵심 비즈니스 전략에 완전히 통합되는 것이 중요하다고 강조합니다 (PwC, 2025). AI는 생산성, 시장 출시 속도, 수익에서 20~30%의 증진을 가져올 수 있으며, 특히 R&D 분야에서 제품 개발 주기를 50% 단축하고 비용을 30% 절감할 수 있다고 예측됩니다 (PwC, 2025).

이러한 변화는 단순히 기술적 진보를 넘어 기업의 운영 방식과 경쟁 환경을 근본적으로 재편하고 있습니다 (PwC, 2025).

AI 기술의 광범위한 영향과 윤리적 과제 제기

AI 기술의 급속한 발전은 사회 전반에 걸쳐 긍정적인 변화와 더불어 심각한 사회경제적, 윤리적 문제를 동시에 야기하고 있습니다. 이러한 기술 발전의 양면성은 AI가 가져올 미래에 대한 심도 깊은 성찰을 요구합니다.

사회 경제적 영향:

AI 기술의 영향력은 단순히 경제적 효율성을 넘어 사회, 문화적 지형까지 변화시키고 있습니다. 개인의 삶은 더욱 편리해지고 효율화될 수 있지만, 동시에 일자리 감소, 소득 불균형 심화와 같은 사회적 문제에 대한 우려도 제기됩니다 (OECD, 2023). OECD의 2023년 고용 전망 보고서에 따르면, AI를 포함한 자동화 기술로 인해 OECD 국가 평균적으로 일자리의 약 28%가 고위험 자동화 직업군에 속합니다 (OECD, 2023).

특히 한국의 경우, IMF 보고서에 따르면 전체 일자리의 약 50%가 AI에 노출되어 있으며, 이는 여성, 젊고 교육 수준이 높은 고소득 노동자에게 더 높은 노출도를 보입니다 (International Monetary Fund, 2025).

이러한 현상은 AI가 생산성을 높일 수 있지만, 동시에 고소득층에 불균형적으로 혜택을 주어 불평등을 심화시킬 수 있다는 우려를 낳습니다 (International Monetary Fund, 2024).

윤리적 고려사항의 부상:

AI의 급속한 발전은 데이터 프라이버시, 알고리즘 편향, 책임성 부족, 오정보 및 딥페이크 확산 등 다양한 윤리적 문제를 야기하고 있습니다 (Pieces, 2025; McKinsey Global Institute, 2025; OECD, 2023; Wharton, 2024; Perplexity, 2024). 바티칸의 'Antiqua et nova' 문서는 **AI가 인간의 존엄성을 훼손하거나, 자율적인 의사결정을 저해하거나, 사회적 불평등을 심화시키는 방식으로 사용되어서는 안 된다고** 강조합니다 (Vatican, 2025; Word on Fire, 2025). 특히 Lethal Autonomous Weapon Systems (LAWS)와 같이 인간의 도덕적 판단 없이 살상 행위를 수행할 수 있는 AI 무기 시스템의 사용은 심각한 윤리적 우려를 낳으며 금지되어야 한다고 명시합니다 (Vatican, 2025).

이러한 기술적 진보가 가져오는 위험은 기술 자체의 발전 속도에 비해 사회적, 제도적 준비가 미흡하다는 점을 명확히 보여줍니다. 기업들은 AI 도입을 통해 가치를 창출하려 노력하지만, 데이터 거버넌스, 보안 통합, 조직 내 정렬 부족 등으로 인해 여전히 어려움을 겪고 있으며 (Onixnet, 2025; McKinsey Global Institute, 2025), 이는 기술적 가능성과 실제 사회적 수용 및 통합 사이의 간극이 존재함을 시사합니다.

기독교 윤리적 관점의 중요성:

이러한 변화 속에서 **기독교적 윤리적 관점은 인간의 존엄성 보호와 기술의 책임감 있는 활용을 강조**합니다. 기독교 윤리는 AI 기술이 인간 고유의 가치를 훼손하지 않으면서 사회적 책임을 다하는 방향으로 발전해야 한다고 주장합니다 (Vatican, 2025; Word on Fire, 2025; Faithful Path Community, 2025; FaithGPT, 2024). **성경적 청지기 의식은 기술을 포함한 모든 피조물을 책임감 있게 관리해야 할 인간의 의무를 강조**하며 (Faithful Path Community, 2025; FaithGPT, 2024), 이는 AI가 공동선과 지속 가능성을 위해 사용되어야 함을 의미합니다 (Word on Fire, 2025; FaithGPT, 2024).

이러한 관점은 AI의 개발 및 적용에 있어 인간 중심적 접근 방식이 필수적이며, 기술이 인간의 번영과 공동체에 기여하도록 방향을 설정해야 함을 역설합니다. **AI 기술은 그 자체로 선하거나 악한 것이 아니라, 인간의 의도와 활용 방식에 따라 그 영향이 달라지기 때문에, 기술의 설계 단계부터 윤리적 원칙이 내재화되어야** 합니다.

AI 기술 발전의 심화와 산업 혁신

생성형 AI는 단순한 도구를 넘어 기업과 소비자의 경험을 혁신적으로 변화시키고 있으며, 그 활용 범위는 지속적으로 확장되고 있습니다.

기업 및 소비자 시장 확산:

생성형 AI의 채택은 2025년 이후에도 비즈니스 및 소비자 시장 전반에 걸쳐 가속화될 것으로 예측됩니다 (TDWI, 2024). 이미 대화형 사용자 인터페이스, 임베디드 디지털 비서, 자연어 챗봇, 작업 중심 코파일럿 등 LLM 기반 생산성 증강 형태로 기업 애플리케이션의 핵심 차별화 요소가 되고 있습니다 (TDWI, 2024).

TDWI 연구에 따르면 기업의 30%가 이미 생성형 AI를 배포했거나 향후 도입에 상당한 관심을 보이며, 46%는 비즈니스 활용 방안을 논의 중입니다 (TDWI, 2024). 이는 기업들이 생성형 AI를 단순한 실험 단계를 넘어 실제 비즈니스 가치 창출의 핵심 동력으로 인식하고 있음을 보여줍니다 (Onixnet, 2025).

업무 방식의 변화와 직업의 민주화:

생성형 AI는 기업이 업무를 수행하는 방식을 빠르게 변화시키고 있습니다.

TDWI 조사에 따르면, 37%의 조직이 고객 지원 애플리케이션용 생성형 AI 챗봇을 구축했거나 배포할 계획이며, 28%는 마케팅 콘텐츠 생성, 26%는 신입 직원 온보딩에 활용하고 있습니다 (TDWI, 2024). 이러한 자동화는 반복적이고 시간 소모적인 작업을 AI에 위임함으로써 직원들이 보다 창의적이고 전략적인 업무에 집중할 수 있도록 합니다 (Devabit, 2023).

향후 몇 년 동안 생성형 AI는 지식 노동자들이 고도로 숙련된 팀과 시간 소모적인 프로세스가 필요했던 정교한 결과물을 단독으로 생산할 수 있도록 지원함으로써 많은 직업을 민주화할 것으로 예측됩니다 (TDWI, 2024).

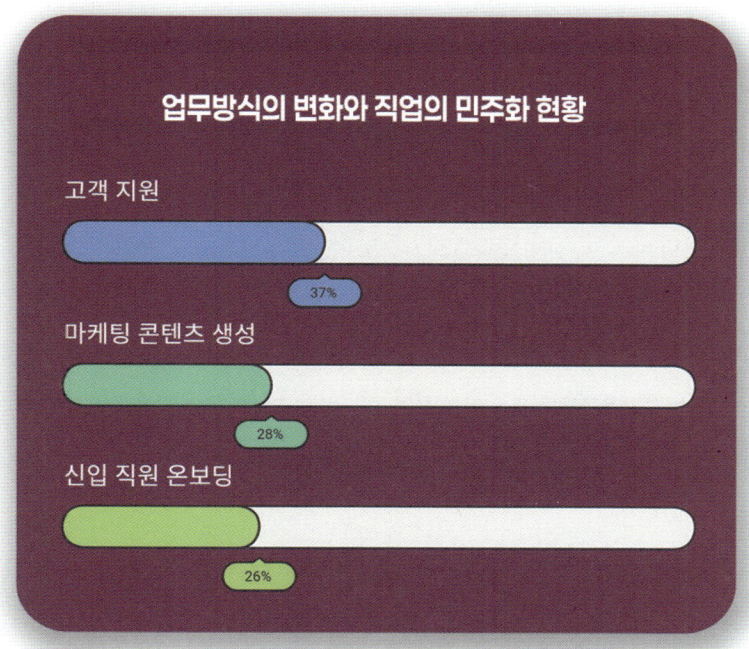

이는 특정 전문가 집단에 국한되었던 업무 수행 능력이 AI 도구를 통해 일반 지식 노동자에게도 확장될 수 있음을 의미합니다.

에이전트 AI의 부상:

2025년은 '에이전트의 해'로 예측되며, 이는 인간의 감독 없이 복잡한 작업을 수행하고 자율적인 결정을 내릴 수 있는 자율 AI 시스템으로의 중요한 전환을 의미합니다 (Onixnet, 2025). 가트너 (Gartner) 는 에이전트 AI를 2025년 10대 기술 트렌드 중 하나로 선정했으며, 딜로이트 글로벌 (Deloitte Global) 의 2025년 보고서는 2025년까지 생성형 AI를 사용하는 기업의 25%가 AI 에이전트를 배포하고 2027년에는 50%로 증가할 것으로 전망합니다 (Onixnet, 2025).

구글의 Gemini 2.0과 같은 멀티모달 기능을 갖춘 모델은 새로운 AI 에이전트 개발을 가속화하여 '범용 에이전트' 역할을 수행할 수 있도록 합니다 (Onixnet, 2025). 또한, 여러 AI 기반 에이전트가 함께 작동하여 복잡한 비즈니스 문제를 해결하는 다중 에이전트 시스템 (Multi-Agent Systems) 의 부상도 예상됩니다 (Onixnet, 2025).

이러한 **에이전트 AI의 발전은 AI가 단순한 도구를 넘어 자율적으로 목표를 설정하고 실행하는 주체로 진화**하고 있음을 보여주며, 이는 기업의 운영 방식과 인력 구조에 더욱 근본적인 변화를 가져올 것입니다 (McKinsey Global Institute, 2025).

멀티모달 AI의 주요 구성 요소, 발전 및 산업별 응용 사례

멀티모달 AI는 다양한 형태의 데이터를 통합적으로 이해하고 처리함으로써 인간과 유사한 방식으로 세상을 인지하고 상호작용하는 능력을 제공합니다.

기술적 구성 요소 및 특성:

멀티모달 AI 시스템은 여러 단일 모달 뉴럴 네트워크로 구성된 입력 모듈, 각 데이터 유형의 정보를 처리하는 퓨전 모듈, 그리고 최종 결과를 출력하는 출력 모듈로 이루어집니다 (Pieces, 2025). 이러한 시스템은 이질성 (heterogeneity), 즉 다양한 데이터 유형의 특성과 구조를 이해하고, 연결성 (connection), 즉 다른 모달리티 간의 상호 보완적인 정보를 활용하며, 상호작용 (interactions), 즉 여러 모달리티가 결합될 때 발생하는 역동적인 관계를 파악하는 세 가지 주요 특성을 가집니다 (Pieces, 2025).

인코더 (텍스트, 이미지, 오디오) 는 원시 데이터를 기계가 이해할 수 있는 특징 벡터로 변환하고, 퓨전 메커니즘 (Early, Intermediate, Late, Hybrid Fusion) 은 이 특징 벡터들을 결합하여 모델이 모든 모달리티의 데이터를 상황 인지적으로 이해하도록 돕습니다. 마지막으로 디코더는 통합된 정보를 바탕으로 관련성 높은 결과물을 생성합니다 (Pieces, 2025).

이러한 복합적인 아키텍처는 멀티모달 AI가 기존 단일 모달 AI보다 훨씬 더 정확하고 상황에 맞는 결과물을 도출할 수 있도록 합니다.

주요 발전 동향:

챗 GPT와 DALL·E의 성공 이후 생성형 모델이 멀티모달 AI와 결합하여 텍스트, 이미지, 오디오 생성 능력을 갖추게 되었고, NLP에서 시작된 트랜스포머 아키텍처는 이제 복잡한 멀티모달 입력까지 처리할 수 있게 되었습니다 (Kellton, 2025). 예를 들어, 트랜스포머는 텍스트 질문을 받아 시각 정보 (예: 이미지 속 객체) 로 응답할 수 있습니다 (Kellton, 2025).

또한, YouTube-8M, OpenImages와 같은 대규모 멀티모달 데이터베이스의 가용성과 효율적인 컴퓨팅 프레임워크의 발전이 멀티모달 AI의 성장을 가속화하고 있습니다 (Kellton, 2025). 이러한 발전은 멀티모달 AI가 인간-컴퓨터 상호작용을 재정의하고 기업 지능의 지평을 넓히는 데 결정적인 역할을 하고 있습니다 (Kellton, 2025).

산업별 응용 사례:

멀티모달 AI는 다양한 산업에서 의사결정을 향상시키고 사용자 경험을 개선하며 혁신을 주도하고 있습니다.

헬스케어: 의료 영상 (X-ray, MRI), 환자 기록, 검사 결과, 임상 노트 등을 통합 분석하여 진단 정확도를 높이고 치료 계획을 최적화합니다 (Kellton, 2025). 원격 의료 상담 시 환자의 표정, 목소리 톤, 발언 등을 실시간으로 분석하여 텍스트 정보만으로는 파악하기 어려운 건강 상태를 이해하는 데 활용됩니다 (Kellton, 2025).

리테일 및 전자상거래: 시각 검색 및 추천 엔진을 통해 고객 상호작용을 혁신합니다. 고객이 제품 사진을 업로드하면 AI가 이미지 인식과 텍스트 기반 설명, 사용자 리뷰를 결합하여 정확한 제품을 찾아 추천합니다 (Kellton, 2025). AI 기반 가상 비서는 음성 인식과 자연어 처리를 통해 제품 문의 및 주문 처리를 돕고, 고객의 쇼핑 선호도와 이력을 분석하여 개인화된 경험을 제공합니다 (Kellton, 2025).

자율 주행: 센서, 카메라, LiDAR (Light Detection and Ranging), GPS 데이터, 레이더 등을 통합하여 환경을 인식하고 실시간으로 안전하고 정보에 입각한 결정을 내리는 데 필수적입니다 (Kellton, 2025). 예를 들어, 카메라의 시각 데이터로 객체를 감지하고 LiDAR로 거리와 속도를 측정하여 3D 환경 지도를 생성합니다 (Kellton, 2025).

교육: AI 기반 플랫폼이 텍스트, 이미지, 비디오, 오디오를 통합하여 다양한 학습 스타일에 맞는 교육을 제공합니다 (Kellton, 2025). 언어 학습 앱이나 온라인 시험에서 음성 및 필기 응답을 분석하여 발음, 문법, 문장 구조를 실시간으로 평가하고 개인화된 피드

백을 제공하는 데 사용됩니다 (Kellton, 2025).

고객 서비스 및 챗봇: 음성, 텍스트, 시각 인터페이스를 통해 문의를 처리하는 고급 챗봇 및 가상 비서를 가능하게 합니다 (Kellton, 2025). 음성 인식, NLP, 이미지 인식을 통합하여 보다 효과적이고 상황에 맞는 답변을 제공하며, 감성 분석을 통해 고객 감정에 따라 응답을 조정할 수 있습니다 (Kellton, 2025).

제조 및 산업 자동화: 스마트 공장에서 효율성, 안전성, 품질 관리를 향상시킵니다. 카메라, 센서, 음향 분석 데이터를 통합하여 장비를 모니터링하고 이상 징후를 감지하며 생산 공정을 최적화합니다 (Kellton, 2025). 품질 관리에서는 시각 검사 (카메라) 와 센서 판독값 또는 사용자 피드백을 결합하여 제품 결함을 식별합니다 (Kellton, 2025).

보안 및 감시: 비디오 피드, 오디오 녹음, 센서 데이터를 스캔하여 위협 및 의심스러운 행동을 감지함으로써 보안 및 감시 시스템을 강화합니다 (Kellton, 2025). 얼굴 인식, 비정상적인 행동 감지, 특정 소리 감지 등을 통해 실시간으로 보안 담당자에게 경고를 보낼 수 있습니다 (Kellton, 2025).

결론적으로, 멀티모달 AI는 인간의 감각 처리 방식을 모방하며 헬스케어, 자율 주행, 교육 등 다양한 분야에서 혁신적인 응용 가능성을 열고 있습니다. 그러나 이러한 기술적 진보의 속도는 사회적, 제도적 준비의 속도를 초월하는 비대칭성을 보입니다. **AI는 일자리 감소, 소득 불균형 심화, 프라이버시 침해, 알고리즘 편향, 오정보 확산과 같은 사회경제적 위험을 내포하고 있습니다.**

3. 한국 교회의 현실 진단: 위기와 본질 회복의 요청

오늘날 한국 사회는 젊은 세대의 가치관 변화와 사회적 불평등 심화라는 복합적인 상황에서 AI의 영향에 더욱 민감하게 반응할 수 있습니다. AI의 경제적 혜택이 고소득층에 집중될 수 있다는 우려는 사회적 분열을 심화시킬 가능성을 내포합니다. 이러한 AI 기술의 양면성은 기술 자체의 발전만으로는 해결될 수 없는 윤리적, 사회적 거버넌스의 시급성을 강조합니다.

따라서 **AI 시대의 새로운 현실을 성공적으로 탐색하기 위해서는 기술 혁신을 지속하되, 그에 상응하는 윤리적 성찰과 사회적 합의가 필요한 상황**에 놓였다고 보여집니다. 무엇보다 AI 기술의 잠재적 위험을 최

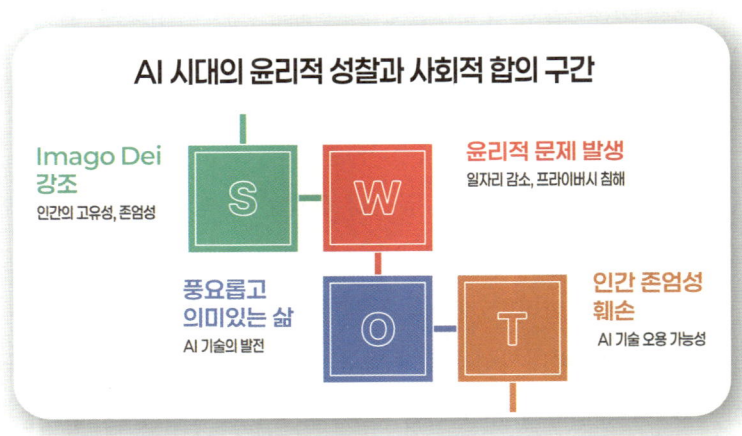

소화하고 긍정적인 영향을 극대화하기 위한 정책적 노력, 교육 시스템의 변화, 그리고 무엇보다 인간 중심적 가치관에 기반한 윤리적 프레임워크의 확립이 그 어느 때보다 시급한 상황이라 보여집니다. 그러나 이같은 상황에서 발목을 잡고있는 치명적이라 할 수 있는 심각한 위기에 놓여 있음이 한국 교회의 현실입니다.

미래의 전망을 어둡게 하는 심각한 위기란 과연 무엇일지, 우리가 직면해 있는 문제점은 무엇인지를 먼저 주목해 보지 않을 수 없습니다. 강병오의 지적처럼 급속히 줄어드는 **교회 인구 감소가 가장 큰 문제**라 지적하지 않을 수 없습니다.

2005년 인구 주택 총조사 결과에 따르면 개신교 인구는 10년 전 대비 1.6% 감소하며, 이는 불교 (3.9% 증가) 나 가톨릭 (74.4% 증가) 과 대조되는 현상이었습니다. **사회 전반에 만연한 반(反)기독교 정서와 다른 종교에 비해 낮은 사회적 신뢰도**는 한국 교회의 사회적 영향력 약화의 주된 원인으로 꼽힙니다. 특히 대형 교회의 세습 문제, 교회 재정의 불투명성, 그리고 윤리적 스캔들 등은 한국 교회가 사회적 신뢰를 잃게 된 주요 원인으로 지적됩니다. 이러한 문제들은 성장 지향적인 교회 운영과 양적 성장에 대한 집착이 청지기 의식의 부재와 결합된 결과로 분석됩니다 (Kang, 2012).

이 책은 이러한 한국 교회의 복합적인 위기를 심층적으로 진단하고, 이에 대한 근본적인 대안으로 **인공지능(AI) 기술과 기독교 청지기 의식의 통합을 제안하며, 패러다임 전환을 모색**해 보고자 합니다.

한국 교회 위기의 심각성 및 인구 감소 현황

한국 교회가 직면한 인구 감소 현상은 단순한 숫자 이상의 의미를 가집니다. 2005년 인구주택총조사에서 1995년 대비 개신교 인구가 1.6% 감소했다는 진단은 초기 위기의 징후를 보여주었습니다.

그러나 2015년 조사에서는 개신교 인구가 2005년 844만 6천 명에서 967만 6천 명으로 오히려 증가하며 국내 종교 인구 1위를 기록하는 일시적인 양적 반등을 보이기도 했습니다 (이지혜, 2016).

이러한 수치는 특정 시점의 외형적 성장이 가능했음을 시사합니다. 하지만 이러한 양적 성장은 지속되지 못했으며, 장기적인 관점에서 한국 개신교는 심각한 인구 감소 추세에 놓여 있습니다.

현재 828만 명, 전체 인구의 16.2%인 개신교 인구가 2050년에는 560만 명 (11.9%)으로 감소할 것이라는 충격적인 예측이 제시되고 있습니다 (정재영, 2024).

이러한 예측은 교회의 미래 동력과 지속 가능성에 대한 근본적인 위협을 나타냅니다. 과거의 양적 성장이 현재의 인구 감소 추세를 가리거나, 교회가 그 성장기에 미래 세대 유입을 위한 근본적인 변화를 꾀하지 못했음을 시사합니다. 특히 세대별 인구 감소는 더욱 심각합니다.

20~40대 개신교인 비율은 지난 10년간 절반 수준으로 급감했으며, 이제 개신교인 비율이 가장 높은 연령대는 60대 이상으로 나타나 한국 교회의 심각한 고령화가 진행 중임을 명확히 보여줍니다 (이현주, 2020).

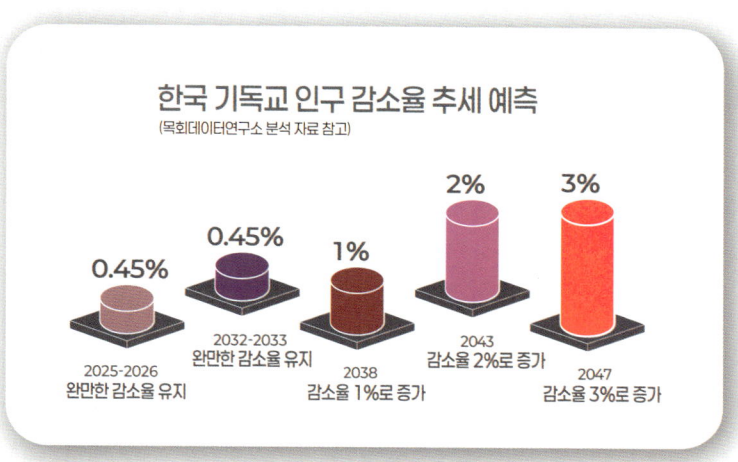

20대 개신교인 비중은 일반 국민 대비 가장 낮은 6%에 불과하며 (일반 국민 15%), 청소년의 72.4%가 무종교인이라고 응답하여 성인 무종교인 비율 (62.9%)보다 높아, 미래 세대의 교회 이탈 현상이 더욱 가속화되고 있음을 드러냅니다 (이현주, 2020).

이는 단순히 인구 감소를 넘어, 교회의 사회적 관련성 상실, 문화적 소통 부재, 그리고 기존 교회의 가치관과 젊은 세대의 가치관 간의 심각한 괴리를 반영하는 지표로 해석될 수 있습니다. **교회가 현재의 위기를 단순히 '숫자의 문제'가 아닌 '세대 간 단절'과 '미래 생존의 문제'로 인식해야 함**을 강조하는 부분입니다.

사회적 신뢰도 하락과 반기독교 정서의 확산

한국 교회를 신뢰한다는 응답은 21.0%에 불과하며, 74%는 신뢰하지 않는다고 답했습니다. 이는 코로나19 이전인 2020년 조사 대비 10.8%p 더 하락한 수치로, **국민 5명 중 4명이 한국 교회를 신뢰하지 않는다는 의미입니다.**

특히 가톨릭 (26.4%) 이나 불교 (15.1%) 와 비교했을 때, 한국 개신교는 사회적 기여도 측면에서도 낮은 평가를 받고 있습니다 (정재영, 2023).

이러한 급격한 신뢰도 하락은 단순히 개별적인 문제들을 넘어, 교회가 사회적 기대와 윤리적 기준에 부합하지 못하는 구조적인 실패를 보여줍니다.

신뢰하지 않는 주요 이유로는 불투명한 재정 사용 (25.9%), 교회 지도자들의 삶 (22.8%), 타 종교에 대한 태도 (19.9%), 교인들의 삶 (14.3%), 그리고 교회 성장 제일주의 (8.5%) 등이 지적되었습니다 (정형권, 2023). 또한, 교회의 사회봉사 이미지가 지난 조사 대비 15.1%p 하락했으며, 국민 대다수 (83.2%) 가 교회와 목회자의 정치 참여를 원하지 않는 것으로 나타났습니다 (이송우, 2023).

이러한 복합적인 요인들은 **교회가 사회의 '소금과 빛'이 되기보다는 '사회적 문제'의 일부로 인식되고 있음**을 드러내며, 이는 교회의 사회적 영향력 약화와 고립을 심화시킵니다. 반기독교 정서의 확산 배경에는 일부 기독교인과 목회자들의 추태와 범죄가 언론에 보도된 것이 큰 영향을 미쳤습니다.

댄 킴볼 (Dan Kimball) 은 반기독교 정서의 원인을 **"기독교인들이 선교적 마인드가 없기**

때문"이라고 지적하기도 했습니다 (이인창, 2011). 교회의 신뢰도 하락은 단순히 "이미지 문제"가 아니라, 교회가 사회적 책임을 다하고 공공선을 추구하는 데 실패했다는 대중의 평가입니다. 이는 교회가 복음을 전하고 사회에 긍정적인 영향을 미칠 수 있는 통로가 막혀버렸음을 의미하며 (장동민, 2023), **교회가 자기 개혁을 통해 사회적 기대에 부응하지 못한다면, 그 존재의 의미마저 위협받을 수 있음**을 경고합니다.

성장 지향주의와 청지기 의식 부재가 부정적 이미지 확산의 주범

한국 교회의 위기는 **비합리적인 성장 지상주의와 양적 성장에 대한 집착이 청지기 의식의 부재와 결합된 결과로 분석**됩니다 (한국기독교사회문제연구원, 2020). 이러한 경향은

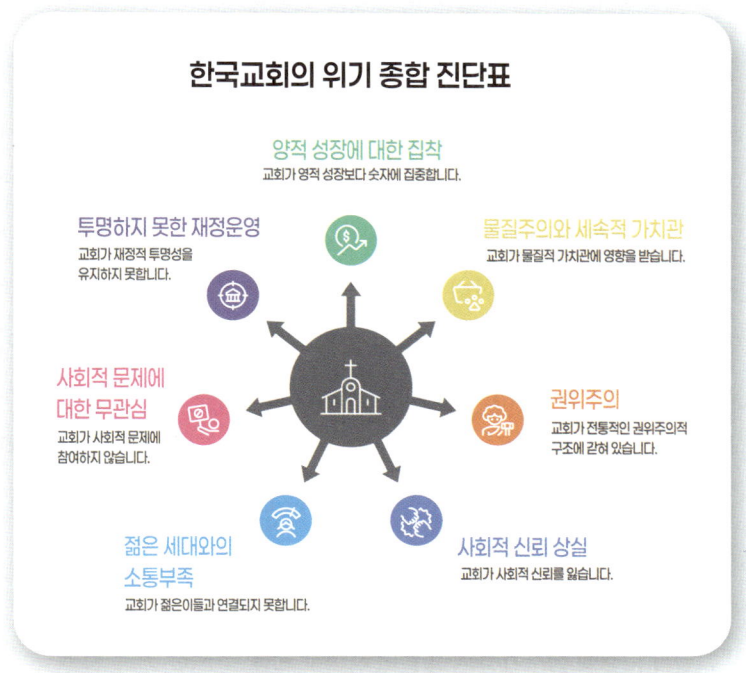

신뢰하지 않는 이유 중 하나로 '교회 성장 제일주의'가 꼽히는 것에서도 명확히 드러납니다 (정형권, 2023).

교회가 양적 성장에만 관심을 두며 전도를 강제적이고 집요하게 하는 모습, 그리고 자기 교회 중심적인 태도는 대중에게 반감을 샀습니다 (이원규, 2021). 성장 지상주의는 단순한 양적 목표를 넘어, 교회가 세속적인 성공주의와 물질주의에 깊이 오염되었음을 보여줍니다. **"돈과 권력과 명예를 탐한다", "많을수록, 클수록 좋다는… 천민적 자본주의, 물량주의, 상업주의에 물들어 있다"**는 비판은 교회가 세상의 가치관을 내면화했음을 의미합니다 (이원규, 2021). 이러한 세속화는 **"종교의 본질, 신앙의 본질을 잃어버리게"** 했고, **"영적 쇠퇴가 양적 쇠퇴를 초래"**했다는 분석은 양적 성장에 대한 집착이 오히려 교회의 영적, 도덕적 기반을 약화시켜 장기적인 쇠퇴를 가져왔다는 인과관계를 제시합니다 (이원규, 2021).

결국, 성장 지상주의는 청지기 의식의 부재를 넘어, 교회가 '섬기는 종'의 모습을 잃고 '부유하고 교만한' 존재로 변질되었음을 의미하며, 이는 교회의 도덕성과 영성을 동시에 상실하게 만들었습니다. **교회의 양적 성장이 반드시 영적 성숙이나 사회적 신뢰로 이어지지 않는다는 역설을 보여주는 것**입니다. 오히려 양적 성장에 대한 맹목적인 추구는 교회가 본질적인 가치를 희생하고 세속적인 성공 지표에 매몰되게 만들었으며, 이는 결국 사회적 불신과 내부 부패의 근본 원인이 되었습니다. **청지기 의식의 회복은 단순히 윤리적 덕목을 넘어, 교회의 존재론적 목적과 가치관을 재정립하는 핵심 과제**입니다.

AI 기술과 성경적 청지기 의식 통합이 시대적 요청

이러한 진단의 결과들은 한국 교회가 현대 사회의 변화와 요구에 충분히 대응하지 못하고 있음을 보여줍니다. 제도화된 '교회' 유형으로 변질되고 있다는 비판을 받는 한국 교회는 비합리적인 성장 지상주의, 물질주의에 오염된 세속주의, 그리고 더 이상 용납될 수 없는 전통적 권위주의에서 벗어나야 합니다. 이 책은 이러한 문제의 근본적인 대안으로 AI 기술과 기독교 청지기 의식의 통합을 통해 새로운 시대에 맞는 패러다임을 구축해야 함을 지속적으로 주장합니다.

한국 교회 부정적 이미지는 왜 자꾸만 생겨나나?

대형 교회의 세습 문제와 권위주의:

대형 교회에서 주로 발생하는 세습 문제는 교회를 목회자의 '사유물'로 인식하는 경향과 깊이 연관되어 있습니다 (주재용, 2005). 이는 교회를 예수 그리스도의 몸이자 공적 공동체가 아닌 목회자의 업적물처럼 사사화(私社化)하는 행위로 비판받습니다 (이동춘, 2003). 이러한 세습은 주로 큰 교회가 줄 수 있는 혜택, 즉 부와 권력, 명예에 대한 욕심에서 비롯되는 것으로 분석됩니다 (이동춘, 2003).

목회자들 사이에서도 세습에 대한 반대 (54.6%) 가 찬성 (45.4%) 보다 높게 나타나지만, 아들이 목사인 경우 60%가 세습을 지지하며, 연령이 높을수록 반대 비율이 낮아지는 경향을 보입니다 (주재용, 2005). 이는 교회 내부의 세대 및 직분 간 인식 격차를 명확히 보여줍니다. 반면 평신도의 61.4%는 세습에 반대하여, 교회의 핵심 구성원인 평신도들의 인식이 목회자층과 큰 괴리를 보임을 알 수 있습니다 (주재용, 2005). 목회자들이 세습의 이유로 '사람의 욕심' (66%) 과 '교회가 내 것이라는 생각' (62%) 을 인정하는 것은, 세습이 성직자의 부패와 권력, 부, 명예에 대한 집착에서 비롯된 것임을 자인하는 셈입니다 (주재용, 2005). 이는 예수 그리스도가 강조한 순교, 가난, 청빈, 겸손의 길과는 대조되는 모습으로, 교회가 거대 기업과 유사하게 변질되었음을 시사합니다 (이동춘, 2003). 대형 교회의 세습은 단순히 윤리적 문제를 넘어, 교회의 본질적인 공공성과 신성성을 훼손하고 사유화하는 행위로 해석될 수 있습니다. 교회를 '예수 그리스도의 몸'이자 '공교회'로 정의하며 특정인의 사유화에 반대하는 신학적, 윤리적 근거가 제시되는 상황에서 (이동춘, 2018), 목회자 스스로 세습의 원인을 '욕심'과 '교회가 내 것'이라는 인식에서 찾았다는 점은 이러한 사유화가 의도적이고 내면화된 문제임을 보여줍니다 (주재용, 2005).

결국, 세습은 교회의 부와 권력에 대한 집착의 결과이며, 이는 교회의 영적 권위와 사회적 신뢰를 근본적으로 무너뜨리는 행위로 이어집니다. 교회가 세상의 성공 논리에 물들어 본질을 잃어버린 대표적인 사례입니다. **세습 문제는 단순히 후임자 선정의 공정성 문제를 넘어, 교회가 추구해야 할 가치와 실제 행태 간의 심각한 괴리를 드러냅니다.** 이는 교회가 스스로의 정체성을 잃고 세속적 권력 구조로 변질되었음을 보여주는 가장 명확한 증거 중 하나이며, 젊은 세대와 평신도의 교회 이탈을 가속화하는 주요 원인이 됩니다.

교회 재정의 불투명성 및 윤리적 스캔들:

불투명한 재정 사용은 한국 교회의 신뢰도 하락에 가장 큰 영향을 미치는 요인 중 하나로 지목됩니다 (정형권, 2023). 이러한 재정 문제는 교인들 간의 법적 분쟁으로 이어지기도 합니다 (goover, 2024). 이러한 구체적인 사례들은 재정 관리의 불투명성 (무단 투자,

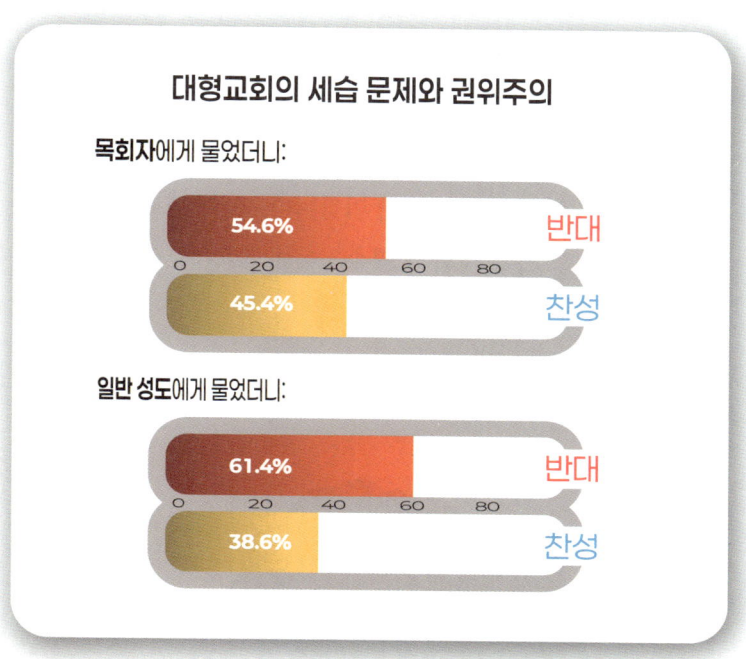

명의 도용 의혹, 교회에 대한 자가 전세 계약) 이 얼마나 심각한 수준인지를 보여주며, 이는 단순히 실수가 아닌 의도적인 기만 행위로 비쳐질 수 있습니다. 재정 문제 외에도 목회자나 교인들의 언행 불일치, 돈과 권력에 집착하는 세속주의적 모습, 목회자의 사리사욕, 그리고 교회 내 파벌 싸움과 갈등 등 다양한 윤리적 스캔들이 교인 이탈의 주요 원인으로 지적됩니다 (이원규, 2017). 이러한 문제들은 교회의 영적 쇠퇴를 초래하며 양적 쇠퇴로 이어진다는 분석입니다 (이원규, 2017).

이러한 윤리적 실패는 교회의 내부적 결속력을 약화시키고 (교인들의 고소, 이탈), 외부적으로는 교회가 더 이상 도덕적 기준을 제시하는 기관이 아님을 확인시켜 사회적 영향력을 상실하게 만듭니다. 이는 교회의 공공성에 대한 심각한 도전입니다. 교회의 재정 및 윤리 문제는 단순한 '실수'가 아니라, 교회가 세상의 가치 (돈, 권력) 에 물들어 '청지기 의식'을 상실했음을 보여주는 가장 명확한 증거입니다. 이러한 문제들은 교회가 사회에 긍정적인 메시지를 전달하려는 노력을 무력화시키고, 결국 반기독교 정서의 확산에 결정적인 영향을 미칩니다. 신뢰 회복을 위해서는 투명성 확보와 윤리적 기준 강화가 필수적이며, 이는 교회의 본질적 사명

회복과 직결됩니다.

사회적 인식 및 관계적 요인:

1) 정치적 편향성: 개신교인들의 높은 보수 성향과 특정 정치적 이슈 (예: 차별금지법 반대) 에 대한 강한 입장은 사회적 갈등을 유발합니다.

국민 대다수 (83.2%) 는 교회와 목회자의 정치 참여를 원하지 않으며, 특히 무종교인 (90.2%) 과 진보 성향의 응답자에서 반대 비율이 높게 나타납니다 (침례신문, 2023). 교회가 특정 정치 이념과 신앙을 동일시하는 것은 대한민국 사회에 악영향을 끼치며, 국민들이 기독교에 등을 돌려 더 이상 신뢰를 주지 않게 만듭니다 (장동민, 2022). 이는 기독교가 사회에 줄 수 있는 모든 풍성한 그리스도의 선물이 전달될 통로를 막아버리는 결과를 초래합니다 (장동민, 2022).

교회의 깊은 정치적 연계, 특히 반공주의에 뿌리를 둔 이념적 경직성은 젊은 세대와 진보적 성향의 대다수 사회 구성원을 소외시키는 결과를 낳았습니다. 이러한 현상은 교회의 보편적인 메시지와 사회 통합 역량을 저해하며, 교회가 사회에 긍정적인 영향을 미 미치는 데 걸림돌로 작용합니다.

2) 사회적 배타성: 많은 한국인들은 기독교가 매우 독선적이라고 판단하며, 이러한 독선주의는 기독교를 낡고 시대착오적인 종교로 보게 만들고, 나아가 타 종교인이나 비종교인들이 기독교에 혐오감을 느끼도록 만듭니다 (김종만, 2019). 한국 교회는 자신의 교리에 맞지 않는 것은 무조

건 부정하는 경향이 있으며, 이는 예수님이 당시의 율법을 깨뜨리고 인간을 종교로부터 해방시키려 했던 본래의 가르침과는 거리가 있습니다 (이진명, 2005).

예수님은 유대인이 갖고 있던 민족주의, 유대주의, 독선, 아집 등의 배타성을 철저하게 거부하며 선한 사마리아인의 비유를 통해 차별받던 이들을 높이고, 병자를 치유하며, 여성의 역할을 중요하게 여겼습니다 (임정혁, 2009). 그러나 한국 교회의 독선적인 교리는 교인들을 교리에 묶어두고 있으며, 이는 휴머니즘적이고 민중 해방적인 교회의 모습을 저해합니다 (이진명, 2005).

교회의 이러한 배타성은 교리적 아집에서 벗어나 다른 종교와 문화를 인정하는 열린 자세가 부족함을 드러냅니다. 이는 교회의 독선적인 교리가 인간의 존엄성과 사회 정의보다 교리를 우선시하며 복음의 포용적인 메시지를 왜곡하는 결과를 낳고 있음을 의미합니다. 이러한 태도는 사회적 약자를 멀리하게 만들고, 궁극적으로는 교회가 사회적 화합과 통합의 역할을 수행하는 데 실패하게 만듭니다.

3) 경제적 이기주의: 한국 교회는 경제적 측면에서의 개인주의적, 이기주의적 성향을 반영합니다.

일부 교회는 코로나19 팬데믹 시기 "특정 집단이 공동체 혹은 국가 전체 이익을 고려하지 않고 자기 집단의 이익만을 고집하는 사회현상"인 '집단 이기주의'와 정확하게 부합한다는 비판을 받았습니다 (김선영, 2022).

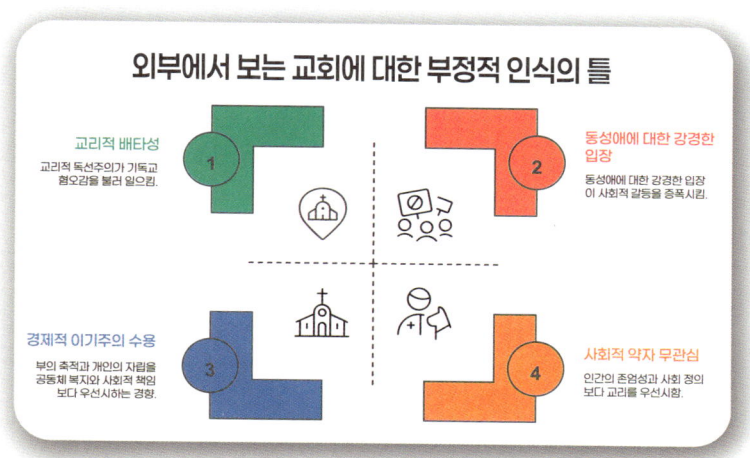

이는 교회가 자기 집단 이익만을 고집하며 국가 전체 공익을 등한시하고 있다는 인식을 강화시켰습니다. 교회의 경제적 이기주의는 자본주의적 가치관을 깊이 내면화하여 부의 축적과 개인의 자립을 공동체 복지와 사회적 책임보다 우선시하는 경향을 보입니다. 이는 교회가 공공성을 상실하고 자기 이익만을 추구하는 집단으로 인식되게 만들며, 사회적 신뢰를 더욱 약화시키는 원인이 됩니다.

4) 세대 간 갈등: 2030세대와 60대 이상 세대 간의 사회 문제 인식 격차는 교회가 세대 간 소통과 화합의 다리 역할을 제대로 하지 못하고 있음을 시사합니다.

특히 40대 이하 젊은 층에서 교회에 대한 신뢰도가 급격히 떨어지고 있으며, 20대와 30대의 반응은 더욱 부정적입니다 (goover, 2025). 이는 1980년대 민주화 이후 교회가 이룩한 성공에도 불구하고, 사회적 기대와 현실 간의 괴리에 기인합니다 (goover,

2025). 다음 세대 자녀들의 신앙교육 부실과 부모의 신앙 양육 책임 회피도 중요한 원인으로 지적됩니다 (이대웅, 2021). 전통적으로 가정예배를 통해 신앙생활을 잘 하던 성도들이 줄어들면서 자녀 신앙교육의 책무를 교회에 맡겨 버렸고, 교회학교 역시 시간과 공간의 부족, 교사들의 질적 수준 문제 등으로 제대로 된 신앙교육이 이루어지지 못했습니다 (이대웅, 2021).

이러한 세대 간 인식 격차는 교회가 미래 세대와의 소통에 실패하고 있음을 보여주며, 교회의 전통적 가치관과 젊은 세대의 변화하는 시각 사이의 단절이 심화되고 있음을 의미합니다. 이는 교회의 장기적인 생존 가능성을 위협하며, 미래 구성원들을 소외시키는 결과를 낳습니다.

5) 종교적 배타성: 신앙과 사회적 인식의 불일치에서 비롯되는 갈등은 전도와 선교 활동의 주요 장애물이 되며, 기독교적 가치와 일치하지 않는 사회 및 문화적 차이에 대한 배타적 태도는 청지기 이론의 실제 적용과 깊이 연관됩니다.

한국기독교사회문제연구원의 2018년 조사에 따르면, 타 종교에 대한 배타성은 높지 않지만, 기독교에만 구원이 있다는 데 대해서는 확고한 응답이 나타났습니다 (이현주, 2018). 다른 종교나 가르침에도 진리가 있으며 선하다는 생각에 47.2%가 긍정적으로 답했음에도 불구하고, 기독교 외에도 구원이 있는가에 대해서는 45.6%가 '그렇지 않다'고 답했습니다 (이현주, 2018). 이러한 종교적 배타성은 한국 기독교의 하나님이 '우리 하나님'이 아닌 '나만의 하나님'이 되었다는 비판으로 이어집니다 (김진호, 2017). 나라와 민족의 안녕과 평화를 위해 기도하던 기독교의 모습은 사라지고, 개인과 '우리 교회'의 성장만을 강조하는 경향이 강해졌다는 지적입니다 (김진호, 2017). 구약과 신약 성경이 말하는 하나님

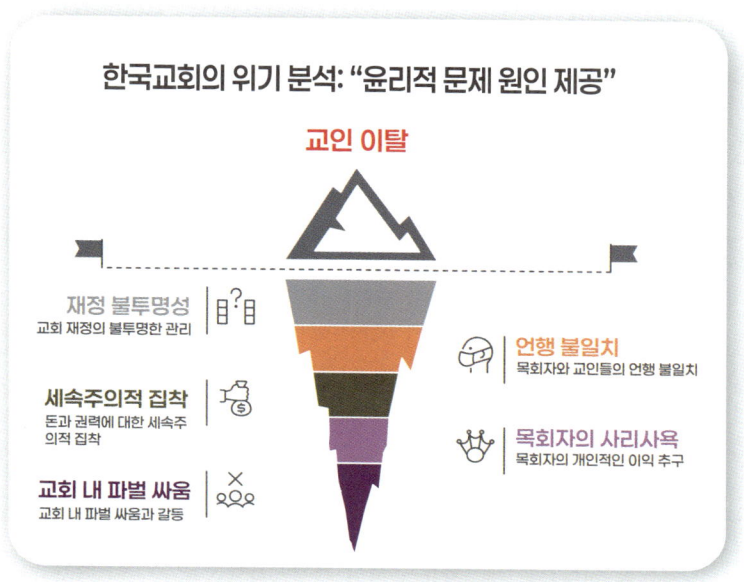

은 특정 집단이나 종교, 민족의 전유물이 아닌 전 생명과 우주를 포괄하는 공동체의 하나님이었습니다 (김진호, 2017).

그럼에도 불구하고 한국 교회는 이러한 보편적이고 포용적인 정신을 잃어버렸다는 비판을 받습니다. 일부 다른 종교에 대한 개방적인 태도가 존재함에도 불구하고, 배타적인 구원론과 내부 지향적인 '내 교회' 중심의 사고방식은 효과적인 전도와 선교에 큰 걸림돌이 됩니다. 이러한 고립적인 접근 방식은 교회가 다양성을 지닌 사회와 소통하고 긍정적인 영향을 미치는 능력을 제한합니다.

4. 한국인 종교 생활 및 의식 조사 분석: 통계로 본 교회의 미래

연구 조사 배경 및 한국 교회의 현주소: "총체적 난국"

2023년 목회데이터연구소 (Ministry Data Institute, MDI) 의 '한국인 종교 생활 및 의식 조사'는 1998년부터 25년간 한국인의 종교 생활과 인식을 추적해 온 유일한 보고서로서, 한국 교회의 현주소와 미래를 진단하는 중요한 통계 자료를 제공합니다 (Ministry Data Institute, 2023).

이 조사는 한국기독교목회자협의회 (한목협) 에서 매 5년마다 개신교인, 비개신교인, 목회자를 대상으로 전방위적인 추적 조사를 해오고 있습니다. 이러한 장기적인 추적 조사는 단순한 단기적 현상이 아닌, 한국 사회의 구조적 변화 속에서 교회가 겪는 장기적이고 심층적인 변화를 진단하는 데 필수적인 근거를 제공해 주며, 이 데이터는 교회가 일시적인 대응이 아닌 근본적인 패러다임 전환을 모색해야 함을 시사해 줍니다.

이 책에서는 한국 사회의 급격한 탈종교화 및 세속화 경향 속에서 개신교가 직면한 양적, 질적 위기를 명확히 드러내고 있음을 주목합니다 (Ministry Data Institute, 2023). 특히, **성인 기준 개신교인 인구는 2022년 15%까지 떨어졌으며, 개신교인 중 가나안 성도는 2023년 29%까지 치솟는 등 심각한 변화**를 보이고 있습니다. 이러한 수치들은 한국 교회가 더 이상 과거의 성장 모델에 안주할 수 없으며, 근본적인 자기 성찰과 변화가 필요함을 강력히 경고합니다.

또한, 이 책에서는 목회데이터연구소의 최신 통계 자료를 바탕으로 한국 교회의 현 위기를 다각적으로 분석하고, 특히 탈종교화, 다음 세대 이탈, 그리고 개신교 인구 감소의 가속화 현상을 심층적으로 해설합니다 (Ministry Data Institute, 2023). 나아가, 한국 교회가 직면한 성장 지상주의, 물질주의, 권위주의와 같은 구조적 한계와 문제점을 진단하고, 이러한 위기를 극복하기 위한 유일한 길로 **AI 기술과 기독교 청지기 의식의 통합을 제시하며, 창세기 1장 28절의 청지기 사명 회복이 무엇보다 중요**합니다 (Ministry Data Institute, 2023).

이는 한국 교회가 단순히 양적 회복을 넘어, 본질적인 신앙 공동체로서의 정체성을 재정립하고 시대적 변화에 능동적으로 대응해야 할 필요성을 역설해 주는 자료입니다.

기독교 이탈 인구 급증 현상

탈종교화 심화와 인구 변화 추이: 종교/비종교 인구 변화

한국 사회는 지난 25년간 가파른 속도로 탈종교화 현상을 겪고 있습니다. 1998년에는 종교 인구가 53%로 비종교 인구 (47%) 보다 많았으나, 2022년에는 비종교 인구가 63%로 급증하며 종교 인구 (37%) 를 크게 넘어섰습니다 (Ministry Data Institute, 2023).

종교인 비율이 30%대로 하락한 것은 목회데이터연구소의 조사가 시작된 이래 처음 있는 일이며, **종교인과 무종교인 비율의 역전 현상은 2017년에 발생**한 이후 그 격차가 빠르게 확대되고 있습니다 (Ministry Data Institute, 2023).

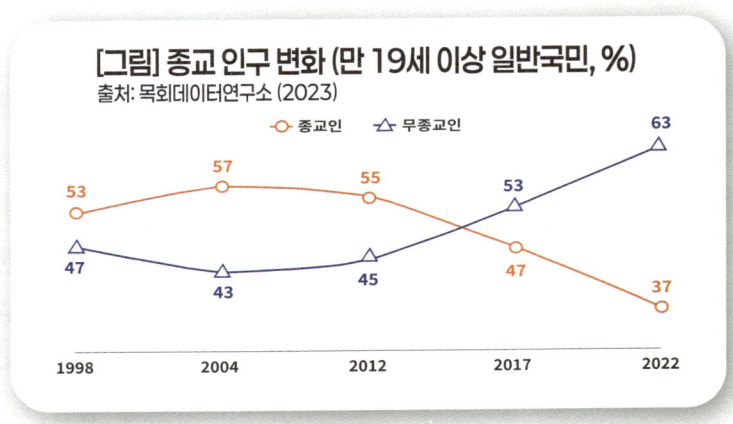

이 통계조사의 결과는 한국 사회의 전반적인 세속화 경향이 심화되고 있음을 명확히 보여줍니다.

무종교인 증가의 주요 원인으로는 '종교에 관심 없어서' (40%) 가 가장 높았고, 이어서 '종교에 대한 불신·실망' (28%) 이 뒤를 잇습니다 (Ministry Data Institute, 2023). 특히 과거에 종교를 가졌던 사람 중 무종교인이 된 비율이 30%에 달하며, 이들 중 개신교인이었던 경우가 66%로 타 종교보다 3배 이상 높게 나타납니다 (Ministry Data Institute, 2023).

'종교에 대한 불신·실망'이 탈종교화의 주요 원인 중 하나라는 점은 한국 교회가 단순히 외부적 세속화에 대응하는 것을 넘어, 내부적 문제 (윤리적 타락, 권위주의 등) 로 인해 자발적인 이탈을 초래하고 있음을 의미합니다. 이는 교회가 신뢰를 회복하는 것이 양적 성장을 위한 선행 조건임을 강력히 시사해주는 요소입니다. 즉, 교회가 사회적 신뢰를 잃으면 아무리 외부 환경이 좋더라도 성장을 기대하기 어렵다는 점을 보여줍니다.

연령별 및 성별 종교성 특성

종교성은 연령과 정비례하는 경향을 보입니다. 29세 이하 젊은 층의 종교인 비율은 19%로 가장 낮고, 60세 이상은 50%로 가장 높게 나타났습니다 (Ministry Data Institute, 2023). 특히 20~30대 종교인 비율은 2017년 대비 절반가량 감소하여, 해당 연령대 5명 중 1명도 채 되지 않는 것으로 조사되었습니다 (Ministry Data Institute, 2023).

이 결과는 젊은 세대의 종교 이탈이 심각하며, 교회가 다음 세대와의 단절을 경험하고 있음을 의미한다고 보여집니다.

성별로는 여성 (47%) 이 남성 (26%) 보다 종교성이 더 높은 것으로 나타났습니다 (Ministry Data Institute, 2023). 그러나 2017년 대비 2023년 조사에서는 남녀 종교인구 모두 감소했으며, 여성의 감소폭이 더 크게 나타났습니다 (Ministry Data Institute, 2023).

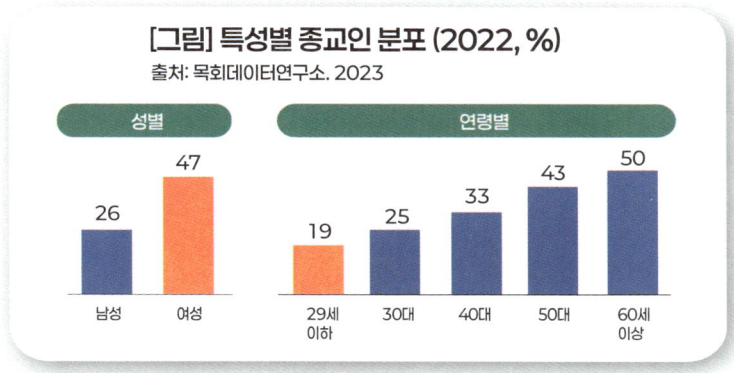

젊은 세대의 급격한 종교 이탈과 교회의 고령화 속도 가속화는 한국 교회의 인구 구조가 지속 불가능한 상태에 도달했음을 의미합니다.

교회 출석자의 연령 분포를 일반 국민의 연령 분포와 비교했을 때, 60세 이상 교인 비율이 일반 인구보다 20%p 높게 나타나 교회의 고령화 속도가 사회 전체보다 빠르다는 점은 이러한 심각성을 더욱 부각시킵니다 (Ministry Data Institute, 2023).

이는 단순한 교인 수 감소를 넘어, **미래 세대의 신앙 전수와 교회의 사회적 영향력 약화로 이어지는 존재론적 위기**임을 보여줍니다. 현재의 고령층이 교회의 주축을 이루고 있지만, 이들이 사라질 경우 그 빈자리를 채울 젊은 세대가 부족하여 교회는 재정적, 인적 자원의 고갈뿐만 아니라 신앙의 대물림이라는 핵심 사명에도 심각한 차질을 빚게 될 것이 자명합니다.

개신교 인구 감소 가속화 및 미래 예측: 2032년 절반 이하 될 것

개신교인 비율 변화 및 2032년 예측

전체 인구 대비 개신교인 비율은 **2012년 22.5%에서 2022년 15.0%로 감소했으며, 2032년에는 10.2%까지 더욱 감소할 것으로 예측**됩니다 (Ministry Data Institute, 2023). 개신교 인구수도 2012년 1,146만 명에서 2032년에는 521만 명으로 절반 이하로 줄어들 것으로 예상됩니다 (Ministry Data Institute, 2023). 이러한 수치는 한국 교회가 양적 성장의 한계에 봉착했으며, 존재론적인 위기에 직면했음을 명확히 보여줍니다. 특히 2023년 조사에서는 개신교인 비율 (15%) 이 불교인 비율 (16.3%) 에 추월당하

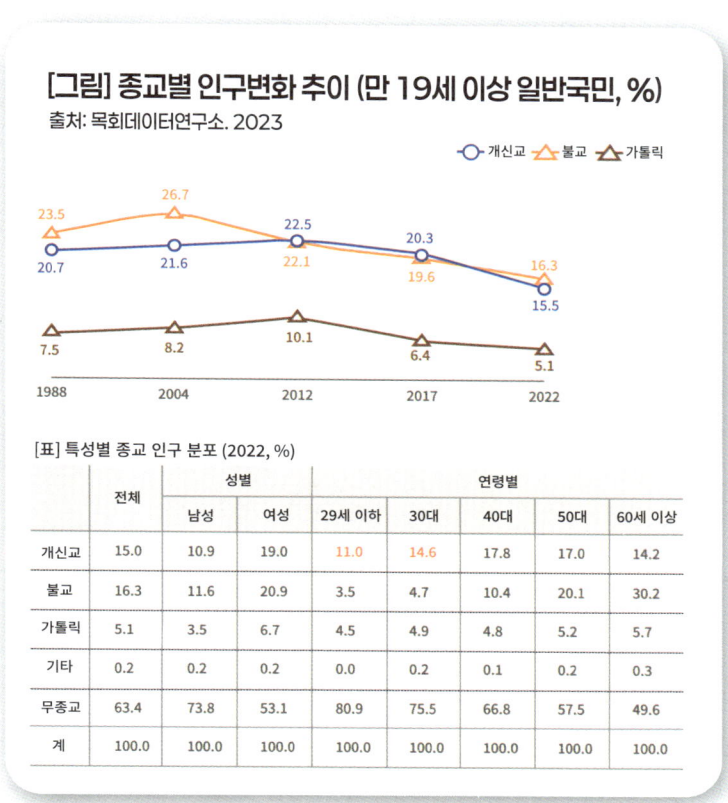

는 현상도 나타납니다 (Ministry Data Institute, 2023).

이러한 감소 추세는 단순히 숫자의 문제가 아니라, **한국 사회에서 개신교가 차지하는 비중과 영향력이 급격히 줄어들고 있음을 의미한다**고 보아야 합니다. 과거 한국 사회의 주요 변화에 큰 영향을 미쳤던 개신교의 역할이 점차 축소될 가능성이 높으며, 이는 사회 전반에 걸쳐 기독교적 가치관이 설 자리를 잃어가는 현상으로 이어질 수 있습니다.

가나안 성도 증가와 교회 활동 감소

개신교인 중 '**가나안 성도**' (교회에 출석하지 않는 성도) **의 비율은 2012년 11%에서 2023년 29%로 크게 증가**했습니다 (Ministry Data Institute, 2023). 이는 개신교인 4명 중 1명 이상이 교회를 다니지 않는다는 것을 의미합니다 (Ministry Data Institute, 2023). 가나안 성도 급증의 주요 원인으로는 '얽매이기 싫어서' (31%), '코로나19 때문에' (2위), '목회자들에 대해 좋지 않은 이미지가 있어서', '교인들이 배타적이고 이기적이어서' 등이 꼽혔습니다 (Ministry Data Institute, 2023). 특히 20대 가나안 성도 비율은 45%로 가장 높았으며, 30대와 40대에서도 각각 35%, 36%로 높은 수치를 보였습니다 (Ministry Data Institute, 2023).

교회 출석 교인을 대상으로 한 조사에서, 주일 예배 외에 다른 활동을 하지 않는 교인 ('예배만 드리고 온다') 이 60%에 달했으며, 예배 외 활동을 하는 교인의 비율은 2012

년 51%에서 2023년 40%로 지속적으로 감소하는 추세를 보였습니다 (Ministry Data Institute, 2023). 이러한 예배 외 친교, 봉사활동 등 신앙 활동의 감소는 헌신자 감소와 공동체성 약화를 초래할 수 있다는 점에서 우려되는 부분입니다 (Ministry Data Institute, 2023).

가나안 성도의 증가는 교회가 신자들의 실제적인 필요와 기대에 부응하지 못하고 있음을 보여주는 지표입니다.

교회를 떠나는 이들은 신앙 자체를 버리는 것이 아니라, 제도화된 교회의 문제점 때문에 공동체에서 이탈하는 경향을 보이는 것으로 전망됩니다 (김병삼, 2023).

이는 교회가 공동체성을 회복하고 신자들에게 의미 있는 연결고리를 제공하는 것이 시급함을 나타내는 지표로 한국 교회에게 변화를 요구하는 것으로 보입니다.

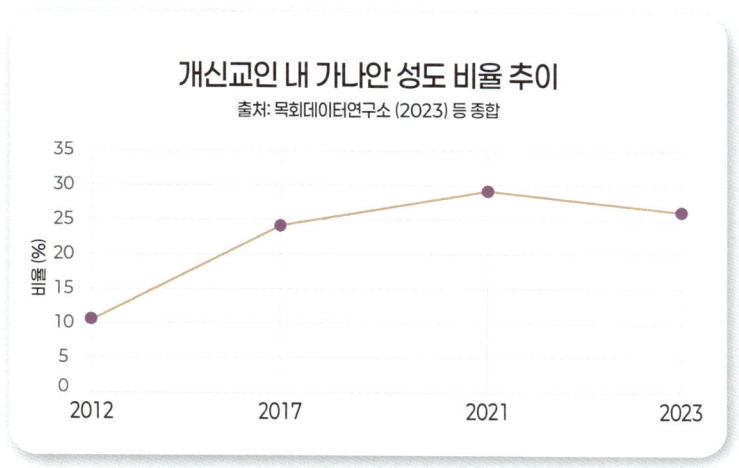

다음 세대 이탈 심화

청소년 중 종교가 있는 경우는 27.6%에 불과했으며, 나머지 72.4%는 무종교인이라고 응답했습니다. 이는 성인보다 청소년의 무종교인 비율이 더 높다는 점을 시사합니다 (Ministry Data Institute, 2023). 특히 개신교 청소년 인구는 중학생 (17%) 에 비해 고등학생 (10%) 에서 크게 떨어지는 경향을 보였습니다 (Ministry Data Institute, 2023). **청소년 개신교인 중 가나안 성도 비율은 36%로 성인 (27%) 보다 높았으며, 고등학생의 경우 46%**에 달했습니다 (Ministry Data Institute, 2023). 이는 크리스천 청소년 3명 중 1명, 크리스천 고등학생 2명 중 1명이 교회를 다니지 않는다는 의미이며, 이들이 성인으로 편입되면서 성인 가나안 성도가 앞으로 지속적으로 늘어날 것으로 예상됩니다 (Ministry Data Institute, 2023).

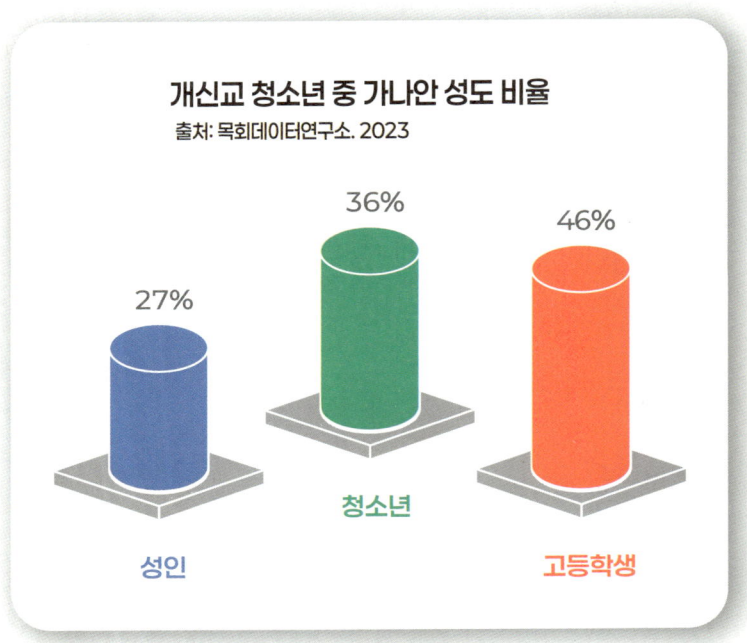

다음 세대의 급격한 이탈은 한국 교회의 미래를 심각하게 위협하는 핵심 요인입니다 (최덕수, 2024). 저출생 문제와 더불어 교회에 대한 신뢰 상실, 그리고 젊은 세대가 교회에 대해 느끼는 거리감은 다음 세대 교육과 참여를 더욱 어렵게 만들고 있습니다 (Ministry Data Institute, 2025). 교회가 다음 세대에게 충분한 관심과 실질적인 도움을 주지 못했다는 비판도 제기됩니다 (윤영훈, 2023). 다음 세대의 신앙 교육 부실은 교회의 내적 원인으로 지적되며, 부모가 자녀의 신앙 교육 책임을 교회에 전가하고, 교회학교 역시 시간과 공간, 교사의 질적 수준 면에서 한계를 보이는 현실이 이 문제를 더욱 심화시키고 있습니다 (최덕수, 2024).

이는 **단순히 교인 수의 감소를 넘어, 교회의 존립 자체를 위협하는 심각한 문제로 인식되어야** 합니다.

한국 교회의 구조적 한계와 위기 심층 분석: "변화만이 살길"

앞서 제시된 통계들은 한국 교회가 직면한 위기가 단순히 외부 환경 변화 때문만이 아니라, 내부적인 구조적 한계와 문제점에서 비롯되었음을 명확히 보여주는 데이터입니다. 전문가들은 이러한 내부적 요인들이 교회의 양적 감소와 질적 저하를 가속화하는 주된 원인으로 지목합니다.

성장 지상주의와 물질주의의 폐해

한국 교회는 지난 수십 년간 양적 성장을 최우선 가치로 삼아왔습니다. 이러한 **성장 지상주의는 교회의 본질적인 사명과 가치를 왜곡시키는 결과**를 초래했습니다 (서정민, 2009). 교회가 외형적 성장에 집착하면서, 신자들의 영적 성장이나 사회적 책임보다는 숫자와 재정 규모를 중요시하는 경향이 강해졌습니다. 이는 비즈니스화된 목회로 이어져, 목회자들이 소명을 망각하고 윤리적으로 타락하는 원인이 되기도 했습니다 (전병금, 2011).

성장 지상주의는 필연적으로 물질주의를 동반합니다. 한국 교회는 물질적 축복과 교회 성장을 동일시하는 내러티브를 강조해왔으며, 이는 교회의 도덕적 성품을 왜곡시키는 결과를 낳았습니다 (김진한, 2021). 성경적 가르침보다는 사람들의 이익과 탐욕을 부추기는 설교와 가르침이 만연해지면서, 교회가 세속적 가치관에 오염되는 현상이 심화되었습니다 (Ministry Data Institute, 2023). 이러한 물질주의는 교회가 사회의 빛과 소금의 역할을 감당하기보다, 오히려 세상과 다르지 않거나 심지어 더 세속적인 모습을 보이게 만들었습니다 (최덕수, 2024). 결과적으로 교회는 사회적 신뢰를 잃고 매력적인 종교로 인식되지 못하는 상황에 처하게 되고 말았습니다 (김형원, 2024; 서정민, 2009).

전통적 권위주의와 소통 부재

한국 교회의 또 다른 구조적 문제는 전통적인 권위주의에 있습니다. 특히 목회자 중심의 과도한 권위는 교회의 민주적인 의사소통과 성도들의 자율적인 참여를 저해하는 요인으로 작용합니다 (오규훈, 2016). 목회자들이 자신의 직분이나 역할을 특별한 권한으로 인식하고, 이를 통해 성도들을 지배하려는 태도를 보이거나 합리적인 대화를 억압하는 경향이 나타나고 있습니다 (오규훈, 2016). 이러한 권위주의적 문화는 한국 사회의 유교적, 무속적 배경과 결합하여 더욱 고착화되었다는 분석도 있습니다 (오규훈, 2016). 권위주의는 교회 내에서 건강한 비판과 자기반성을 어렵게 만들고, 결국 교회의 변화와 갱신을 가로막습니다. 성도들이 목사, 장로, 권사, 집사, 평신도 등의 직분을 계층적 서열로 인식하는 경향 또한 권위주의적 문화의 한 단면입니다 (오규훈, 2016).

이러한 수직적이고 일방적인 소통 구조는 젊은 세대가 교회를 떠나는 주요 원인 중 하나로 지목됩니다.

젊은 세대는 권위주의적이고 형식적인 문화에 거부감을 느끼며, 교회 내에서 자신의 목소리가 존중받지 못한다고 느끼기 때문입니다 (Ministry Data Institute, 2025). 이는 교회가 다음 세대와의 단절을 경험하고 있음을 의미하며, 교회가 다음 세대의 눈앞에 있는 미시적인 문제들에 관심을 가져주는 것에 소홀히 했다는 지적도 나옵니다 (윤영훈, 2023).

사회적 신뢰도 하락과 대사회적 역할 상실

성장 지상주의, 물질주의, 권위주의와 같은 내부적 문제들은 한국 교회의 사회적 신뢰도 하락으로 직결되었습니다.

한국 개신교는 정교유착, 세속적 교회 정치, 양적 성장주의, 극단적 자본주의, 그리고 예언자적 역할의 상실 등으로 인해 일반 사회에서 최하의 평가를 받고 있다는 비판이 제기됩니다 (서정민, 2009). 교회가 사회 통합에 기여하기보다 오히려 사회 갈등을 조장한다는 비판을 받기도 합니다 (서정민, 2009). 사회적 신뢰의 상실은 교회가 대사회적 사명과 역할을 제대로 수행하지 못하게 만드는 근본적인 원인입니다.

교회가 세상의 빛과 소금으로서의 역할을 감당하지 못하고, 오히려 세상의 풍조를 거스르지 못하는 모습을 보이면서, 젊은 층을 포함한 많은 사람들이 교회에서 멀어지고 있는 것입니다 (최덕수, 2024). 특히 코로나19 팬데믹을 겪으며 온라인 예배로 전환된 '플로팅 크리스천' 현상은 공동체성을 해치고 교회와 사회 간의 신뢰 상실을 더욱 심화시켰습니다 (Ministry Data Institute, 2025).

이러한 상황은 교회가 사회와 소통하고 새로운 세대의 가치관을 이해하고 존중하는 노력이 절실함을 보여주는 단면입니다.

위기 극복 위한 패러다임 제안: AI 기술과 성경적 청지기 의식 통합

한국 교회가 직면한 위기는 단순한 교인 수 감소를 넘어선 존재론적 위기이며, 이를 극복하기 위해서는 근본적인 패러다임 전환이 요구된다는 점에는 이의가 없습니다. 이러한 전환의 핵심은 AI 기술의 지혜로운 활용과 기독교 청지기 의식의 본질적 회복일 것입니다 (Ministry Data Institute, 2023).

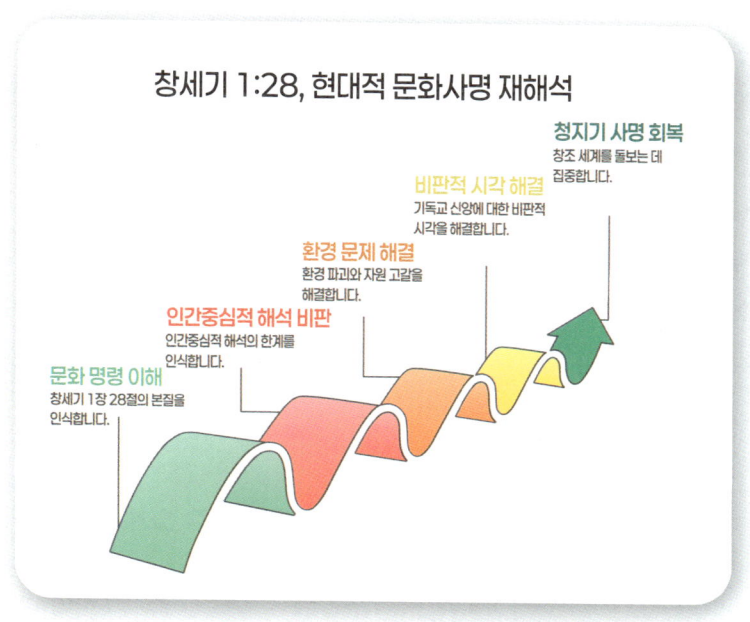

창세기 1장 28절 청지기 사명의 본질적 회복

창세기 1장 28절은 인간에게 주어진 '**생육하고 번성하여 땅에 충만하라, 땅을 정복하라, 바다의 물고기와 하늘의 새와 땅에 움직이는 모든 생물을 다스리라**'는 소위 '문화 명령'이자 '청지기 사명'을 담고 있습니다 (김민성, 2021). 이 말씀은 인간이 하나님의 창조 세계를 책임감 있게 관리하고 보존하며 발전시켜야 할 청지기로서의 역할을 부여 받았음을 의미합니다 (최재호, 2023). 그러나 현대 신학은 이 구절을 인간중심적으로 축소 해석하여 인간 이외의 피조물을 경시하는 결과를 초래하기도 했습니다 (KISTI, n.d.).

한국 교회가 위기를 벗어나기 위한 유일한 길은 바로 이 청지기 사명의 본질을 회복하

는 것입니다 (Ministry Data Institute, 2023). 이는 성장 지상주의, 물질주의, 권위주의에 오염된 세속주의를 버리고 성경의 말씀대로 사도적인 청빈한 삶을 추구하며, 평신도와 권한과 의무를 함께 나누는 목회로 전환되어야 함을 의미합니다 (장훈태, 2011; 민필원, 2011; 박득훈, 2013).

왈도파의 교회 개혁 운동이 물질주의가 강하던 당시 사회와 교회에 충격을 주며 성경 중심의 청빈한 삶과 평신도 사역을 강조했던 것처럼, 한국 교회도 양적 성장을 위해 사람들의 이익과 탐욕을 부추기는 가르침을 버리고 성경 중심으로 돌아가야 합니다 (Ministry Data Institute, 2023).

청지기 정신은 신자들이 하나님의 자원을 책임감 있게 관리하고, 투명한 재정 관리와 재정 교육을 통해 교회의 재정적 청렴성을 확보하는 데 중요한 원칙이 됩니다 (침례교 신학, n.d.).

AI 시대의 윤리적 과제와 기독교적 응답

AI 기술의 급격한 발전은 인류에게 전례 없는 가능성과 동시에 심각한 윤리적, 신학적 질문을 던지고 있습니다 (기독연구원 느헤미야 김형원, 2024). AI가 인간의 지능을 모방하고 특정 영역에서는 능가할 수 있게 되면서, '인간이란 무엇인가?'라는 근본적인 질문이 제기됩니다 (기독연구원 느헤미야 김형원, 2024).

기독교 신학은 창세기 1장 26절의 **'하나님의 형상' (Imago Dei) 개념을 통해 인간의 고유성과 존엄성을 강조**합니다. 이는 단순히 지적 능력을 넘어 하나님과의 관계성, 도덕적 책임감, 사랑과 공감의 능력을 포함하는 것입니다 (기독연구원 느헤미야 김형원, 2024).

AI가 아무리 발전하더라도 스스로 도덕적 판단을 내리고, 윤리적 책임을 지며, 영적인 교감을 나눌 수는 없습니다. 따라서 AI는 이러한 인간의 고유한 가치와 목적을 침해하거나 도구화하는 방식으로 사용되어서는 안 됩니다 (기독연구원 느헤미야 김형원, 2024).

한국기독교학회는 AI 시대에 교회가 청지기적 목소리를 낼 필요성이 있다고 강조하며, AI 활용에 관한 12가지 준칙을 발표했습니다 (한국기독교학회, 2023). 이 준칙들은 AI를 활용함에 있어 인간의 존엄성을 존중하고, 사회적 약자와 소외된 자를 포함한 모든 사람이 공평하게 혜택을 나눌 수 있도록 하며, 차별과 편견 없이 공정하게 활용되어야 함을 명시합니다 (한국기독교학회, 2023). 또한 AI는 인간의 통제와 분별 아래서만 개발되

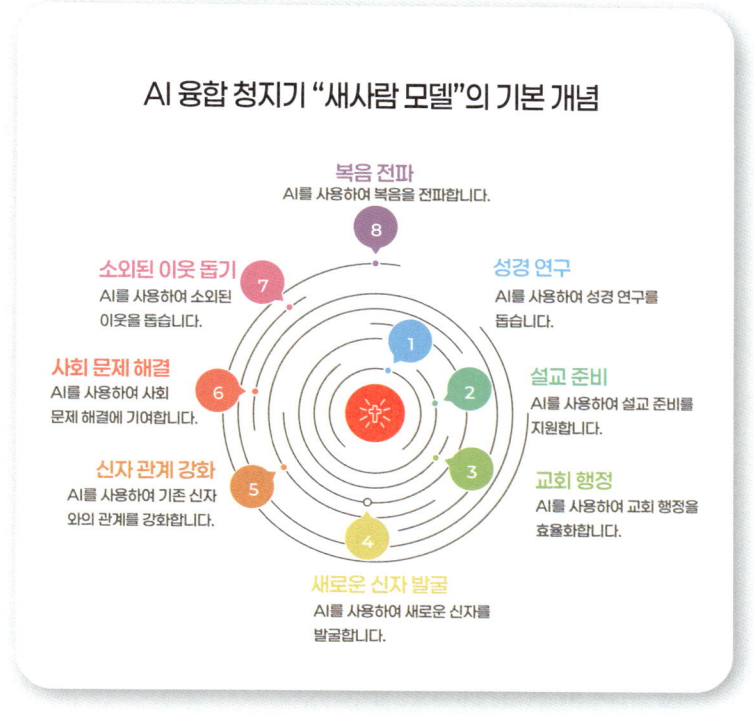

고 활용되어야 하며, 하나님의 창조 질서를 해치지 않도록 주의해야 한다고 강조합니다 (한국기독교학회, 2023). 교회가 AI가 선사하는 장밋빛 환상에 도취되어 보이지 않는 위험을 도외시한다면 이는 '청지기로서의 책임'을 망각한 처사이며, AI 시대에 기술의 위험으로 인한 파국을 막을 윤리적 가치와 복음적 비전을 제시해야 할 책임이 있습니다 (한국기독교학회, 2023).

AI 기술의 지혜로운 청지기적 활용 방안

AI 기술은 한국 교회의 위기를 극복하고 청지기 사명을 효과적으로 수행하는 데 강력한 도구가 될 수 있습니다. AI는 교회 리더십이 핵심 비전 요소를 정리하고 중앙 집중화하여 사역팀이 전략적 우선순위, 측정 가능한 목표, 진행 상황을 쉽게 확인할 수 있도록 정보를 구조화하고 정리하는 데 도움을 줄 수 있기 때문입니다 (브라이언 로즈, n.d.). 또한 교회 내 커뮤니케이션과 메시지를 검토하여 비전 일관성이 잘 유지되고 있는지 파악하고, 회의 내용을 분석하여 논의가 본질에서 벗어나고 있는지 점검할 수도 있습니다 (브라이언 로즈, n.d.).

AI를 활용한 선교와 목회는 신학적 분별력과 지혜를 바탕으로 이루어져야 할 것입니다 (임동현, 2025). AI는 교육 불평등 해소, 맞춤형 학습 환경 제공 등 다양한 분야에서 긍정적 기여를 할 수 있습니다 (기독연구원 느헤미야 김형원, 2024). 교회는 AI로 인한 사회적 변화에 적극적으로 참여하며, 성경적 가치와 윤리적 기준을 기반으로 교인들이 AI 시대의 청지기적 사명을 잘 감당할 수 있도록 교육하고 지원해야 합니다 (한국기독교학회, 2023). AI를 단순한 편의 도구가 아닌, 하나님 나라의 비전을 확장시키는 강력한 촉매제로 활용하기 위해서는 기도와 분별, 그리고 '비전 중심'의 리더십에 헌신하는 목회자들의 역할이 중요합니다 (브라이언 로즈, n.d.).

한국 교회의 위기 종합 진단 및 평가

한국 교회는 현재 심각한 위기에 직면해 있으며, 이는 단순히 교인 수의 감소를 넘어 공동체성과 신앙의 정체성을 위협하기에 이르고 있습니다 (Ministry Data Institute, 2025). 탈종교화의 가속화, 특히 젊은 세대의 종교 이탈과 교회의 고령화는 한국 교회의 인구 구조를 지속 불가능한 상태로 만들고 있습니다 (Ministry Data Institute, 2023). 개신교인 비율은 2032년 10.2%까지 감소할 것으로 예측되며, 가나안 성도의 급증과 교회 활동의 감소는 신자들의 교회에 대한 불신과 실망, 그리고 공동체성 약화를 명확히 보여줍니다 (Ministry Data Institute, 2023).

이러한 통계들이 보여주는 결과들은 모두 한국 교회의 구조적 한계와 문제점을 극명하게 드러내고 있음을 알 수 있습니다.

한국 교회가 양적 성장에만 집착하고 물질주의와 세속적 가치관에 오염되었으며, 전통적인 권위주의에 갇혀 사회적 신뢰를 잃고 대사회적 역할을 상실한 것이 위기의 주요 원인으로 지목됩니다 (서정민, 2009; 전병금, 2011; 오규훈, 2016). 이대로라면 한국 교회는 제도화된 '교회' 유형으로 변질되어 암울한 미래 예측을 피할 수 없을 것입니다 (Ministry Data Institute, 2023).

결론: 사명 회복 통한 미래 교회 "AI 융합 청지기"에 달렸다

한국 교회가 이러한 위기에서 벗어나기 위한 유일한 길은 창세기 1장 28절에 주어진 청지기 사명과 본질을 회복하는 것입니다 (Ministry Data Institute, 2023).

이는 교회가 양적 성장을 위한 외형적 집착을 버리고, 성경적 가치와 본질에 충실한 신앙 공동체로 거듭나는 것을 의미합니다.

청지기 사명은 단순히 피조 세계를 다스리는 것을 넘어, 하나님과의 관계성, 도덕적 책임감, 사랑과 공감의 능력을 회복하고, 모든 자원을 하나님의 뜻에 따라 지혜롭게 관리하는 것을 포함합니다 (기독연구원 느헤미야 김형원, 2024; 침례교 신학, n.d.).

이러한 청지기 의식의 회복은 AI 시대의 급격한 사회 변화 속에서 더욱 중요해집니다.

AI 기술은 인간의 존엄성을 존중하고, 사회적 약자를 포용하며, 공정하고 책임감 있게 활용되어야 한다는 기독교 윤리적 원칙에 따라 분별력 있게 적용되어야 합니다 (한국기독교학회, 2023).

AI를 단순한 도구를 넘어 하나님 나라의 비전을 확장시키는 촉매제로 활용하기 위해서는, 교회가 다음 세대 교육 문제, 가나안 성도 증가, 공동체성 약화 등의 내부적 과제들을 청지기적 관점에서 해결해야 합니다.

이는 교회가 다음 세대를 위한 안전한 돌봄 공동체를 구축하고, 소그룹을 활성화하며, 목회자와 성도 간의 쌍방향 소통을 강화하는 등 교회 내부 문화를 변화시키는 노력을 포함합니다 (Ministry Data Institute, 2025).

결론적으로, 한국 교회는 현재의 위기를 직시하고, 성장 지상주의와 물질주의에서 벗어나 청지기 사명의 본질을 회복하며, 권위주의를 내려

놓고 진정한 공동체성을 구축하는 일에 나서야 합니다. AI 시대의 도래는 이러한 변화를 가속화하고 새로운 가능성을 제시하지만, 동시에 인간의 존엄성을 지키고 하나님의 창조 질서를 보존하는 청지기적 책임감을 더욱 요구하고 있습니다. 이러한 본질적 회복을 통해 한국 교회는 위기를 극복하고 미래 사회에 긍정적인 영향력을 미치는 공동체로 재도약할 수 있을 것이라 확신합니다.

"청지기 정신은 신자들이 하나님의 자원을 책임감 있게 관리하고, 투명한 재정 관리와 재정 교육을 통해 교회의 재정적 청렴성을 확보하는 데 중요한 원칙입니다"

The New Human
(구글 AI 스튜디오 생성)

AI 시대, 청지기의 길을 묻다

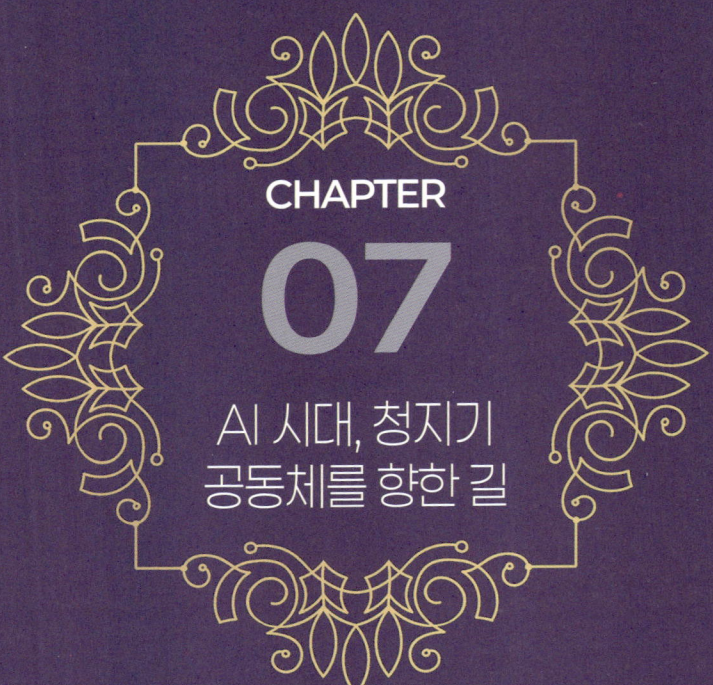

CHAPTER
07

AI 시대, 청지기
공동체를 향한 길

서문: "AI 시대, 청지기의 길을 묻다" 마지막 여정의 로드맵

1. AI 융합 청지기 구현: 패러다임 시프트의 발동

2. AI 기술과 성경적 청지기 의식 통합의 필연성

3. 결론 및 제언: AI 시대, 청지기의 소명으로 희망을 품다

에필로그: 융합된 새 사람, 희망을 향한 첫 걸음

CHAPTER 07
AI 시대, 청지기 공동체를 향한 길

AI 기술과 기독교 청지기 의식의 통합이 교회의 지속 가능한 성장을 위한 필연적, 시대적 요청임을 주장합니다. 'AI 기반 교육 플랫폼', 'AI 기반 지역 사회 봉사 프로그램 개발', 'AI 사용 윤리 가이드라인 확립' 등 구체적인 단계별 전환 전략을 제시하며, '새로운 사람' 청지기 모델을 통한 교회의 지속 성장과 희망찬 미래의 리더로 재도약을 시작합니다.

서문: "AI 시대, 청지기의 길을 묻다" 마지막 여정의 로드맵

이 책은 급변하는 AI 시대가 한국 교회에 던지는 본질적인 질문들을 탐구하며, 그에 대한 신학적 성찰과 실천적 대안을 제시하고자 했습니다. 먼저 **교회가 마주한 현실을 진단하고, 성경적 청지기 의식의 깊은 뿌리와 현대적 적용이 위기를 극복하는 핵심 열쇠가 됨**을 살폈습니다. 이어서 AI와 지속 가능한 관리의 통합을 통해 **'AI 융합 청지기 모델'**을 구체화하고, 이를 실천할 수 있는 **'지속가능 블루프린트'**와 윤리적 도전 과제를 함께 다뤘습니다.

또한 시대적 부름을 받은 '새로운 사람'이 어떤 존재여야 하는지를 논의했습니다. AI를 올바르게 활용하는 능력, 기독교 윤리에 기초한 책임 있는 선택, 그리고 깊은 영적 성숙을 겸비한 이들이야말로, AI 시대 하나님의 사랑을 세상 속에 드러낼 핵심 동력이 되어야 함을 강조했습니다. 이 과정에서 **교회는 새로운 세대를 길러내는 인큐베이터로서의 사명을 감당해야 한다는 점**도 확인했습니다.

마지막으로, 지금까지의 논의와 연구 결과를 종합하여 **7장 "AI 시대, 청지기 공동체를 향한 길"에서는 한국 교회의 미래를 위한 실질적 로드맵을 제시**합니다. 이는 단순한 담론이 아니라, AI 시대에 교회가 취해야 할 구체적인 패러다임 전환 방안이며, 이 책의 핵심 결론입니다.

궁극적으로 『AI 시대, 청지기의 길을 묻다』는 전통적 틀에 머물러 있던 **교회의 낡은 이론을 넘어, 다음 세대가 다시 일어서고 새로운 청지기 공동체가 세상의 빛과 소금으로 존재하는 미래**를 바라봅니다. 나아가 앞으로 더 깊이 탐구해야 할 신학적·실천적 과제들을 제시하며, 독자와 교회 모두가 함께 걸어가야 할 여정의 의미를 되새기는 희망의 메시지를 전합니다.

1. AI 융합 청지기 구현: 패러다임 시프트의 발동

AI 기술의 잠재력과 기독교 윤리적 관점

인공지능(AI) 기술은 작업의 품질과 생산성을 높일 수 있는 보완적 기술로서 막대한 잠재력을 가지고 있습니다.

그러나 AI의 발전은 신학적, 윤리적 시각에서 면밀히 살피고 우리의 역할과 책임을 성찰하는 것을 중요하게 만듭니다 (강성호, 2023). AI와 로봇은 고대의 우상숭배와 연결될 위험성을 내포하고 있습니다. 시편과 예레미야에서 묘사되듯 우상은 인간의 권력욕과 통제욕을 반영하며 실재하는 하나님을 대체하는 거짓된 동반자가 될 수 있습니다 (강성호, 2023).

AI가 효율성, 문제 해결 능력, 심지어 지적인 동반자로서의 가능성을 약속하며 다가오지만, AI에 대한 맹목적인 기대는 결국 우리를 실재하지 않는 것에 헛된 희망을 두게 만들 수 있습니다 (강성호, 2023). 인간의 진정한 정체성과 의미는 창조된 대상이 아닌, 하나님의 형상 (Imago Dei) 을 반영하는 관계 속에서만 발견됩니다 (강성호, 2023)). 하나님의 형상은 단순히 지적 능력을 넘어 하나님과의 관계성, 도덕적 책임감, 사랑과 공감의 능력을 포함합니다 (강성호, 2023). AI가 아무리 발전하더라도 스스로 도덕적 판단을 내리고, 윤리적 책임을 지며, 영적인 교감을 나눌 수는 없습니다 (강성호, 2023).

AI는 이러한 인간의 고유한 가치와 목적을 침해하거나 도구화하는 방식으로 사용되어서는 안 됩니다. AI의 급속한 발전은 견고한 신학적, 윤리적 틀을 요구합니다. 이는 AI가 현대판 우상이 되는 것을 방지하고, 인간의 존엄성을 훼손하지 않으면서 신성한 원칙에 따라 인류에게 봉사하도록 보장하는 데 필수적입니다.

성경적 청지기 의식의 현대적 적용

청지기 의식은 개인 생활, 교회 생활, 학교 생활, 기업 생활 등 모든 삶의 영역에서 매우 중요합니다 (손양익, 2013). 청지기 의식은 AI 시대에도 기술 개발과 활용에 대한 책임 있는 자세를 요구합니다.

한국기독교학회는 AI 시대를 바라보는 12가지 준칙을 제시하며, 교회가 AI가 선사하는 장밋빛 환상에 도취되어 보이지 않는 위험을 도외시하는 것은 청지기의 책임을 망각한 처사라고 강조했습니다 (박용미, 2024). 교회와 신학은 기술의 위험으로 인한 파국과 묵시적 재앙을 막을 수 있는 윤리적 가치와 복음의 비전을 제시해야 합니다 (박용미, 2024). 이 준칙들은 다음과 같은 성경적 청지기 의식의 핵심 가치들을 반영합니다 (박용미, 2024):

- **활용 방향**: 하나님의 영광을 최우선에 두고, 창조된 인간의 존엄성을 존중하며 인류가 함께 나아가는 하나님의 뜻을 구현하는 데 기여해야 합니다.
- **포용성**: AI를 통해 얻어진 성과와 혜택은 사회적 약자와 소외된 자를 포함하여 모든 사람이 공평하게 나눌 수 있도록 해야 합니다.
- **공정성**: AI는 하나님 앞에서 모든 인간이 평등하다는 원칙을 따르며, 차별과 편견 없이 공정하게 활용되어야 합니다.
- **책임성**: AI 활용에 따라 발생할 수 있는 결과에 대해 사전적으로 준비하고, 책임을 지며 그 결과에 대한 윤리적 책임을 다해야 합니다.

- **통제성**: AI는 인간의 통제와 분별 아래서만 개발되고 활용되어야 하며, 하나님의 창조 질서를 해치지 않도록 주의해야 합니다.
- **투명성**: AI의 결정과 판단 예측 과정은 투명성과 진실성을 바탕으로 이루어지며, 당사자뿐만 아니라 모든 이해 관계자에게 명확히 설명되어야 합니다.
- **저작권 및 개인 정보 보호**: AI가 학습에 사용하는 모든 데이터는 저작권과 도덕적 권리를 존중하며 공정하게 사용되어야 하며, 얻은 개인 정보와 사생활 정보는 엄격하게 보호되어야 합니다. 또한, AI 시대에는 윤리적 의사 결정 능력의 중요성이 강조됩니다.

AI는 복잡한 윤리적 딜레마를 이해하고 상황에 맞는 결정을 내릴 수 있어야 하며, 이는 AI가 단순한 기계를 넘어 도덕적 판단이 가능한 존재로 발전할 수 있음을 시사합니다 (해피 스토리, 2024).

성경적 청지기 의식은 AI 시대를 헤쳐나갈 중요한 윤리적 틀을 제공합니다. 하나님의 영광, 인간 존엄성, 포용성, 공정성, 책임성, 투명성을 우선시함으로써 교회는 AI 개발 및 적용을 공동선을 향해 이끌고, 잠재적인 해악을 방지하며, 정의로운 사회를 촉진할 수 있습니다.

AI와 청지기 의식 통합 통한 새로운 공동체 패러다임 제안

AI 기술과 성경적 청지기 의식의 통합은 한국 교회가 당면한 위기를 극복하고 새로운 시대에 맞는 패러다임을 구축하는 데 핵심적인 대안이 될 수 있습니다. 이는 단순히 기술을 도입하는 것을 넘어, 청지기적 관점에서 기술을 활용하여 교회의 본질적 사명을 회복하고 사회적 책임을 다하는 것을 의미합니다.

AI 기술을 활용한 구체적인 적용 방안은 다음과 같습니다:

- **인구 감소 및 세대 간 갈등 해소**: AI 기반의 데이터 분석을 통해 젊은 세대의 신앙적, 사회적 니즈를 파악하고, 개인화된 맞춤형 콘텐츠와 소통 채널을 개발하여 이들의 교회 참여를 유도할 수 있습니다. 예를 들어, AI 챗봇을 활용한 신앙 상담이나, 젊은 세대가 선호하는 미디어 플랫폼을 통한 맞춤형 복음 콘텐츠 제공 등이 가능합니다.
- **재정 투명성 및 윤리성 강화**: AI 기반의 재정 관리 시스템을 도입하여 모든 재정 흐름을 투명하게 공개하고, 이상 징후를 자동으로 감지하여 횡령이나 불투명한 사용을 사전에 방지할 수 있습니다. 블록체인 기술을 활용한 헌금 관리 시스템은 교인들의 신뢰를 회복하는 데 기여할 수 있습니다. 또한, AI를 활용한 윤리 교육 프로그램이나 리더십 시뮬레이션을 통해 목회자와 교인들의 윤리 의식을 함양할 수 있습니다.
- **사회적 신뢰도 회복 및 공공성 증진**: AI를 활용하여 지역 사회의 필요를 정확히 분석하고, 교회가 효과적으로 봉사 및 구제 활동을 펼칠 수 있도록 지원할 수 있습니다. 예를 들어, 소외 계층의 데이터를 분석하여 맞춤형 지원 프로그램을 기획하거나, AI 기반의 플랫폼을 통해 자원봉사자들을 효율적으로 연결할 수 있습니다. 또한, 교회의 사회적 기여 활동을 투명하게 기록하고 대중에게 알리는 데 AI를 활용하여 신뢰도를 높일 수 있습니다.
- **종교적 배타성 완화 및 포용성 증진**: AI를 활용한 다문화 및 다종교이해 교육 콘텐츠를 개발하여 교인들의 포용적인 태도를 함양할 수 있습니다. 다른 종교나 사회적 소수자에 대한 편견을 줄이고, 대화와 이해를 기반으로 한 관계를 형성하는

데 AI가 도구로 사용될 수 있습니다.

이러한 통합은 교회가 기술적으로 유능하고, 윤리적으로 견고하며, 사회적으로 책임감 있고, 영적으로 활기찬 존재로 거듭나는 비전을 제시합니다.

위기 극복 및 새로운 시대 맞이하기 위한 제언

한국 교회는 인구 감소, 사회적 신뢰도 하락, 성장 지상주의와 청지기 의식 부재, 세습 및 재정 불투명성, 정치적 편향성, 사회적/종교적 배타성, 세대 간 갈등 등 복합적인 위기에 직면해 있습니다. 이러한 문제들은 교회가 본질적인 사명을 잃고 세속적인 가치에 오염되었음을 드러내며, 사회적 고립과 영향력 약화로 이어지고 있습니다. 특히 젊은 세대의 대거 이탈은 교회의 미래 생존을 위협하는 가장 심각한 문제입니다. 이러한 위기를 극복하고 새로운 시대를 맞이하기 위해 **한국 교회는 비합리적인 성장 지상주의, 물질주의에 오염된 세속주의, 그리고 더 이상 용납될 수 없는 전통적 권위주의에서 벗어나야** 합니다. 이 책에서는 이러한 문제의 근본적인 대안으로 AI 기술과 성경적 청지기 의식의 통합을 통해 새로운 시대에 맞는 패러다임을 구축해야 함을 제언합니다. 이를 위한 구체적인 제언은 다음과 같습니다:

- **청지기 의식의 재정립과 윤리적 리더십 강화**: 교회의 모든 구성원, 특히 지도자들은 교회를 사유물이 아닌 하나님의 소유로 인식하는 청지기 의식을 철저히 내면화해야 합니다. 재정의 투명성을 극대화하기 위해 AI 기반의 회계 및 감사 시

스템을 도입하고, 독립적인 외부 감사를 정례화하여 교인과 사회의 신뢰를 회복해야 합니다. 목회자 세습을 금지하고 공정하고 투명한 리더십 승계 원칙을 확립해야 합니다.

- **AI 기술을 활용한 세대 간 소통 및 미래 세대 양육**: 젊은 세대의 특성과 문화적 코드를 이해하기 위해 AI 기반의 빅데이터 분석을 활용하고, 이를 바탕으로 맞춤형 신앙 교육 콘텐츠와 소통 플랫폼을 개발해야 합니다. 가정과 교회가 연계하여 신앙 교육의 책임을 공유하고, AI를 활용한 학습 도구를 제공하여 다음 세대가 신앙 안에서 성장할 수 있도록 지원해야 합니다.
- **사회적 책임 강화 및 포용적 공동체 형성**: 교회의 정치적 중립성을 유지하며, 특정 이념에 치우치지 않고 사회 전체의 공공선을 추구해야 합니다. AI를 활용하여 사회적 약자와 소수자의 필요를 파악하고, 실질적인 봉사 및 구제 활동을 기획하고 실행해야 합니다. 또한, 타 종교 및 비종교인에 대한 배타적인 태도를 지양하고, 대화와 협력을 통해 사회적 화합을 증진하는 데 기여해야 합니다.
- **AI 윤리 및 신학적 성찰의 심화**: AI 기술의 발전이 가져올 윤리적, 신학적 문제에 대해 지속적으로 연구하고 토론하는 장을 마련해야 합니다. AI가 인간의 존엄성을 훼손하거나 우상화되는 것을 경계하며, 청지기 의식에 기반한 AI 개발 및 활용 가이드라인을 제시하여 기술이 인류의 번영과 하나님의 창조 질서에 부합하도록 이끌어야 합니다.

한국 교회가 이러한 제언들을 실천한다면, 단순히 위기를 극복하는 것을 넘어 현대 사회 속에서 더욱 관련성 있고 영향력 있는 공동체로 거듭날 수 있을 것입니다. AI 기술은 청지기 의식이라는 윤리적 나침반 아래, 교회가 본질을 회복하고 새로운 시대의 요구에 응답하는 강력한 도구가 될 수 있습니다.

2. AI 기술과 성경적 청지기 의식 통합의 필연성

AI 기술과 성경적 청지기 의식의 통합은 단순히 선택 사항이 아니라, 한국 교회가 이 시대에 생존하고 사명을 완수하기 위한 필연적인 요구입니다. 이 통합은 교회에 새로운 기회를 제공할 뿐만 아니라, 우리가 직면한 영적인 전쟁의 본질 속에서 더욱 선한 영향력을 발휘할 수 있는 길을 열어줍니다.

성경적 청지기 의식의 핵심적 중요성

성경적 청지기 의식은 AI 기술의 윤리적 사용과 사회적 책임 이행을 위한 가장 중요한 원칙입니다. 이는 AI 기술이 인류와 사회의 이익을 위해 사용되고, 동시에 잠재적인 위험을 최소화하도록 돕습니다. 교회는 성경적 청지기 의식을 바탕으로 AI 기술을 활용하여 사회에 긍정적인 영향을 미칠 수 있습니다.

스탠포드 AI 윤리 연구 보고서에 따르면, AI 윤리에서 청지기 의식 개념은 AI 기술이 좁은 자기 이익이 아니라 인류와 사회 전체의 이익을 위해 관리되고 활용되어야 함을 의미합니다. 이 접근 방식은 AI의 잠재적 위험을 완화하고 긍정적인 영향을 극대화하는 데 도움이 될 수 있습니다 (Stanford HAI, 2019). 옥스포드 AI 윤리 연구소는 AI 시대의 성경적 청지기 의식이 단순한 윤리 지침을 넘어 AI 개발 및 사용을 적극적으로 형성하는 데 참여할 것을 요구한다고 강조합니다. 이는 학제 간 협력을 촉진하고, AI 시스템의 투명성을 높이며, AI의 혜택이 사회 전반에 공정하게 분배되도록 보장하는 것을 포함합니다 (Oxford Institute for AI Ethics, 2023).

이러한 관점은 Ministry Brands의 주장과도 일치하는데, 그들은 그 **리스도인들이 AI 기술을 하나님의 창조 세계를 향상하고 돌보는 데 사용하는 것이 성경적 청지기 원칙과 일치한다**고 믿습니다.

이는 재능과 자원을 현명하게 사용하는 기독교인의 의무와 부합하며, AI를 세상을 더 나은 곳으로 만들고 사람들을 돕기 위해 하나님이 주신 도구로 간주합니다 (Ministry Brands, n.d.).

결국, 성경적 청지기 의식은 단순히 기술 사용의 윤리적 기준을 제시하는 것을 넘어, AI 시대에 교회가 영적 리더십을 발휘하고 다음 세대를 포용하며 책임 있는 위치에서 교회를 이끌어갈 수 있는 근본적인 동력을 제공합니다.

이 책은 이러한 통합적 접근을 통해 **시대의 부르심을 받은 '새로운 사람'으로서의 청지기 모델**을 제시합니다. 이 '새로운 사람'은 AI 기술과 청지기 리더십의 진정한 통합을 통해 자연과 우주의 모든 것을 생명의 충만함으로 채우고자 하는 하나님의 사랑을 실천하며, 모든 이론을 포괄하는 존재입니다. 한국 교회회는 이러한 모델을 창출하고 양육하며 배양하는 '요람'으로 변화해야 합니다.

통합 통한 시너지 효과: 교회 자원 관리 및 목회 효율성 향상

AI 기술과 성경적 청지기 의식의 통합은 한국 교회에 새로운 기회를 제공합니다. 이를 통해 교회는 자원을 효율적으로 관리하고, 기술을 윤

리적으로 활용하며, 사회 봉사 활동을 강화하고, 다음 세대를 위한 교육 프로그램을 개발할 수 있습니다. 이러한 통합은 한국 교회가 선교 사명을 더욱 효과적으로 수행하도록 도울 것입니다. 일부 목회자들은 AI 기술이 교회 자원 관리 및 목회 효율성을 향상시킬 수 있다고 주장합니다.

조성실은 AI, 특히 생성형 AI가 목회자들이 자원을 효율적으로 관리하고 교인들과 더 깊은 관계를 구축하는 데 크게 기여할 수 있다고 말합니다. 이를 통해 목회자들은 말씀 묵상이나 영적인 문제와 같은 목회의 본질적인 측면에 더 집중할 수 있습니다 (Cho, 2023). 안종배 또한 ChatGPT, AI 시대에 한국 교회의 미래 부흥을 위해 다음 세대 교육의 중요성을 강조합니다. 그는 초기 교회의 본질인 복음과 공동체성을 강화하고, 창조주 하나님의 세계관인 성경적 세계관을 확장하며, 기독교 가치를 문화적으로 확산하고, 세상을 이끌어갈 다음 세대를 양육해야 한다고 주장합니다 (Ahn, 2023).

한국 교회가 AI 기술의 윤리적 사용과 사회적 책임 이행을 위해 성경적 청지기 의식을 오늘날에 적합하게 해석하고, 모든 신자가 이를 삶에 적용하도록 하는 가장 효과적이고 효율적인 방법은 교육을 통해서입니다. 그러나 저출산, 농어촌 인구 감소, 젊은 세대의 교회 이탈 등 복합적인 요인으로 인해 한국 교회회는 주일학교 폐쇄 등의 어려움을 겪고 있습니다.

다음 세대가 어린 시절부터 부모님으로부터 성경적 청지기 의식을 배우는 것이 가장 좋겠지만, 모든 교회는 청지기 의식을 교회 교육 정책에 적용할 방법을 적극적으로 모색해야 합니다. 이를 위해 AI 기반 콘텐츠 개발이 필요합니다. 게임, 애니메이션, 가상현실 경험 등 다양한 형식으로 제작된 콘텐츠는 다음 세대의 흥미와 참여를 유도할 수 있습니다. 또한, 교회는 AI 기반 지역 사회 문제 해결 시스템을 구축하여 지역 사회 문제를 분석하고 해결책을 모색하는 데 기여할 수 있습니다.

앞장에서 논의했듯이, **교회 공동체의 모든 구성원이 청지기 의식을 갖추고 AI 기술과 통합되도록 하는 교육**은 현대 교회의 중요한 핵심 과제이지만, 시간이 필요합니다. 이는 특히 본서에서 제시된 **'새로운 사람'이 된 청지기 모델**이 어린 나이부터 가르쳐져야 자연스럽게 습득될 수 있기 때문입니다.

라이트 (Wright) 는 어린 시절부터 체계적이고 지속적인 성경 교육과 현대 기술에 대한 이해를 결합하는 교육이 필요하다고 주장합니다. 본서 또한 라이트의 견해를 지지하며, 한국 교회 환경에서의 실질적인 방안을 탐색한 결과, **시대의 부르심을 받은 '새로운 사람'으로서의 창조적인 인간형을 양육해야 한다**고 주장합니다 (Wright, 2021).

즉, 핵심은 AI 기술과 청지기 리더십의 진정한 통합을 통해 자연과 우주의 모든 것을 생명의 충만함으로 채우고자 하는 **하나님의 사랑으로 모든 이론을 통합하고, 사람들을 '새로움'으로 무장시키는 교육**입니다. 이는 한국 교회의 새로운 패러다임의 중심축을 형성해야 합니다. 이러한 새로운 패러다임을 창출하는 방법으로 이 책은 이미 3장에서 세 가지 단계를 제시했습니다.

결과적으로, 조성실의 "AI 기술이 교회 자원 관리 및 목회 효율성 향상에 기여할 수 있다"는 관점 (Cho, 2023) 과 안종배의 "AI 기술을 다음 세대 교육에 활용할 수 있다"는 주장 (Ahn, 2023) 은 **"AI 기술과 청지기 정신의 통합을 통해 탄생한, 즉 '새로운 사람'으로 갖춰진 청지기 리더십 원칙을 핵심 가치로 삼는 모델**"과 일치합니다.

따라서 이 책은 이러한 **청지기를 양육하는 것이 한국 교회 교육의 초점**이 되어야 하며, 그 **교육의 대상은 다음 세대가 되어야 한다**고 결론 내립니다. 궁극적으로 이 모델은 **"시대의 부르심을 받은 창조적인 인간형인 '새로운 사람'"** 이 되며, 이는 이 책의 주제와도 부합합니다. 이러한 통합 과정을 통해 얻는 시너지는 국가, 사회, 교회, 개인의 삶을 포함한 모든 영역에서 지속 가능한 성장을 위한 추진력을 제공합니다.

AI 시대의 변화에 대응하고 교회의 사명을 효과적으로 수행하기 위해, 한국 교회는 AI 기술 도입 및 활용에 대한 체계적인 전환 방안과 단계별 전략을 수립해야 합니다. 이는 단순히 기술 도입을 넘어, 교회의 본질인 청지기적 사명을 재확인하고, 새로운 시대에 맞는 공동체를 형성하는 과정입니다.

AI 기술과 성경적 청지기 의식 통합 통한 한국 교회의 미래 전망

AI 기술과 성경적 청지기 의식의 통합이 한국 교회의 미래에 중요한 역할을 할 것이라는 점은 더 이상 추론이 아닙니다. 이는 교회가 그 사명을 더 효과적으로 수행하고 사회에 긍정적인 영향을 미치는 데 기여할 수 있다는 것이 분명합니다. 그러나 이를 위해서는 신중한 접근과 단계별 전략이 필요하다는 것도 분명합니다.

박민서 (Park, Min Seo)는 "2024년은 AI가 보편화되고 산업화되는 해가 될 것"이라며, 생성형 AI가 금융 서비스, 의료 및 생명 과학, 자동차 및 제조, 미디어 및 엔터테인먼트, 에너지 등 모든 산업에 영향을 미칠 것이라고 주장합니다 (Park, 2023).

한국 교회는 갤럽 코리아 (Gallup Korea, 2022) 나 목회데이터연구소 (Ministry Data Institute, 2023) 가 내놓은 기독교인의 급격한 감소 추세라는 부정적인 미래적이며 장기적인 전망을 극복할 대안으로써 **"AI 기술과 성경적 청지기 의식의 통합"**이라는 거시적인 목표를 설정함으로써 긍정적인 미래를 창출할 수 있습니다.

미가서 6장 8절은 **"사람아 주께서 선한 것이 무엇임을 네게 보이셨나니 여호와께서 네게 구하시는 것은 오직 정의를 행하며 인자를 사랑하며 겸손하게 네 하나님과 함께 행하는 것이 아니냐"**고 권면합니다.

이 책은 한국 교회가 이 말씀에 기초하여, 자연과 우주의 모든 것을 생명의 충만함으로 채우고자 하는 **하나님의 사랑으로 모든 이론을 포괄하**

는 '새로운 사람' 모델로 현대적인 패러다임을 갱신하여 하나님의 영광을 위해 나아가야 한다고 제안합니다.

결과적으로 한국 교회는 AI 기술을 적극적으로 활용하되, 성경적 청지기 의식을 바탕으로 윤리 가이드라인을 수립하기 위한 교단 간 연합회를 구성해야 합니다. **AI 기술을 성경적 청지기 의식과 통합하는 것은 지속 가능한 성장을 달성하는 데 도움이 될 것입니다.** 이를 통해 한국 교회회는 효과적이고 효율적인 접근 방식으로 디지털 전환 시대에 적응하고, 이 시대에 필요한 영적 돌봄과 투명한 사역을 제공하는 공동체로 거듭날 것으로 기대됩니다.

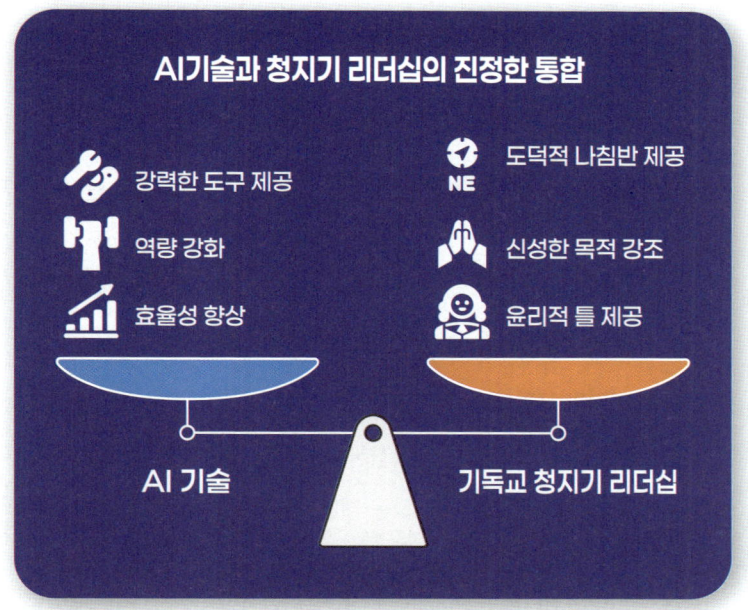

3. 결론 및 제언: AI 시대, 청지기의 소명으로 희망을 품다

연구 결과 요약: AI 시대, 청지기 교회를 향한 통찰

이 책은 AI 기술 발전 속에서 한국 교회가 직면한 근본적인 문제를 진단하며 시작했습니다. 많은 교회가 외형적 성장과 물질적 번영에 몰두하는 동안, 본연의 청지기 의식을 잃고 사회적 신뢰를 상실하며 다음 세대와의 단절이라는 위기에 봉착했음을 지적했습니다. 이러한 현실은 교회가 기업과 다를 바 없이 세속적인 성공주의에 물들었음을 시사합니다. 하지만 우리는 **이 위기가 곧 청지기적 본질을 회복하고 새로운 시대를 맞이할 기회임을 발견**했습니다.

핵심 연구 결과는 다음과 같습니다:

- **위기의 본질은 청지기 의식의 부재**: 오늘날 한국 교회의 문제점은 단순히 숫자의 감소를 넘어, 하나님이 맡기신 모든 것을 책임감 있게 다스려야 할 청지기 정신의 부재에서 비롯되었습니다. 이는 재정의 불투명성, 세속적 성공 지향, 사회적 소수자에 대한 배타성 등 다양한 형태로 나타났습니다.
- **AI 기술은 청지기 사명의 새로운 도구**: AI 기술은 교회의 효율성을 높이고, 신앙 교육을 개인화하며, 선교 활동을 확장하는 강력한 도구가 될 수 있습니다. AI는 복잡한 행정 업무를 간소화하고, 다음 세대와의 소통 방식을 혁신하며, 지역 사회 봉사 역량을 강화하는 데 기여합니다.
- **'새로운 사람'으로의 변혁**: 이 책은 AI 기술과 성경적 청지기 의식의 통합을 통해 '새로운 사람'이 탄생할 수 있음을 제시합니다. 이 '새로운 사람'은 하나님의

창조 질서를 사랑하고 모든 것을 풍성하게 하려는 소명을 가진 존재로서, AI 기술을 윤리적으로 활용하며 공동체의 지속 가능한 성장에 기여하는 주체입니다.
- **투명성과 책임의 중요성**: 교회는 투명한 재정 운영과 사회적 책임을 실천함으로써 공동체 안팎의 신뢰를 회복해야 합니다. 이는 단순히 도덕적 의무를 넘어, 청지기 의식을 바탕으로 한 지속 가능한 성장의 필수 요소입니다.
- **성경적 청지기 의식 핵심**: 아모스 선지자가 "오직 정의를 물 같이, 공의를 마르지 않는 강 같이 흐르게 할지어다" (아모스 5:24)라고 외쳤듯이, 형식적인 종교 행위를 넘어 정의와 공의를 실천하는 것이야말로 성경적 청지기 의식의 핵심임을 우리는 재확인했습니다.
- **시각 자료 통합 제안**: 이 부분에 'AI 시대, 교회의 새로운 성장 모델' 차트를 배치하여 과거의 양적 성장 모델 (문제점 표시) 과 AI 및 청지기 의식이 통합된 새로운 질적/지속 가능한 성장 모델 (긍정적 비전 제시) 을 대비시켜 보여줄 수 있습니다.

기독교 패러다임 형성 기여: 청지기의 삶으로 그리는 새 시대

이 책은 단순히 AI 기술의 활용법을 넘어, AI 시대에 걸맞은 새로운 기독교 패러다임을 제안함으로써 한국 교회에 의미 있는 기여를 하고자 했습니다. 이는 교회가 현재의 위기를 극복하고, 본연의 정체성을 회복하며, 시대의 변화를 선도하는 존재로 거듭나는 데 필요한 청사진을 제공합니다.

본서가 기여하고자 하는 핵심 내용은 다음과 같습니다:

- **총체적 청지기 의식의 확산**: 성경적 청지기 의식이 십일조나 교회 봉사에만 국한

되지 않고, 가족, 직장, 사회, 문화 등 삶의 모든 영역에서 실천되어야 할 총체적인 개념임을 강조했습니다. 이는 개인 그리스도인들이 일상 속에서 하나님의 주권을 인정하고 그분의 뜻대로 살아가는 방식입니다.
- **기독교적 경영 접근 방식 제안**: 교회와 사회적 기업이 윤리적 경영, 투명한 재정 운영, 사회적 책임을 강조하는 청지기적 경영 모델을 채택해야 함을 제시했습니다. 이는 교회가 신뢰를 회복하고, 사회에 실질적인 선한 영향력을 미치며 지속 가능한 공동체로 자리매김하는 데 필수적입니다.
- **AI 시대에 부합하는 정체성 확립**: AI 시대에 교회가 겪는 혼란 속에서 '새로운 사람'으로서의 청지기 모델은 그리스도인들에게 명확한 정체성과 소명의식을 제공합니다. 이 모델은 기술 발전과 신앙적 가치를 조화롭게 통합하여 세상을 변화시키는 능동적인 주체로 살아가도록 이끌 것입니다.

이러한 기여를 통해 한국 교회회는 과거의 낡은 틀을 벗어던지고 기독교의 본질을 되찾아, AI 디지털 전환 시대에도 영적 영향력을 유지하고 확장하기 위한 굳건한 기반을 구축할 수 있을 것입니다.

미래 연구 방향 및 제언: 끝없는 탐구를 위한 청지기의 발자취

이 책은 AI 시대에 한국 교회가 나아가야 할 '청지기의 길'에 대한 중요한 논의를 시작했지만, 이는 **끝이 아닌 새로운 탐구의 시작**입니다. 앞으로 더 깊이 있는 연구와 실천이 이어지기를 바라며 다음과 같은 미래 연구 방향과 제언을 드립니다.

- **청지기 의식 실천 심층 사례 연구**: 개별 교회나 사회적 기업이 성경적 청지기 의

식을 어떻게 실제적으로 적용하고 있는지에 대한 성공 및 실패 사례를 심층적으로 분석할 필요가 있습니다. 이를 통해 구체적인 실천 모델을 개발하고 다른 교회나 기관들이 참고할 수 있는 가이드라인을 제시할 수 있을 것입니다.
- **직장 내 기독교적 경영 통합 연구**: AI 시대에 그리스도인들이 직장에서 청지기 사명을 어떻게 감당하고 윤리적 리더십을 발휘할 수 있는지에 대한 연구가 필요합니다. 이는 단순히 개인의 신앙을 넘어 직장 내 의사 결정과 조직 문화에 기독교적 가치(정의, 공의, 사랑)를 반영하는 구체적인 방안을 모색해야 합니다.
- **AI 활용 신앙 교육 프로그램 개발**: AI 기술을 활용하여 다음 세대가 '새로운 사람'으로서 청지기 의식을 함양하도록 돕는 교육 프로그램 개발이 시급합니다. 게임, 가상현실, 맞춤형 콘텐츠 등 다양한 형식의 AI 기반 교육 자료를 개발하여 다음 세대의 흥미를 유발하고 신앙 성장을 촉진해야 합니다.
- **지역 사회 참여 및 협력 모델 연구**: 교회가 AI 기술을 활용하여 지역 사회의 필요를 파악하고, 사회적 약자를 돕는 구체적인 협력 모델을 연구해야 합니다. 이는 지역 사회 복지 향상에 기여하고, 교회가 소금과 빛의 역할을 실천함으로써 비신자들과의 관계를 개선하고 복음 전파의 새로운 길을 열 수 있을 것입니다.

교회와 사회적 기업의 윤리적 책임과 투명성은 개인의 성경적 청지기 의식에 뿌리를 두고 있으며, 공동체와 지역 사회 발전에 필수적인 요소입니다. **미래 연구 방향은 성경적 청지기 의식 실천 사례 연구, 기독교적 경영 통합, 교육 프로그램 개발, 그리고 지역 사회 참여에 초점을 맞춰야 합니다.** 이러한 연구를 통해 그리스도인들은 가정과 직장에서 청지기 사명과 책임을 더 잘 실천할 수 있을 것이며, 성경에 제시된 다양한 청지기 원칙을 실천함으로써 더 나은 사회를 만드는 데 기여할 수 있을 것입니다. 교회와 사회적 기업 모두 이 연구 결과를 바탕으로 다양한 아이디어를 개발하여 지속 가능한 성장과 더 나은 모델을 구축할 수 있을 것입니다.

연구의 한계: 겸손한 성찰, 더 나은 내일을 향해

"AI 시대의 문화 명령 재해석: 한국 교회를 위한 청지기 의식과 지속 가능한 패러다임 전환" 이라는 주제로 진행된 이 책은 AI 시대의 문화 명령을 재해석하고, 한국 교회가 잃어버린 성경적 청지기 의식을 되찾도록 촉구하는 데 중점을 두었습니다. AI 기술과 성경적 청지기 의식의 통합이 한국 교회의 자원 관리 및 공동체 복지 향상에 미치는 영향을 다각도로 분석한 결과, 성경적 청지기 의식의 부재가 한국 교회가 직면한 문제의 중요한 원인임이 밝혀냈습니다.

이 책은 이러한 문제의 해결을 위해 성경적 기반을 통한 청지기 의식의 재각성과 하나님의 창조 세계를 위한 문화 명령을 책임감 있게 수행하는 방법을 제시하고자 했습니다. 그러나 본서가 제시하는 해답이 완벽하다고 말할 수는 없습니다. 회복과 미래 지향적 기독교로의 전환을 위해서는 성경으로 돌아가 근본적인 성경적 청지기 의식의 기초인 창세기 1장 28절에 기반한 패러다임 전환이 지속되어야 합니다.

이 책의 **첫 번째 한계는 연구 자료의 부족**입니다. AI 및 디지털 전환 시대에 대한 경험적 데이터가 아직 충분히 축적되지 않았기 때문입니다. 앞으로 더 많은 실질적인 데이터가 쌓임에 따라 더욱 심화된 연구가 이루어져 미래에 대한 희망을 제시할 수 있기를 기대합니다. **두 번째 한**

계는 연구 대상의 제한입니다. 특히 한국 교회회에 직접 적용될 수 있는 'AI 융합 청지기 모델'을 국내 사례에서 구체적으로 찾기 어려웠던 점이 있습니다. 비록 해외의 교회적 실험이나 일부 글로벌 사회적 기업 사례를 통해 기독교 신앙에 기반한 청지기 의식을 확인할 수 있었지만, 한국적 맥락에서의 심층 연구가 필요함을 느낍니다. 이러한 한계에도 불구하고, **이 책은 하나님 창조 세계를 위한 문화 명령을 받은 인류에게 성경적 청지기 의식이 핵심 가치로서 얼마나 중요한지를 보여줍니다.** 또한, 교회는 청지기 의식을 함양하고 양성하기 위해 노력해야 함을 강조하며, 한국 교회회가 새로운 패러다임을 확립하고 AI 시대에 영적인 등대처럼 우뚝 서야 함을 제안합니다.

> "들으라 이스라엘아 우리 하나님 여호와는 오직 한 분이시니 너는 마음을 다하고 뜻을 다하고 힘을 다하여 네 하나님 여호와를 사랑하라" (신명기 6:4-5).

이스라엘 백성에게 주어진 이 '쉐마'의 정신처럼, 하나님의 유일성과 그분을 향한 온전한 사랑은 **AI 시대에도 청지기로서 살아가는 우리에게 변함없는 소명**입니다. 우리는 이 소명을 통해 AI 시대의 혼돈 속에서도 하나님의 창조 질서를 회복하고, 인간의 삶을 풍성하게 하며, 공동체에 희망을 선사하는 '청지기의 길'을 담대히 걸어갈 수 있을 것입니다.

이 책이 한국 교회가 **'AI 시대, 청지기의 길을 묻다'** 라는 질문에 답을 찾아가고, 새로운 시대를 위한 영적 비전을 확립하는 데 작은 불씨가 되기를 간절히 바랍니다. 함께 이 여정에 동참해 주신 독자 여러분께 진심으로 감사드립니다.

에필로그 Epilogue
융합된 새 사람, 희망을 향한 첫 걸음

　우리의 긴 여정은 한국 교회의 아픈 현실을 마주하는 것에서 시작되었습니다. 신뢰를 잃고 흩어지는 성도들의 모습과 AI라는 거대한 기술의 물결 앞에서 우리는 당혹감과 무력감을 느꼈습니다. 그러나 우리는 그 잿더미 속에서 희망의 씨앗을 발견했습니다. 그것은 창세기의 먼지 쌓인 이야기 속에, 바벨론의 화려한 궁정 속에서도 신실했던 다니엘의 삶 속에, 그리고 주인의 달란트를 들고 장사하러 나섰던 종의 용기 속에 숨겨져 있던 '청지기'라는 우리의 본질적인 정체성이었습니다. **이 여정은 결국 "AI를 어떻게 쓸 것인가?"라는 질문이 "우리는 어떻게 살 것인가?"라는 가장 근본적인 질문과 맞닿아 있음을** 깨닫게 했습니다.

　이 책의 마지막 장을 덮으며 우리가 붙들어야 할 가장 중요한 메시지는 이것입니다. **AI 시대의 진정한 해답은 더 발전된 기술이나 더 정교한 시스템에 있지 않습니다. 그 열쇠는 바로 그 기술을 다루는 '사람', 즉 하나님의 신실한 청지기에게 있습니다.** 우리가 제시한 **'융합된 새 사람'**은 초인적인 영웅이 아닙니다. 그는 날마다 하나님 앞에서 자신의 소명을 묻고, 이웃을 위해 자신이 가진 기술과 재능을 어떻게 사용할지 고민하며, 때로는 실패하고 넘어지더라도 다시 일어서서 책임감 있는 걸음을 내딛는 '**과정 속의 존재**'입니다. 바로 오늘을 살아가는 우리 모두의 모습이어야 합니다.

AI 융합 청지기들이 각자의 자리에서 빛을 발할 때, 우리는 새로운 교회와 세상의 모습을 꿈꿀 수 있습니다. 교회는 더 이상 낡은 관행에 갇혀 세상과 단절된 섬이 아닐 것입니다. 데이터 분석을 통해 지역사회의 가장 아픈 곳을 먼저 찾아가 위로하고, AI 챗봇으로 신앙의 문턱을 넘지 못하던 이들의 질문에 24시간 답하며, 온라인과 오프 라인을 넘나드는 유기적인 소그룹을 통해 진정한 공동체성을 회복하게 될 것입니다. 우리의 일터는 단순히 이윤을 창출하는 공간을 넘어, 기독교인 개발자들이 윤리적 AI 개발을 주도하고, 기독 경영인들이 기술을 통해 사회적 책임을 다하며, 기독 예술가들이 AI로 새로운 창작의 지평을 열어 복음의 아름다움을 전하는 소명의 현장이 될 것입니다.

이제 당신의 자리에서 청지기의 길을 시작할 때입니다. 거창한 계획이 아니어도 좋습니다.

실천을 위한 첫걸음: "이렇게 해 보세요"

1. **개인적 차원에서**: AI 기술의 발전에 꾸준히 관심을 갖고 배우십시오. 그리고 자신의 신앙과 윤리 원칙에 따라 '나만의 AI 사용 가이드라인'을 세워보는 것에서 시작할 수 있습니다.
2. **공동체적 차원에서**: 섬기는 교회나 소그룹에서 이 책을 교재 삼아 함께 공부하고 토론해 보십시오. 이를 통해 '우리 공동체의 AI 윤리 선언'을 함께 만들어가

는 것은 교회를 더욱 건강하게 세우는 과정이 될 것입니다.
3. **사회적 차원에서**: 기술 분야의 다음 세대를 신앙과 인격으로 양육하는 일에 투자하십시오. 기독교적 가치를 담아 세상을 이롭게 하는 기술 스타트업이나 사회적 기업을 찾아 응원하고 지원하는 것도 훌륭한 청지기적 실천입니다.

두려움과 혼란의 시대에, 하나님께서는 바로 당신을 그분의 신실한 청지기로 부르셨습니다. 이 부르심을 기억하며 각자의 삶의 현장으로 담대히 나아가십시오. 당신의 작은 첫걸음이 AI 시대를 살아갈 다음 세대에게 희망의 이정표가 될 것을 믿습니다. 당신의 삶을 통해 이 땅에 하나님의 나라가 아름답게 세워지기를 축복하며 파송합니다.

"AI 시대의 진정한 해답은 더 발전된 기술이나 더 정교한 시스템에 있지 않습니다. 그 열쇠는 바로 그 기술을 다루는 '사람', 즉 하나님의 신실한 청지기에게 있습니다."

(구글 AI 스튜디오 생성)

AI 시대, 청지기의 길을 묻다

문헌 출처 및 연구자료

1. Abid, H., Javaid, M., Khan, I. H., & Mohan, S. (2023). Significant applications of Artificial Intelligence towards attaining Sustainability. Journal of Industrial Integration and Management.
2. Ahn, J. B. (2023). A Study on the Advent of the ChatGPT Artificial Intelligence Era and Changes in the Characteristics of Future Advertising Marketing. Korean Association for Broadcasting & Telecommunications Studies Academic Conference Collected Papers, 55-55.
3. AI and Faith. (2023, October 26). Religious ethics in the age of artificial intelligence and robotics: Exploring moral considerations and ethical perspectives. AI and Faith. Retrieved from https://aiandfaith.org/religious-ethics-in-the-age-of-artificial-intelligence-and-robotics-exploring-moral-considerations-and-ethical-perspectives/
4. AI Magazine. (2023, November 1). *Top 10: Sustainable AI Companies*. https://aimagazine.com/top10/top-10-sustainable-ai-companies
5. Altar Live. (2023). The impact of artificial intelligence on the church: Embracing the opportunities. Altar Live. Retrieved from https://www.altarlive.com/blog/the-impact-of-artificial-intelligence-on-the-church-embracing-the-opportunities
6. America Is All In. (2023, September 12). How a Pennsylvania church is going solar to fight climate change. America Is All In. Retrieved from https://www.americaisallin.com/st-andrews-episcopal-church-cashes-inflation-reduction-act-add-solar-panels-sanctuary
7. Barna Group. (n.d.). *Empowering Older Adults: Building Intergenerational

8. Boaheng, S. (2022). Stewardship in the book of Daniel: Principles and practices for contemporary leaders. Journal of Biblical Perspectives in Leadership, 12(1), 75-90.
9. Board of Innovation. (n.d.). *Driving sustainable innovation with AI: 5 examples of AI sustainability*. https://www.boardofinnovation.com/blog/driving-sustainable-innovation-with-ai-5-examples-of-ai-sustainability/
10. Bostrom, N. (2014). Superintelligence: Paths, dangers, strategies. Oxford University Press.
11. Bradley, A. R. (2014). Whole-life stewardship: The call to greatnesss. Institute for Faith, Work & Economics. Retrieved from https://tifwe.org/resource/whole-life-stewardship-the-call-to-greatness/
12. Bradley, A. R. (2021). The economics of generosity: Investing in others for the good of all. Abingdon Press.
13. Brookings Institution. (2024, July 3). *AI's impact on income inequality in the US*. https://www.brookings.edu/articles/ais-impact-on-income-inequality-in-the-us/
14. California Miramar University. (n.d.). Applications of artificial intelligence in education. California Miramar University. Retrieved October 21, 2024, from https://www.calmu.edu/news/applications-of-artificial-intelligence
15. Carey Nieuwhof. (n.d.). *7 Critical Skills for Church Leadership: Building a Future-Ready Ministry*. https://careynieuwhof.com/church-leadership-skills/
16. Catholic Answers. (2021, June 30). *Getting Manliness Wrong*. Retrieved from https://www.catholic.com/audio/caf/getting-manliness-wrong
17. Channel Yes. (n.d.). Shin, Kwang Eun "The Situation in Korean Protestantism is Similar to That of the Mixed Martial Arts.". Channel Yes. Retrieved October, 2024, from https://ch.yes24.com/Article/View/27640
18. CHMeetings. (n.d.). How AI Can Enhance Your Church Meetings. CHMeetings. Retrieved November 20, 2024, from https://www.chmeetings.com/bridging-faith-and-technology-how-ai-can-empower-churches-and-pas-

tors/

19. Cho, S. S. (2023, October 14). Pastoral Uses and Examples of Generative AI. Retrieved October 14, 2024, from https://theosnlogos.tistory.com/1795
20. Choi, Y. (2016). A study on the essence of 'belief without belonging' – Focused on 'Canaan Believers'. RISS. Retrieved from https://m.riss.kr/search/detail/DetailView.do?p_mat_type=1a0202e37d52c72d&control_no=c-04c6f7a0755a333ffe0bdc3ef48d419#redirect
21. Christian Daily. (2023, May 18). *우리는 문화의 청지기로 공적 삶의 청지기 되어야*. 기독일보. https://www.christiandaily.co.kr/news/125218
22. Christianity Today. (2024, May). *A New Era of AI Is Here, and the Church Is Not Ready*. https://www.christianitytoday.com/2024/05/chatgpt-4o-russell-moore-ai-church/
23. Christianity Today. (2025, July). *When We Make Intelligence in Our Image*. https://www.christianitytoday.com/2025/07/artificial-intelligence-creation-mandate-technology-bible-in-our-image/
24. Church Leadership. (2024, February 20). *3 Strategies for Doing Church Online*. https://www.churchleadership.com/leading-ideas/3-strategies-for-doing-church-online/
25. Churchlytics. (n.d.). *Church Analytics Dashboards and Strategy*. https://churchlytics.com/
26. Davies, W. D., & Allison, D. C. (1997). A critical and exegetical commentary on the Gospel according to Saint Matthew. T&T Clark.
27. Deloitte. (2024). *Connected Consumer Survey*. As cited in Goover.ai. (n.d.). *AI's Impact on Cybersecurity and Trust*. https://seo.goover.ai/report/202412/go-public-report-en-a234752c-8b47-49da-b27e-71a187b459d9-0-0.html
28. Desouza, K. C., & Bhagwatwar, A. (2014). AI for social good: A case study in using AI to solve urban problems. AI Magazine, 35(4), 63–73.
29. Easy Cloud Solutions. (2024, January 30). *Use AI for Translation of Christian Sermons*. Retrieved from https://easycloudsolutions.com/2024/01/30/use-ai-for-translation-of-christian-sermons/

30. Emene, C. (2021). The Hebrew word "Shamar" and its implications for Christian stewardship. *Journal of Theological Studies, 45*(2), 112-128.
31. ERLC. (2019, April 11). *Artificial Intelligence: An Evangelical Statement of Principles*. https://erlc.com/policy-content/artificial-intelligence-an-evangelical-statement-of-principles/
32. Eroeun Net. (n.d.). From Poverty to Human Rights... 8 Cases of Optimal AI Use. Retrieved October 12, 2024, from https://www.eroun.net/news/articleView.html?idxno=10062
33. Estes, D. J. (2022). The digital pastor: A guide to leading and shepherding your church in the digital age. Zondervan.
34. Ethics & Religious Liberty Commission. (2019). Artificial Intelligence: An Evangelical Statement of Principles. Ethics & Religious Liberty Commission. Retrieved November 20, 2024, from https://erlc.com/policy-content/artificial-intelligence-an-evangelical-statement-of-principles/
35. Etherington, D. (2020). Microsoft's new 'Planetary Computer' project will use global environmental data to support sustainability. TechCrunch. Retrieved October 21, 2024, from https://techcrunch.com/2020/04/15/microsofts-new-planetary-computer-project-will-use-global-environmental-data-to-support-sustainability/
36. Eviden. (2024, August 6). The landscape of artificial intelligence. Retrieved November 22, 2024, from https://eviden.com/publications/cutting-edge/landscape-of-artificial-intelligence/
37. FaithGPT. (n.d.). How Christians Should Respond to the AI Revolution. FaithGPT. Retrieved November 20, 2024, from https://www.faithgpt.io/blog
38. FaithGPT.io. (2024, November 9). *An AI Ethics Framework from a Christian Perspective*. https://www.faithgpt.io/blog/ai-ethics-framework-christian-perspective
39. FaithGPT. (2024, December 22). *AI and Christian Community Building*. FaithGPT Blog. https://www.faithgpt.io/blog/ai-and-christian-community-building
40. FaithGPT. (2025, February 6). *Using AI to Analyze Audience Engagement

with Christian Media*. Retrieved from https://www.faithgpt.io/blog/using-ai-to-analyze-audience-engagement-with-christian-media

41. FaithGPT. (2025, May 29). *Stewarding Power: A Christian Imperative in the Age of AI*. FaithGPT Blog. https://www.faithgpt.io/blog/stewardship-age-of-ai

42. FastBots.ai. (n.d.). How Clearwater Church Uses Chatbots to Engage with Its Community. FastBots.ai. Retrieved November 20, 2024, from https://fastbots.ai/church-case-study

43. Gallup Korea. (2022). Gallup Korea Daily Opinion, December 27, 2022. Gallup Korea.

44. Goldenwood. (2025, June 16). *The Need for Spiritual Discernment in the Age of AI*. https://goldenwoodnyc.org/the-need-for-spiritual-discernment-in-the-age-of-ai/

45. Goover. (2025, March 24). *가나안 성도의 증가: 젊은 세대의 신앙과 교회 불참 현상 분석*. Retrieved from https://seo.goover.ai/report/202503/go-public-report-ko-8d892f62-a679-4f61-bd87-364ea7ba53ed-0-0.html

46. Goover.ai. (2024, August 25). *Comprehensive Analysis of AI Advancements and Trends in 2024*. https://seo.goover.ai/report/202408/go-public-report-en-3ecf1b6f-4319-4a2f-8849-611925c4d0e6-0-0.html

47. Goover.ai. (2024, November 7). *AI's Broad Impact on Society*. https://seo.goover.ai/report/202411/go-public-report-en-1c374a6a-6156-4d80-b381-a0bfca374a3a-0-0.html

48. Goover. (2025, March 25). *'가나안 성도'의 급증: 한국 사회 종교 인식의 변화와 미래 전망*. Retrieved from https://seo.goover.ai/report/202503/go-public-report-ko-f1412d45-15f2-49d7-9d7a-18a66be20784-0-0.html

49. Goover.ai. (2025, July 3). *Assessing the Multifaceted Impacts of AI Adoption*. https://seo.goover.ai/report/202507/go-public-report-en-023127f9-dd70-433e-a53e-34a74aa92c9e-0-0.html

50. Gootjes, N. H. (1995). Schilder on Christ and culture. In J. Geertsema (Ed.), Always obedient: Essays on the teachings of Dr. Klaas Schilder (pp. 57-74). P&R Publishing.

51. GotQuestions.org. (2022, January 4). *What is biblical stewardship?*. https://www.gotquestions.org/biblical-stewardship.html
52. Hanegan, M., & Rosser, C. (2024). Why theological education should be on the frontier of artificial intelligence. ATLA Blog.
53. Ha, J. (2014). Cultural Mandate and the Image of God: Human Vocation under the Covenant of Creation. *Themelios, 39*(3). Retrieved from https://www.thegospelcoalition.org/themelios/article/cultural-mandate-and-the-image-of-god/
54. Hall, D. (2025, April 3). *Common Grace for the Common Good: Shaping Our Theology of Work*. Logos. https://www.logos.com/grow/hall-common-grace-theology-work/
55. Harari, Y. N. (2017). Homo Deus: A brief history of tomorrow. HarperCollins.
56. Harari, Y. N. (2018). 21 lessons for the 21st century. Spiegel & Grau.
57. Hendricks, D. (2023, September 12). How a Pennsylvania church is going solar to fight climate change. America Is All In. Retrieved from https://stateimpact.npr.org/pennsylvania/2023/10/18/how-pennsylvania-churches-are-addressing-climate-change-by-tapping-the-power-of-the-sun/
58. Hessekiel, D. (2021). The evolution of the TOMS Shoes buy-one-give-one model. Forbes. Retrieved from https://www.forbes.com/sites/davidhessekiel/2021/04/28/the-rise-and-fall-of-the-buy-one-give-one-model-at-toms
59. HipCityReg. (2025, April 22). *Technological Advancements as Common Grace in Reformed Theology*. https://hipcityreg.substack.com/p/technological-advancements-as-common
60. IBM. (2023). The Future of AI in the Workplace. IBM. Retrieved November 21, 2024, from https://www.ibm.com/think/insights/artificial-intelligence-future
61. ICRC. (2022, June 16). *Harnessing the potential of artificial intelligence for humanitarian action*. Retrieved from http://international-review.icrc.org/articles/harnessing-the-potential-of-artificial-intelligence-for-humanitarian-action-919

62. IKEA. (2023). IKEA sustainability report FY23. IKEA. Retrieved from https://www.ikea.com/global/en/images/IKEA_SUSTAINABILITY_Report_FY_23_20240125_1b190c008f.pdf
63. Interface. (2024). Sustainability Report 2024. Interface. Retrieved from https://www.responsibilityreports.com/Hosted/Data/Responsibility_ReportArchive/i/NASDAQ_IFSIA_2022.pdf
64. International Mission Board. (2023). The Role of AI in Missions. International Mission Board. Retrieved November 19, 2024, from https://missionexus.org/harnessing-the-power-of-ai-for-global-missions/
65. International Monetary Fund. (2025, March). *A Place for Human Talent in the AI Age*. Finance & Development. https://www.imf.org/en/Publications/fandd/issues/2025/03/a-place-for-human-talent-in-the-ai-age-marina-tavares
66. Inter-Parliamentary Union. (n.d.). Ethical principles: Fairness and non-discrimination. Retrieved November 20, 2024, from https://www.ipu.org/ai-guidelines/ethical-principles-fairness-and-non-discrimination
67. Jahng, K. (2025, May 30). *The Role of AI in the Church*. National Association of Evangelicals. https://www.nae.org/ai-church-role-kenny-jahng/
68. JCRD. (2025, March 10). *Homo Deus as Utopian Myth: Yuval Noah Harari's Transhumanism...*. Journal of Christian-Democrat Thought. https://jrcd.scholasticahq.com/article/129465
69. Jeong, J. Y. (2022, January 4). [Jeong Jae Young Column] Problems Raised by Ca-naanite Believers to the Church. Daily Good News. Retrieved October 10, 2024, from https://www.good-news1.com/news/articleView.html?idxno=84493
70. Ji, Y. G., et al. (2022). Trends in Korean Churches 2023: Emergence of Floating Christians. Kyujang (pp. 28-51).
71. Johns Hopkins Bloomberg School of Public Health. (2024, August 19). *August 2024: Digital Tools Transforming Humanitarian Aid*. Center for Global Digital Health Innovation. https://publichealth.jhu.edu/center-for-global-digital-health-innovation/august-2024-digital-tools-transforming-hu-

manitarian-aid

72. Johnson, S. (2020). The church of the future: Using technology to reach the next generation. Baker Books.
73. Kang, B. O. (2012). Causes and Countermeasures for the Loss of Social Trust in the Korean Protestant Church. Theology and Mission, 41, 61-90.
74. Kim, C. Y. (2018). Practical Meaning and Application of Christian Stewardship: Focusing on Financial Management. Theology and Praxis, 59, 439-468.
75. Kim, H. Y. (2015). What Is the Cause of Expansionism in Korean Church?. Hankook Ilbo.
76. Kim, J. H. (2021). Church Ministry in the Digital Age: Use of Chatbots and Data Analytics. Korean Church and Technology Journal, 15(3), 45-67.
77. Klein, A. (2024). Unilever delivering customer insight, efficiency with AI adoption. TechArena. Retrieved September 21, 2024, from https://www.techarena.ai/content/unilever-delivering-customer-insight-efficiency-with-ai-adoption
78. KPMG. (2024, July 12). *How AI can power your sustainability reporting*. https://kpmg.com/be/en/home/insights/2024/07/ta-how-ai-can-power-your-sustainability-reporting.html
79. Kurzweil, R. (2005). The singularity is near: When humans transcend biology. Viking.
80. Kuyper, A. (1880, October 20). Souvereiniteit in eigen kring [Sphere sovereignty]. Speech presented at the inauguration of the Free University of Amsterdam, Amsterdam, Netherlands.
81. Kuyper, A. (2019). Lectures on Calvinism (J. Nollkaemper, Trans.). Hendrickson Publishers. (Original work published 1898)
82. Langford, M. D. (2022). A Theological Framework for Reflection on Artificial Intelligence. In *AI, Faith, and the Future: An Interdisciplinary Approach*. Pickwick Publications.
83. Laracy, J. R., Kirova, V. D., Ku, C. S., & Marlowe, T. J. (2025). *Human Dignity and the Ethics of Artificial Intelligence: A Framework for Responsible Design and Use from the Perspective of Catholic Social Teaching*. IEEE.

https://www.wpunj.edu/cosh/macs-scholars-program/assets/Ethics.pdf

84. Lee, J. Y. (2011). Review of the Legal Linkage between the Principles of Sustainable De-velopment and Biodiversity Conservation. Environmental Law Review, 33(3), 219-246.
85. Lee, S. I. (2023). How Far Can Churches Use AI?. Theosnlogos. Retrieved October 14, 2024, from https://theosnlogos.tistory.com/1795
86. LifeLabs Learning. (n.d.). *3 Must-Have Soft Skills for Leaders in the Age of Artificial Intelligence*. https://www.lifelabslearning.com/blog/ai-and-leadership-3-must-have-skills-for-leaders-in-the-age-of-artificial-intelligence
87. Ludy, T. (2021, June 14). The importance of interdependence in the body of Christ. One Body Life. Retrieved from https://www.onebody.life/post/16-quotes-about-the-body-of-christ/
88. Magai. (n.d.). *AI for Churches, Everything You Need to Know*. https://magai.co/ai-for-churches-everything-you-need-to-know/
89. Malphurs, A. (2013). Advanced strategic planning: A new model for church and ministry leaders (3rd ed.). Baker Books.
90. Malphurs Group. (2024, October 9). *Good AI vs. Bad AI: Ethical Ways for Churches to Use Artificial Intelligence*. https://malphursgroup.com/good-ai-vs-bad-ai-ethical-ways-for-churches-to-use-artificial-intelligence/
91. Malphurs Group. (n.d.). *Good AI vs. Bad AI: Ethical Ways for Churches to Use Artificial Intelligence*. Retrieved from https://malphursgroup.com/good-ai-vs-bad-ai-ethical-ways-for-churches-to-use-artificial-intelligence/
92. Merrill, E. H. (2022). *A Theological Framework for Reflection on Artificial Intelligence*. In M. D. Langford (Ed.), *AI, Faith, and the Future: An Interdisciplinary Approach*.
93. McKinsey Global Institute. (2018). Notes from the AI frontier: Modeling the impact of AI on the world economy. McKinsey Global Institute. Retrieved from https://www.mckinsey.com/featured-insights/artificial-intelligence/notes-from-the-ai-frontier-modeling-the-impact-of-ai-on-the-world-economy

94. Microsoft. (2024). *OpenNyAI: Jugalbandi*. As cited in various reports.
95. Microsoft. (2024). With help from next-generation AI, Indian villagers gain easier access to government services. Microsoft News. Retrieved September 21, 2024, from https://news.microsoft.com/source/asia/features/with-help-from-next-generation-ai-indian-villagers-gain-easier-access-to-government-services/
96. Middleton, J. R. (2022, June 1). The Rise and Fall of the Imago Dei? *Fathom Mag*. Retrieved from https://www.fathommag.com/stories/the-rise-and-fall-of-theimago-dei
97. Ministry Brands. (n.d.). *AI and the Church: How It Can Be Used, Positive and Negative Impact*. https://www.ministrybrands.com/church/management/ai-and-church
98. Ministry Brands. (n.d.). The Impact of Artificial Intelligence on Ministry. Ministry Brands. Retrieved November 20, 2024, from https://www.ministrybrands.com/church/management/ai-and-church/
99. Ministry Data Institute. (2023). A Survey on Perceptions and Usage of ChatGPT of Pastors. Retrieved October 10, 2024, from https://url.kr/xQLZkf
100. Ministry Data Institute. (2023). A Study on the Success of Social Economic Enterprises of the 50+ Generation. Retrieved October 17, 2024, from http://mhdata.or.kr/bbs/board.php?bo_table=quqnae&wr_id=84&page=3
101. Ministry Data Institute. (2023). 한국 기독교 분석 리포트. Retrieved October 15, 2024, from http://mhdata.or.kr/bbs/board.php?bo_table=koreadata-&wr_id=258&page_z=3
102. Ministry Data Institute. (2024, September). Numbers 255, 한국 교회 미래 인구 추계(2050년까지), 교회 전체 규모 전망: 2050년 한국 기독교 인구 11.9% 감소 예상. Retrieved October 17, 2024, from http://mhdata.or.kr/bbs/board.php?bo_table=koreadata&wr_id=307/
103. Moore, R. (2025, July). *An Image of God for an Era of AI*. Christianity Today. https://www.christianitytoday.com/2025/07/image-god-ai-era-artificial-intelligence-russell-moore/
104. Mouw, R. J. (2024, February 13). *Kuyper, Mouw, and Common Grace*.

CultureWatch. https://billmuehlenberg.com/2024/02/13/kuyper-mouw-and-common-grace/
105. Mueller, V. C. (2020). Ethics of artificial intelligence and robotics. Stanford Encyclopedia of Philosophy. (Fall 2020 ed.). Stanford University.
106. NAE. (2025, May 30). *The Role of AI in the Church*. National Association of Evangelicals. Retrieved from https://www.nae.org/ai-church-role-kenny-jahng/
107. Nanotronics. (n.d.). *7 Ways AI Can Be Used for Social Good*. Retrieved from https://nanotronics.ai/resources/7-ways-ai-can-be-used-for-social-good
108. National Association of Evangelicals. (2025, May 30). *The Role of AI in the Church*. https://www.nae.org/ai-church-role-kenny-jahng/
109. NSRLM. (2025, August 5). *Christian Perspectives on AI and Technology Ethics*. https://cfgadsden.org/christian-perspectives-on-ai-and-technology-ethics/
110. OECD. (2023). OECD AI Policy Observatory. OECD. Retrieved from https://www.oecd.org/en/topics/digital.html
111. Oxford Institute for AI Ethics. (2023). Stewardship in AI: From principles to practice. Oxford Institute for AI Ethics. Retrieved October 21, 2024, from https://www.oxfordaiethics.ox.ac.uk/publications/stewardship-in-ai
112. PA Consulting. (n.d.). How Unilever Uses AI to Drive Sustainable Growth. PA Consulting. Retrieved November 20, 2024, from https://www.paconsulting.com/client-story/unilever-using-ai-to-empower-people-to-supercharge-innovation-and-drive-growth
113. Park, M. S. (2023). Understanding the Generative AI: 2023 is the Year of Generative AI, so How About 2024?. Retrieved October 14, 2024, from https://theosnlogos.tistory.com/1795
114. Payroll Partners. (2023, August 30). *A Step-by-Step Guide to Create an AI Policy for Your Church*. https://www.payrollpartners.com/step-step-guide-create-ai-policy-church/
115. Pearcey, N. (2015, May 4). *The Mission of God's People Is Found in the

Cultural Mandate*. Institute for Faith, Work & Economics. https://tifwe.org/the-mission-of-gods-people-is-found-in-the-cultural-mandate/

116. Phoenix Seminary. (2017, June 13). *The Cultural Mandate: Two Hendiadyses*. Retrieved from https://ps.edu/the-cultural-mandate-two-hendiadyses/

117. Pushpay. (2023, July 6). *A Step-by-Step Guide to Creating an AI Policy for Your Church*. https://pushpay.com/blog/church-ai-policy-step-by-step-guide/

118. Pushpay. (2025, May 23). *5 Strategic Ways Churches Can Implement AI Today*. https://pushpay.com/blog/5-strategic-ways-churches-can-implement-ai-today/

119. RightNow Media. (n.d.). *Streaming Video Library of Bible Studies*. https://www.rightnowmedia.org/

120. Rodin, J. (2010). The steward leader. The Journal of Biblical Integration in Business, 13(1), 79–92.

121. Rogobete, A. (2024, October 21). *Andrei Rogobete: Abraham Kuyper's Theology of Work & Technology*. The CEME. Retrieved from https://theceme.substack.com/p/andrei-rogobete-abraham-kuypers-theology

122. RPM Ministries. (2024, November 16). *Abraham Kuyper on Common Grace*. https://rpmministries.org/2024/11/abraham-kuyper-on-common-grace/

123. Sawvelle, B. (n.d.). Renewed purpose. Retrieved October 21, 2024, from https://bobsawvelle.com/renewed-purpose/

124. SeoulZ. (2023, October 24). YOLK: The Korean Social Enterprise Bringing Solar Energy to Developing Countries. SeoulZ. Retrieved from https://www.seoulz.com/top-social-impact-startups-in-korea-you-need-to-know/

125. Sider, R. J. (2023). The digital public square: Christian ethics in a technological age. Baker Academic.

126. Soh, C. (n.d.). *Parable of the Talents – A Lesson on Faithfulness, Fear, and the Kingdom of God*. Soh.church. https://soh.church/parable-of-the-talents/

127. Stanford HAI. (2024). *The 2024 AI Index Report*. https://hai.stanford.edu/ai-index/2024-ai-index-report
128. Stanford Law School. (2023, March 17). *AI Life Cycle Core Principles*. https://law.stanford.edu/2023/03/17/ai-life-cycle-core-principles/
129. TechTarget. (2023). 10 top AI and machine learning trends for 2024. TechTarget. Retrieved November 21, 2024, from https://www.techtarget.com/searchenterpriseai/tip/9-top-AI-and-machine-learning-trends
130. The CEME. (2024, October 21). *Andrei Rogobete: Abraham Kuyper's Theology of Work & Technology*. https://theceme.substack.com/p/andrei-rogobete-abraham-kuypers-theology
131. The Culture Equation. (n.d.). Patagonia's journey with ethical AI: Aligning technology with environmental and social responsibility. Retrieved from https://thecultureequation.com.au/patagonias-journey-with-ethical-ai-aligning-technology-with-environmental-and-social-responsibility/
132. The Lead Pastor. (2025, February 11). *How AI Can Impact The Future Of Discipleship*. https://theleadpastor.com/ministry-life/ai-and-discipleship/
133. The New Humanitarian. (2023, September 5). *AI for humanitarians: A conversation on the hype, the hope, the future*. https://www.thenewhumanitarian.org/feature/2023/09/05/ai-humanitarians-conversation-hype-hope-future
134. Theology of Work Project. (n.d.). *The Parable of the Talents (Matthew 25:14–30)*. Retrieved from https://www.theologyofwork.org/new-testament/matthew/living-in-the-new-kingdom-matthew-18-25/the-parable-of-the-talents-matthew-2514-30/
135. Theology of Work Project. (n.d.). *The Work of the "Creation Mandate" (Genesis 1:28, 2:15)*. https://www.theologyofwork.org/old-testament/genesis-1-11-and-work/god-creates-and-equips-people-to-work-genesis-126-225/the-work-of-the-creation-mandate-genesis-128-215/
136. The Unstuck Group. (n.d.). *The 4 Phase Planning Process for Church Leaders*. https://theunstuckgroup.com/4-phases-effective-planning-church-leaders/

137. TIFWE. (2025, July 14). *How AI Can Improve Our Stewardship*. https://tifwe.org/how-ai-can-improve-our-stewardship/
138. UNESCO. (2021). Recommendation on the ethics of artificial intelligence. UNESCO. Retrieved September 28, 2024, from https://www.unesco.org/en/articles/recommendation-ethics-artificial-intelligence
139. University of Exeter. (n.d.). *Origins of stewardship | Beyond Stewardship*. Retrieved from https://www.exeter.ac.uk/research/projects/theology/beyondstewardship/topics/origins/
140. University of Toronto Libraries. (n.d.). Artificial Intelligence for Image Research: Datasets, Bias, and Discrimination. Retrieved November 19, 2024, from https://guides.library.utoronto.ca/c.php?g=735513&p=5297043
141. UQ Business School. (n.d.). The Future of Healthcare in the Age of AI. UQ Business School. Retrieved November 19, 2024, from https://business.uq.edu.au/momentum/4-ways-ai-will-revolutionise-the-world
142. Vatican. (2025, January 28). *Antiqua et nova. Note on the Relationship Between the Human Person, Technology, and the Common Good in the Age of Artificial Intelligence*. Dicastery for the Doctrine of the Faith and Dicastery for Culture and Education. https://www.vatican.va/roman_curia/congregations/cfaith/documents/rc_ddf_doc_20250128_antiqua-et-nova_en.html
143. Vanco. (n.d.). How AI Can Help Your Church Reach a Wider Audience. Vanco. Retrieved November 20, 2024, from https://www.vancopayments.com/egiving/blog/ai-for-churches/
144. Vanderbloemen. (n.d.). *Using AI to Elevate Church Operations: A Practical Guide for Leaders*. https://www.vanderbloemen.com/resources/ai-and-church-leadership/
145. Veritone. (2024, August 22). *AI Revolutionizes the Fight Against Human Trafficking*. https://www.veritone.com/blog/ai-public-safety-human-trafficking/
146. Vinuesa, R., Azizpour, H., Leite, I., Balaam, M., Dignum, V., Domisch, S., & Nerini, F. F. (2020). The role of artificial intelligence in achieving the Sustainable Development Goals. Nature Communications, 11(1), 233.

147. WealthBuilders. (2024, April 17). *7 Lessons The Parable of The Talents Taught Me About Biblical Stewardship*. Retrieved from https://www.wealthbuilders.org/5-lessons-about-stewardship-i-learned-from-the-parable-of-the-talents/
148. Wheaton College Humanities & Theology Institute. (2023). Theology and AI: Ethical Considerations for the Church. Wheaton College Humanities & Theology Institute. Retrieved November 10, 2024, from https://www.wheaton.edu/academics/school-of-biblical-and-theological-studies/centers-and-institutes/humanities-and-theology-institute/research/ai-and-church-community-service/
149. Willow Creek Community Church. (n.d.). Serve. Willow Creek Community Church. Retrieved November 20, 2024, from https://www.willowcreek.org/compassion-justice/global-outreach-opportunities/
150. World Council of Churches. (2023). Artificial Intelligence and the Future of Humanity: A Christian Perspective. World Council of Churches. Retrieved November 19, 2024, from https://www.oikoumene.org/resources/documents/artificial-intelligence-and-the-church-a-phased-approach-to-education
151. World Technology & Business Institute. (2024, April 10). AI transforming Korean industry and society. Retrieved November 21, 2024, from https://www.wtbi.or.kr/2024/04/10/%EC%A0%9C%EB%AA.../
152. Wordly. (n.d.). How AI-Powered Translation Can Help Churches Become More Inclusive. Wordly. Retrieved November 10, 2024, from https://www.wordlyai/blog/church-translation-guide/
153. Wright, N. T. (2021). The ethics of artificial intelligence: A Christian perspective. IVP Academic.
154. Environmental sustainability with artificial intelligence. (2023). EPRA international journal of multidisciplinary research, 13325.
155. 갓피플. (2022, 10월 13일). *플로팅 크리스천 1 – 한국교회 트렌드 2023*. Retrieved from https://cnts.godpeople.com/p/9697
156. 고신뉴스. (2022, 10월 11일). *기후위기와 한국교회*. Retrieved from https://

pckworld.com/article.php?aid=9521851089

157. 교회개혁실천연대. (2017, 7월 20일). *한국교회의 위기와 목회자의 윤리적 책임*. Retrieved from http://www.churchr.or.kr/news/articleView.html?idxno=5535

158. 교회와신앙. (2022, 11월 15일). *"생태 위기, 청기기 삶으로 극복을"*. Retrieved from https://www.amennews.com/news/articleView.html?idxno=19269

159. 국민일보. (2024, 11월 26일). *2025 한국교회 목표 "다음세대·소그룹·가나안성도 '회복'"*. Retrieved from https://v.daum.net/v/20241126133744162

160. 기독교개혁신보. (2025, 5월 24일). *「기독교 통계」 Z세대 포용을 위한 교회의 과제, 목회자*. Retrieved from https://www.kdknews.com/news/articleView.html?idxno=5080

161. 기독교윤리실천운동. (2018). *한국교회, 윤리문제가 신뢰도 하락 원인 1순위*. Retrieved from https://m.pckworld.com/article.php?aid=6329440649

162. 기독교윤리실천운동. (2023, 2월 20일). *국민 5명 중 4명 "교회 불신"…팬데믹 기간 10%p 이상 하락*. Retrieved from https://cemk.org/29464/

163. 기독신문. (2022, 12월 22일). *[신년특집] 메타버스 시대, 꼭 필요한 것은 '친밀감'*. Retrieved from https://www.kidok.com/news/articleView.html?idxno=218083

164. 기독신문. (2024, 11월 19일). *[시론] 청지기 정신으로 바라보는 교회 재정*. Retrieved from https://www.kidok.com/news/articleView.html?idxno=307717

165. 기독일보. (2017, 6월 5일). *"한국 목회자 윤리 문제 중 '물질욕' 가장 심각해"*. Retrieved from http://kr.christianitydaily.com/articles/91923/20170605/%ED%95%9C%EA%B5%AD....htm

166. 기독일보. (2023, 12월 22일). *통계로 본 2024 한국교회 목회 전망… "선택과 집중"*. Retrieved from https://kr.christianitydaily.com/articles/120831/20231222/%ED%86%B5%EA%B3%84%EB%A1%9C-%EB%B3%B8-2024-%ED%95%9C%....htm

167. 김성원. (2020). 호모 데우스 시대에 신학적 인간학을 향하여. *문학과 종교*, 25(4), 63-86. https://www.kci.go.kr/kciportal/ci/sereArticleSearch/ciSereArtiView.kci?sereArticleSearchBean.artiId=ART002673762

168. 김영한. (2022, 10월 17일). *"신학은 AI가 닿을 수 없는 영적 가치 조명해야"*. 아이

굿뉴스. https://www.igoodnews.net/news/articleView.html?idxno=71043

169. 목회데이터연구소. (2023, 12월 22일). *통계로 본 2024 한국교회 목회 전망… "선택과 집중"*. 기독일보. https://kr.christianitydaily.com/articles/120831/20231222/%ED%86%B5%EA%B3%84%EB%A1%9C-%EB%B3%B8-2024-%ED%95%9C%EA%....htm

170. 목회데이터연구소. (2024, 2월 20일). *기독교 통계(228호)- 한국교회 추적조사 2024*. Retrieved from http://www.mhdata.or.kr/bbs/board.php?bo_table=gugnae?_id=113

171. 목회데이터연구소. (2024, 3월 26일). *233호-〈3040세대 신앙과 라이프스타일〉*. Retrieved from http://www.mhdata.or.kr/bbs/board.php?bo_table=koreadata?_id=285

172. 아이굿뉴스. (2022, 9월 26일). *"2023년 '플로팅 크리스천'이 온다"…소그룹 네트워크가 대안*. Retrieved from https://www.igoodnews.net/news/articleView.html?idxno=70842

173. 에큐메니안. (2025, 1월 10일). *"14%", 더 이상 내려갈 곳 없는 개신교 신뢰도*. Retrieved from https://www.ecumenian.com/news/articleView.html?idxno=25556

174. 이충희. (2025, 3월 19일). *[오피니언] 이충희 목사의 "AI와 크리스챤의 만남" – AI 기술과 기독교 윤리적 관점*. 크리스천헤럴드. https://cheraldus.com/bbs/board.php?bo_table=opinion?_id=280

175. 전병철. (2016). 한국교회학교의 위기의 내적인 요인 심층분석. *ACTS 신학저널, 29*, 231-262. Retrieved from https://www.kci.go.kr/kciportal/ci/sereArticleSearch/ciSereArtiView.kci?sereArticleSearchBean.artiId=ART002177106

176. 코람데오닷컴. (2018, 12월 10일). *가나안 성도 절반 이상 교회 다시 나가고 싶다*. Retrieved from http://www.kscoramdeo.com/news/articleView.html?idxno=14172

177. 크리스천저널. (2025, 7월 17일). *청년들이 교회를 떠나는 이유… "과도한 헌신 요구와 소통 부재"*. Retrieved from https://www.christian-journal.com/news/articleView.html?idxno=10753

178. 크리스천투데이. (2025, 6월 23일). *"AI 시대 속 기독교 대학의 정체성과 교육 방향"*. Retrieved from https://www.christiantoday.co.kr/news/368994

179. 한국기독공보. (2018, 5월 2일). *교회, 갈등과 분쟁을 극복하라*. Retrieved from https://www.pckworld.com/article.php?aid=7680413272
180. 한국기독교학회. (2025, 5월 26일). *한국기독교학회, AI 활용 12개 윤리 준칙 제시*. 한국기독공보. https://m.pckworld.com/article.php?aid=10676277191
181. 한국리서치. (2024, 12월 11일). *[2024 종교인식조사] 종교인구 현황과 종교 활동*. Retrieved from https://hrcopinion.co.kr/archives/31599
182. 한국성결신문. (2025, 6월 18일). *제자훈련-설교 잘해야 세대통합 잘돼*. Retrieved from https://www.kehcnews.co.kr/news/articleView.html?idxno=153450

AI 시대, 청지기의 길을 묻다

이 책이 AI 시대의 불확실성 속에서 흔들리지 않는
신앙의 나침반을 찾고자 하는 모든 목회자와 성도들에게
작은 길잡이가 되기를 소망합니다.
교회가 직면한 위기를 정직하게 바라보고,
"청지기 정신"이라는 오래된 성경적 해답 안에서
새로운 길을 발견할 수 있기를 바랍니다.
이 여정을 함께해 주신 모든 독자 여러분께
진심으로 감사드리며,
하나님의 은혜와 평강이
여러분의 삶과 사역 가운데 충만히
함께하시기를 기도합니다.

저자 이창배 드림